전국한문교사모임이 만든

한자·한문 인증 시험 자료집
- 초등급 -

전국한문교사모임이 만든
한자·한문 인증 시험 자료집 - 초등급 -

초판 1쇄 인쇄 2003년 8월 15일
초판 1쇄 발행 2003년 8월 19일

엮은이 전국한문교사모임
펴낸이 양지현
펴낸곳 한문교육
출판등록 제 13-1021호(2000. 1. 14)
주소 서울 종로구 운니동 65-1 월드오피스텔 908호
전화 02-747-3451
팩스 02-747-3452
이메일 jngame@hanmail.net

값 7,500원
ISBN 89-951192-4-1 63710

※ 잘못된 책은 본사나 구입하신 서점에서 교환해 드립니다.
※ 한문교육의 책은 도서출판 토지학눙 에서 공급합니다.
　　Tel. 02 - 747 - 3451 Fax. 02 - 747 - 3452

전국한문교사모임이 만든

한자·한문 인증 시험 자료집

- 초등급 -

한문교육

서문

한자를 공부하는 것은 '디카'라는 줄임말을 아는 것과 비슷합니다. '디카'는 '디지털 카메라'를 줄여서 표현한 말입니다. 우리말의 한자 어휘도 이와 같은 원리입니다. 교과서 국어 〈읽기〉 4-1에 다음과 같은 글이 있습니다.

> 정약용 선생은 연구를 거듭하여 작은 힘으로 무거운 것을 끌어올려 운반할 수 있는 거중기를 만들었습니다.

이 글을 읽으면서 대부분 '거중기'는 '작은 힘으로 무거운 것을 끌어올려 운반하는 기계'라고 암기를 할 겁니다. 그리고 시간이 지난 다음에 '작은 힘으로 무거운 것을 끌어올려 운반하는 기계를 뭐라고 하지? 라고 물으면 생각날 듯 말 듯 하겠죠. 이렇게 암기하는 방법과 다음에 소개하는 방법 중 어떤 것이 효과적일까요?
거중기의 한자는 擧重機인데, 한자 뜻은 '擧 들다 거 重 무겁다 중 機 기계 기'. '아하! 무거운 것을[重] 드는[擧] 기계[機]란 뜻을 줄여서 표현한 것이구나' 하고 이해하는 방법이, 거중기의 의미를 훨씬 쉽고 오랫동안 기억하게 합니다. 물론 이 방법은 '擧, 重, 機' 세 한자를 따로 공부해야 하는 부담이 있습니다. 하지만 한번 알아 놓으면 다음에 擧, 重, 機가 들어가는 다른 어휘를 공부할 때 큰 도움을 받습니다.
이와 같이 '디카'와 한자 어휘인 '거중기'는 줄임말이라는 면에서 원리가 같습니다. '디카'의 본래 의미를 모르고 살더라도 큰 불편은 없습니다. 하지만 '디카'는 일반 카메라와 달리 디지털 방식으로 작동한다는 점을 모르고, 무조건 '이건 카메라고, 저건 디카야!' 하고 부른다면 그 사람은 어리석다는 얘기를 들을 겁니다. 앞으로 줄임말 표현은 반드시 본래 의미를 알려고 하는 자세를 가져야겠고, '거중기'와 같은 한자 어휘의 의미는 한자 풀이를 통해 이해하는 습관을 길러야 할 것입니다. 이렇게 이해하는 공부는 공부를 즐겁게 만듭니다.
한자뿐만 아니라 국어나 영어 등 언어를 공부하는 학생들이 명심해야 할 것이 있습니다. 그것은 한번 공부한 내용도 자주 사용하지 않으면 금방 잊는다는 점입니다. 그래서 글을 많이 읽고, 그 가운데 자연스럽게 익혔던 어휘를 반복해서 보는 것이 중요합니다. 알고 있던 것도 여러 번 보면 영원히 잊지 않습니다. 한자도 마찬가지입니다. 가장 어리석은 한자 학습 방법은 漢字만 따로 무조건 외우는 태도입니다. 이렇게 100자, 200자를 외워도 다시 외웠던 한자를 볼 기회가 없어져 시간이 지나면 쉽게 잊어 버립니다.

한자도 글을 읽는 가운데 공부하는 것이 가장 좋습니다. 글을 읽다가 모르는 말이 나오면, 사전과 옥편을 이용해 한자 풀이를 합니다. 그리고 한글을 지우고 한자를 적은 뒤, 그 책을 반복해서 읽는다면 훨씬 한자 공부가 재미있어집니다.

전국한문교사모임(중·고등학교의 한문 선생님들이 모인 단체)에서는 이렇게 여러분들의 올바른 한자·한문 공부 방법을 위해 이 책을 만들었습니다. 여러분들이 다른 책에 비해서 더 여러 번 봐야 하는 책이 교과서이기 때문에, 교과서를 중심으로 한자 공부를 할 수 있도록 꾸몄습니다. 그래서 교과서에서 나오는 어휘 중 반드시 한자 풀이를 통해 익혀야 할 말들을 뽑고, 공부하기 쉽게 한자 뜻을 모두 달아 두었습니다. 교과서와 이 책을 이용하여, 그동안 교과서에서 어렵게 생각했던 말들을 무조건 외우지 말고 이해하는 공부를 해 보도록 합시다.

이 책엔 교과서에 나오는 한자 어휘 외에 한문 공부를 위해 한문 문장도 실었습니다. 그 이유는 다음과 같습니다.

만약에 여러분이 외갓집에 놀러갔는데,
"할아버지! 지난 방학에 놀러 왔을 때보다 많이 야위셨어요. 몸무게가 지금 어떻게 되세요?"
하고 물었다고 생각해 봅시다. 그랬더니 할아버지는,
"응! 한 100근 정도 되지."

하고 대답하셨다고 합시다.
우리는 지금 몸무게를 표현할 때 몇 kg이라고 합니다. 그래서 할아버지처럼 예전에 무게를 재던 단위인 '근'으로 말하면 바로 이해하지 못합니다(1근=600g).
한문도 마찬가지입니다. 한문을 공부하는 이유는 우리의 할아버지·할머니, 혹은 오래 전의 조상님께서 후손을 위해 남기신 좋은 말씀을 이해하기 위해서입니다. 처음부터 한글로 썼다면 별 문제가 없지만, 대부분 한자로 썼기 때문에 우리는 따로 공부하지 않으면 알아볼 수 없습니다. 물론 누구나 모든 한문을 해석할 줄 알아야 하는 것은 아니지만, 우리 주변에 남아 있는 간단한 한문 표현 정도는 이해할 수 있어야 합니다.

이 책엔 여러분이 건강하고 올바르게 살아갈 수 있도록 이끌어 주는 좋은 글들이 실려 있습니다. 한자 공부를 하는 데 좋은 방법의 하나가 한문 문장을 자꾸 읽어 보는 가운데 한자를 익히는 것이라는 것도 명심합시다. 한문을 자꾸 읽으면서 한자도 익히고 조상의 지혜도 깨닫는다면 얼마나 기쁜 일일까요!

✎ 한자 공부 방법

1 교과서를 읽다가 모르는 한자 어휘가 나왔을 때 공부하는 방법.

① 국어 사전을 찾아서 그 어휘의 한자가 어떻게 쓰였는지 본다.
② 옥편을 찾아서 각 한자의 음과 뜻을 익힌다.
③ 어휘의 의미와 한자의 뜻을 연결해 본다.
④ 교과서에 나오는 한자 어휘의 한글을 지우고 그 위에 한자로 적는다.
⑤ 다시 그 교과서를 읽을 때 한자의 뜻을 풀어 본다.

예)

> · 우리 시, 도에 대한 기후의 특징을 알아보려면 먼저 기온과 강수량을 조사해야 해.
> · 옛날, 우리나라에서는 전국의 여러 곳에 측우기를 설치하여 강우량을 정확히 조사하여 농사 짓는 데 이용했습니다.

① 국어사전
 · 강수량→降水量
 · 강우량→降雨量

② 옥편
 · 降水量 [降 내려오다 강 水 물 수 量 수량 량]
 · 降雨量 [降 내려오다 강 雨 비 우 量 수량 량]

③ 한자 풀이
 · 降水量 – 일정한 장소에 일정한 기간 동안 **내린[降]** 눈·비·우박 등을 모두 합쳐 **물로[水]** 계산하여 나타낸 **양[量]**.
 · 降雨量 – 일정한 장소에 일정한 기간 동안 **내린[降]** 비의[雨] 양[量].

④ 한자로 바꿔 쓰기

 · 먼저 기온과 강수량(降水量)을 조사해야 해.

 · 측우기를 설치하여 강우량(降雨量)을 정확히 조사하여

⑤ 한자 풀이
 · 우리 시·도에 대한 기후의 특징을 알아보려면 먼저 기온과 **降水量(내린 물의 양)**을 조사해야 해.
 · 옛날, 우리나라에서는 전국의 여러 곳에 측우기를 설치하여 **降雨量(내린 비의 양)**을 정확히 조

사하여 농사짓는 데 이용했습니다.

2 교과서 외에 한자를 자주 접하는 곳에서.
자주 보는 상점의 간판이나 가게의 음식 포장에 적혀 있는 한자가 있으면 반드시 한자의 뜻을 확인해 봅시다. 한번 익혀 두면 다음에 간판이나 음식을 볼 때 자연스럽게 반복 학습의 효과를 얻게 되고, 그 한자는 오랫동안 기억하게 될 것입니다.

✍ 공부하기 전에 알아 둡시다.

1 초등학생들이 반드시 알아야 할 한자·한문을 세 부분으로 나누었습니다.
세 부분은 한자 공부를 처음 시작하는 학생들을 위한 〈한자의 기초〉, 초등학교 1~4학년 교과서에 나오는 한자 어휘를 중심으로 꾸민 〈초등학교 4학년생이 반드시 알아야 할 한자·한문〉, 초등학교 5~6학년 교과서에 나오는 한자 어휘를 중심으로 꾸민 〈초등학교 6학년생이 반드시 알아야 할 한자·한문〉입니다.

〈한자의 기초〉 부분은 한자·한문을 처음 배우려는 학생들이 반드시 알아야 할 내용과 일상생활에서 자주 쓰이는 한자를 익히는 곳입니다. 이곳에는 한자가 만들어진 원리 등 한자 기초 상식과 기초 한자 150자의 풀이가 있습니다.

〈초등학교 4학년생이 반드시 알아야 할 한자·한문〉은 초등학교 1~4학년 학생이 알아야 할 교과서 한자 어휘와 4자·5자짜리 쉬운 한문을 모아 놓은 곳입니다. 진한 표시를 한 한자를 뺀 나머지 한자와 기초 한자 150자를 합하면 총 400자 가량이 됩니다.

〈초등학교 6학년생이 반드시 알아야 할 한자·한문〉은 초등학교 5~6학년 학생이 알아야 할 교과서 한자 어휘와 고사성어·속담·격언·한문 단문을 모아 놓은 곳입니다. 진한 표시를 한 한자를 뺀 나머지 한자와 〈한자의 기초〉, 〈4학년생 한자·한문〉 부분의 한자를 모두 합하면 총 650자 가량이 됩니다.

2 이 책의 한자 설명은 다음과 같이 꾸며져 있습니다.

가. 漢字는 문장 안에서 익혀야 하기 때문에, 아래와 같이 꾸몄습니다.

- 漢字는 중국에서 만들어졌지만, 우리나라에서도 오랫동안 사용해 왔기 때문에, 지금은 우리의 말처럼 사용하고 있다.
- 文字가 없었던 시대는 그림으로 자신의 뜻을 표현하였다.

〈4학년생 한자·한문〉과 〈6학년생 한자·한문〉의 예문은 대부분 교과서의 내용을 그대로 실었습니다.

나. 공부 시간을 줄이기 위해 국어 사전과 옥편에 나오는 내용을 실었습니다.

한자 漢字	문자 文字
① 漢 나라 이름 한 字 글자 자 　중국에서 만들어진 문자.	② 文 글, 글자 문 字 글자 자 　글자.

다. '나①'의 '漢 나라 이름 한 字 글자 자'에서 '나라 이름'과 '글자'는 〈뜻〉, '한'과 '자'는 〈음〉입니다. 그런데 '나②'의 경우를 보면 '文 글, 글자 문'에서처럼 文은 〈2개의 뜻〉이 있습니다. 앞의 '글'은 '대표 뜻'이라고 합니다. 한자는 대부분 여러 뜻을 함께 가지고 있는데, 여러 뜻 중에 가장 중요한 뜻을 대표로 삼아 표현합니다. 다음의 '글자'는 文字에서는 文이 '글'의 뜻이 아니라 '글자'의 뜻으로 쓰였다는 것을 보여 줍니다.

이후에 '나②'의 '文 글, 글자 문'처럼 2개의 뜻이 나왔을 때, 앞은 '대표 뜻', 뒤는 '그 어휘에서의 뜻'으로 알면 됩니다. '대표 뜻'이나 '그 어휘에서의 뜻'은 전국한문교사모임의 한문 선생님들이 맞다고 생각하는 뜻을 나름대로 판단하여 적었다는 점을 미리 말하겠습니다.

라. 〈한자의 기초〉 부분은 150자의 한자를 익히는 곳입니다. 그러나 한자 150자만 소개하는 것은 바람직하지 않기 때문에, 150자의 한자가 들어가는 한자 어휘와 그 예문을 실었습니다. 주의해야 할 점은 '다'의 '文 글, 글자 문'처럼 '漢字'에서 '字'는 '글자'의 뜻으로 쓰였지만, '글'로 쓰인 예도 알아야 합니다. 그래서 아래와 같은 '문학(文學)'을 추가로 소개하였습니다.

문학 文學
文 글 문 學 배우다, 학문 학
사람의 사상이나 감정을 상상의 힘을 빌려 글로써 표현하는 예술.

다른 한자도 이와 마찬가지입니다.

마. 이 밖에 '車 **수레 거 / 차**', '樂 **즐겁다 락 / 음악 악**'에서처럼 〈음이 2개〉인 경우에는 '/' 표시로 구분했으며, 역시 뒤에 음이 그 한자 어휘에서 쓰인 음입니다.

풍차 風車

風 바람 풍 車 **수레 거 / 차**

바람을 이용하여 힘을 얻는 기계.

기악합주 器樂合奏

器 그릇, 기구 기 樂 **즐겁다 락 / 음악 악** 合 합하다 합 奏 아뢰다, 연주하다 주

여러 악기로 연주하는 음악.

바. 龍의 본래 음은 '룡'이지만 '龍王'은 국어의 '두음법칙(頭音法則)' 때문에 '용왕'으로 읽습니다. 이 밖에도 국어의 여러 발음 법칙 때문에, 본래 음과 한자 어휘나 한문 문장 속에서의 음이 바뀌는 경우가 있는데, 차차 공부해 가며 알아보기 바랍니다.

용왕 龍王

龍 **용 룡** 王 임금 왕

용궁의 임금.

사. 한자 어휘나 한문 문장 가운데 진한 표시를 한 한자가 많이 있습니다. 이 한자들은 다른 한자에 비해 자주 사용하지 않는 한자들입니다. 반드시 알 필요는 없지만 그렇다고 몰라도 되는 한자는 아닙니다.

아. 이 책에 나오는 교과서 한자 어휘는 현재 초등학생들이 사용하는 교과서에서 뽑았습니다.

※ 어휘의 뜻풀이와 설명은 다음 책을 주로 활용하였습니다.
· 《동아 한한대사전》 동아출판사
· 《국어사전》 금성출판사, 운평어문연구소 편
· 《푸르넷 초등국어사전》 금성출판사
· 《두산세계대백과사전》
· 《한자를 알면 수능이 보인다 1》 (국어), 한문교육, 전국한문교사모임 편
· 《한자를 알면 수능이 보인다 2》 (국사), 한문교육, 전국한문교사모임 편
· 《한자를 알면 수능이 보인다 4》 (지리·사회·세계사), 한문교육, 전국한문교사모임 편

한자의 기초

서문	4
한자의 기초	11
한자의 기초	12
한자를 익혀보자	17
생활 속의 한자.	22
초등학교 4학년생이 반드시 알아야 할 한자 · 한문	49
교과서 한자 어휘	63
한문의 기초	95
초등학교 6학년생이 반드시 알아야 할 한자 · 한문	105
교과서 한자 어휘	107
고사성어	150
속담 · 격언	157
쉬운 한문	163
초등 Ⅲ급 한자 · 한문 인증 시험 문제	170
초등 Ⅱ급 한자 · 한문 인증 시험 문제	176
초등 Ⅰ급 한자 · 한문 인증 시험 문제	191
한문 교육용 기초 한자 2,000자	210

한자의 기초

1. 한자(漢字)란?

漢字란 중국 漢나라 글자라는 말입니다. 우리나라 역사에도 고조선부터 고려, 조선 등 여러 나라가 있었듯이 중국도 여러 나라가 있었습니다. 그 중에 漢나라의 국력이 커서 주변 나라에 큰 영향을 미쳤습니다. 그래서 주변 나라는 당시 중국 사람들을 한인(漢人)이라 불렀고, 그들의 글자를 漢字라 불렀습니다. 그 이후로 지금까지 중국의 글자는 漢字, 漢字로 기록한 글을 한문(漢文)이라 부릅니다.

우리나라는 세종대왕이 한글을 만들기 이전에, 그리고 한글을 만든 뒤에도 오랫동안 한자로 글을 썼습니다. 이렇게 오랫동안 한자를 사용했기 때문에 우리 선조들이 남긴 고전(古典)의 대부분이 한자로 쓰여졌습니다.

2. 한자가 만들어지는 원리

漢字가 한글이나 영어와 다른 점은 한 글자가 모양[형(形)]·소리[음(音)]·뜻[의(義)]을 갖추고 있다는 것입니다. 즉 한글이나 영어는 두 글자, 세 글자, 그 이상의 글자로 하나의 뜻을 만들지만, 한자는 한 글자로 하나의 뜻을 만듭니다. 또한 漢字의 특징 중에 하나는 한자가 만들어지는 원리가 있다는 것입니다. 그 원리는 상형, 지사, 회의, 형성 4가지입니다.

(1) 상형(象形)

상형은 사물의 모양을[形] 본떠[象] 만드는 가장 기초적인 원리입니다.

예

羊(양 **양**) : 정면에서 '양'을 본 모양. → 羊

人(사람 **인**) : 옆에서 '사람'을 본 모양. → 人

日(날, 해 **일**) : 아래에서 위로 '해'를 쳐다본 모양. →
車(수레 **거 / 차**) : 위에서 아래로 '수레'를 본 모양. →
目(눈 **목**) : '90도로 세워서 눈'을 본 모양. → →

(2) 지사(指事)

지사는 눈에 보이는 사물이 아닌 추상적인 뜻을[事] 가리켜[指] 보이는 방법입니다.

예

上(위 **상**) : '위'를 나타내기 위해 '一'의 위에 점(·)을 찍음. (옛날 모양은 ㅗ)
下(아래 **하**) : '아래'를 나타내기 위해 '一'의 아래에 점(·)을 찍음. (옛날 모양은 ㅜ)

(3) 회의(會意)

회의는 두 개 혹은 두 개 이상의 상형자나 지사자를 결합하는 방법입니다. 한자의 뜻과 뜻을[意] 합하여[會] 서로 연관된 새로운 뜻을 만들기 때문에 회의라고 부릅니다. 상형이나 지사를 이용하여 한자를 만드는 데 한계를 느끼자, 이미 있는 한자를 합하여 만드는 쉬운 방법이 나타난 것입니다.

예

田(밭 **전**) + 力(힘 **력**) → 男 (남자 **남**)
人(사람 **인**) + 木(나무 **목**) → 休 (쉬다 **휴**)
木(나무 **목**) + 木(나무 **목**) → 林 (숲 **림**)

(4) 형성(形聲)

형성은 한쪽의 한자에서는 소리를[聲] 가져오고, 다른 한쪽의 한자에서는 모양[形], 즉 뜻을 가져오는 방법입니다. 즉 소리 역할을 하는 한자를 두고, 여기에 상형 원리로[形] 만들어진 여러 한자(주로 부수)를 결합하는 원리입니다. 형성 원리로 만들어진 한자가 전체 한자 중 70% 이상을 차지합니다. 회의를 이용해 만드는 방법도 한계에 이르자 더 쉬운 방법을 생각해 낸 것입니다.

예

水(물 **수**) + 工(물건 만들다 **공**) → 江(강 **강**)

力(힘 **력**) + 工 → (功 공로 **공**)
攵(치다 **복**) + 工 → (攻 치다 **공**)
糸(가는 실 **멱**) + 工 → (紅 붉다 **홍**)

※ 위의 글자는 모두 '工(공)'을 소리 부호로 하고 있지만 '강, 공, 공, 홍'으로 다르게 읽힙니다. 그 이유는 시대가 변하면서 소리도 함께 변했기 때문입니다.

3. 부수(部首)

앞에 형성 원리를 설명하는 부분에,

즉 소리 역할을 하는 한자를 두고, 여기에 상형 원리로[形] 만들어진 여러 한자(주로 **부수**)를 결합하는 원리입니다. 형성 원리로 만들어진 한자가 **전체 한자 중 70% 이상**을 차지합니다.

하는 부분이 있습니다.

부수란, 자전(字典)에서 한자를 찾는 데 필요한 기본 글자입니다. 글자대로 풀이하면, '한자의 한 부분이면서[部] 그 한자의 전체 의미를 상징·대표하는[首] 것'이라는 말입니다. 한글의 단어는 ㄱ, ㄴ, ㄷ 혹은 ㅏ, ㅑ, ㅓ 순서로 배열하지만, 자전은 전체 한자의 70% 이상이 형성 원리로 만들어졌기 때문에 부수를 이용해 배열합니다. 그래서 자전에서 한자를 빨리 찾고, 한자의 뜻이 어떻게 만들어졌는가를 이해하기 위해서는 부수에 대해 꼭 알아야 합니다.

참고

〈부수와 다른 한자가 결합하는 방법〉
■ 일반적으로 다음의 4가지 방법이 있습니다.
① 왼쪽 : 氵+工 = 江 (강 **강**)
② 오른쪽 : 孝+攵 = 敎 (가르치다 **교**)
③ 위 : 艹+化 = 花 (꽃 **화**)
④ 아래 : 中+心 = 忠 (충성 **충**)

■ 이 외에 다양한 방법이 있습니다.

⑤ 위와 왼쪽 : 广+㡿= 度(~한 정도 **도**)

⑥ 왼쪽과 아래 : 辶+首= 道(길 **도**)

⑦ 둘레 : 囗+或= 國(나라 **국**)

⑧ 겹치기 : 木+日= 東(동쪽 **동**)

| 자전(字典)이란? |

'자전(字典)'이란, 한자의 부수(部首) 214자에 따라 분류한 한자를 획수의 차례로 배열하여 글자마다 우리말로 음과 뜻을 써 놓은 책입니다. 달리 '옥편(玉篇)'이라고도 부릅니다. 옥편은 본래 중국 양나라 때 고야왕이란 사람이 만든 자전의 이름이었는데, 지금은 자전의 뜻으로 쓰고 있습니다.

4. 획수(劃數 = 畵數)

획이란 붓이나 펜으로 한자를 쓸 때, 종이에 한 번 붙였다가 떼는 것을 말하고, 획수는 한 글자를 쓸 때 붙였다 떼는 숫자를 말합니다. 한글에서 ㄱ, ㄴ은 1번에 쓰기 때문에 1획이지만, ㅁ은 3번, ㅂ은 4번에 쓰기 때문에 3획, 4획입니다. ㄱ, ㄴ을 2번에 나누어 써도 되지만, 1번에 쓰는 것이 더 간편합니다. 그러나 ㅁ, ㅂ을 1번에 쓰려면 모양이 이상해집니다. 漢字도 한글과 비슷합니다. 土는 -, ㅣ, _ 3획, 日은 ㅣ, ㄱ, -, _ 4획에 써야 합니다.

○ 다음 한자를 획수에 맞게 써 봅시다.

之(4획) :

之							

乃(2획) :

乃							

5. 필순(筆順)

'필순(筆順)'이란, 붓으로 쓰는 순서를 말합니다. 한자는 한글이나 영어에 비해 점(點)과 획(劃)이 많습니다. 그래서 한자를 쓸 때, 그 모양을 예쁘게 만들려면 쓰는 순서를 익히는 것이 좋습니다. 그렇다고 모든 한자의 필순을 외울 필요는 없습니다. 아래의 원칙을 기본으로 익힌 뒤 한자를 쓸 때 적용하기만 하면 됩니다.

① 왼쪽에서 오른쪽으로 : 川(내 **천**) → 丿　丿丿　川
② 위에서 아래로 : 三(셋 **삼**) → 一　二　三
③ 세로보다 가로를 먼저 : 十(열 **십**) → 一　十
④ 좌우의 모양이 같을 때에는 가운데를 먼저 : 小(작다 **소**) → 亅　亅丶　小
⑤ 삐침을 먼저 쓰고 파임을 나중에 : 八(여덟 **팔**) → 丿　八
⑥ 바깥쪽을 먼저 : 用(쓰다 **용**) → 丿　冂　月　月　用
⑦ 꿰뚫는 획은 맨 나중에 : 事(일 **사**) → 一　丅　曰　冃　写　写　写　事

6. 자전(字典)에서 한자 찾기

'男' 자를 자전에서 찾아 봅시다.
① '男'의 부수인 '田'이 5획이므로, 자전의 맨 앞이나 뒤에 있는 부수 색인 5획에서 '田'을 찾는다.
② '田' 자에 적힌 쪽수에 따라 '田' 자를 찾아 펼친다.
③ '男' 자에서 부수[田]를 뺀 나머지 부분[力]의 획이 2획이므로, 다시 2획의 한자를 차례로 살펴 '男' 자를 찾는다.
④ '男' 자의 음과 뜻을 확인한다.

한자를 익혀 보자

이곳은 漢字의 기초에 대한 설명 과정에 나온 한자를 익히는 부분입니다. 한자를 익히고 앞의 설명을 다시 보면 훨씬 설명의 내용을 이해하기 쉽습니다.

※ 이곳의 한자는 〈한문의 기초〉에서 반드시 알아야 하는 150자 이내의 한자입니다. 간혹 <u>진하게 쓰여진 한자는 150자 이내의 한자는 아니지만 알아 둘 필요가 있는 한자</u>입니다.

001

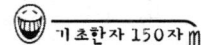

- 漢字는 중국에서 만들어졌지만, 우리나라에서도 오랫동안 사용해 왔기 때문에, 지금은 우리의 말처럼 사용하고 있다.
- 文字가 없었던 시대는 그림으로 자신의 뜻을 표현하였다.
- 文學 작품을 잘 감상하기 위해서는 배경 지식이 필요하다.

漢 나라 이름 한 [총14획]
字 글자 자 [총6획]
文 글, 글자 문 [총4획]

한자 漢字
| 漢 나라 이름 한 | 字 글자 자 |

중국에서 만들어진 문자.

문자 文字
| 文 글, 글자 문 | 字 글자 자 |

글자.

문학 文學
| 文 글 문 | 學 배우다, 학문 학 |

사람의 사상이나 감정을 상상의 힘을 빌려 글로써 표현하는 예술.

002

- 그 수학 문제는 四角形의 밑변의 길이를 묻는 문제이다.
- 반 아이들이 音樂 시간을 제일 좋아한다.
- 저분은 正義를 위해 싸우는 용감한 사람이다.
- 한자 공부의 첫걸음은 한자의 形·音·義을 정확히 아는 것이다.

形 모양 형 [총7획]
音 소리 음 [총9획]
義 옳다, (말이나 글의) 뜻 의 [총13획]

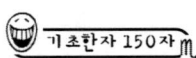

사각형 四角形
| 四 넷 **사** | 角 뿔, 모서리 **각** | 形 모양 **형** |

네 개의 직선으로 둘러싸인 도형.

음악 音樂
| 音 소리 **음** | 樂 즐겁다 **락** / 음악 **악** |

인간의 사상이나 감정을 소리로 나타내는 예술.

정의 正義
| 正 바르다 **정** | 義 옳다 **의** |

올바른 도리.

형음의 形音義
| 形 모양 **형** | 音 소리 **음** | 義 옳다, (말이나 글의) 뜻 **의** |

모양, 소리 그리고 뜻.

⓪⓪③
· 말로만 듣던 코끼리의 象牙를 동물원에서 보았다.
· 象形 원리로 만든 한자를 배울 때가 제일 재미있었다.

상아 象牙
| **象** 코끼리 **상** | 牙 어금니 **아** |

코끼리의 위턱에 길게 뻗은 두 개의 어금니.

상형 象形
| **象** 코끼리, 본뜨다 **상** | 形 모양 **형** |

어떤 물건의 모양을 본뜸.

⓪⓪④
· 中指가 손가락 중에서 제일 길다.
· 上(상)이나 下(하)는 指事의 원리로 만들어진 한자이다.

事 일 사 [총8획]

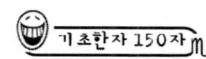

중지 中指
| 中 가운데 중 | 指 손가락 지 |

가운뎃손가락.

지사 指事
| 指 손가락, 가리키다 지 | 事 일 사 |

눈에 보이는 사물이 아닌 추상적인 뜻을 한자로 만든 것.

⊙⊙5

- '사람'과 '나무'를 결합하여 '쉬다'라는 뜻을 만드는 방법을 會意라고 한다.

회의 會意
| 會 모이다 회 | 意 뜻 의 |

두 개 혹은 두 개 이상의 한자를 결합하여 새로운 한자를 만드는 방법.

⊙⊙6

- 한자를 만드는 방법 중에 形聲 원리로 만든 한자의 수가 가장 많다.

형성 形聲
| 形 모양 형 | 聲 소리 성 |

한자를 만드는 방법의 하나로, 한쪽의 한자에서는 소리를 가져오고, 다른 한쪽의 한자에서는 뜻을 가져와서 이를 결합하는 방법.

⊙⊙7

- 한자를 많이 알기 위해서는 部首를 먼저 공부해야 한다.
- 우금치 전투에서 크게 패한 전봉준은 정읍에 피신하였다가 순창에서 일본군에게 체포되어 絞首刑에 처해졌다.

部 분류 부 [총11획]

首 머리, 우두머리 수 [총9획]

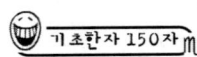

부수 部首
| 部 분류 **부** | 首 머리, 우두머리 **수** |

한자의 한 부분이면서 그 한자 전체 의미를 대표하는 것.

교수형 絞首刑
| 絞 목매다 **교** | 首 머리 **수** | 刑 형벌 **형** |

사람의 목을 매어 죽이는 형벌.

ⓞⓞⓑ

· 字典을 玉篇이라고도 부른다.
· 올해는 대전에서 少年體典이 열렸다.

자전 字典
| 字 글자 **자** | 典 책 **전** |

한자를 모아 일정한 순서로 늘어놓고 글자 하나 하나의 뜻과 음을 풀이한 책.

소년체전 少年體典
| 少 적다, 젊다 **소** | 年 해, 나이 **년** | 體 몸 **체** | 典 책, 예식 **전** |

청소년의 체육대회.

옥편 玉篇
| 玉 옥 **옥** | 篇 책 **편** |

한자를 모아 일정한 순서로 늘어놓고 글자 하나 하나의 뜻과 음을 풀이한 책.

ⓞⓞⓨ

· 이 漢字의 劃數(=畫數)는 총 몇 획입니까?   數 숫자 수 [총15획]

획수 劃數(=畫數)
| 劃 긋다 **획** | 畫 그림 **화** / 긋다 **획** | 數 숫자 **수** |

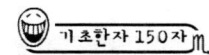

붓으로 그은 줄이나 점의 수.

- 筆筒 속에 과자가 들어 있네!
- 筆順에 따라 써야 글자의 모양이 예뻐진다.

필통 筆筒
| 筆 붓 **필** | 筒 통 **통** |

필기 도구나 지우개, 칼 등을 담을 수 있도록 만든 통.

필순 筆順
| 筆 붓, 쓰다 **필** | 順 차례 **순** |

글씨를 쓸 때의 순서.

생활 속의 한자

교과서나 동화책에 나오는 글을 보면 모두 한글로 씌어 있지만, 그 속에 있는 어휘의 대부분은 한자를 우리말 소리가 나는 한글로 바꿔 쓴 것입니다. 앞에서 한자는 한 글자 한 글자마다 뜻이 담겨 있다고 했는데, 어휘의 정확한 뜻을 이해하려면 각 한자의 본래 뜻을 알고 익혀야 합니다.

이 밖에도 한자를 알면 좋은 점이 많이 있습니다. 가족과 함께 우리 조상들이 오래 전부터 생활해 왔던 곳이나 그곳의 유물을 보면 모두 한자로 쓰인 것을 알 수 있습니다. 아마 한자를 모르면 그 말에 무슨 의미가 담겨 있는지 생각해 보지 못하고 그냥 지나쳐야 합니다. 이렇게 어떤 말의 의미를 정확하게 알기 위해서는 한자를 알아야 합니다. 그래서 여기서는 일상생활에서 자주 사용하는 한자를 중심으로 한자 학습을 시작하려고 합니다.

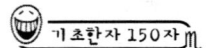
기초한자 150자

ⓞⓛⓛ

· 옛 영웅들은 天下를 차지하려 했다.
· 육교가 없어지고 地下道가 많이 생겼다.
· 삼촌은 멋진 軍人이다.

天 하늘 천 [총4획]
地 땅 지 [총6획]
人 사람 인 [총2획]

천하 天下
| 天 하늘 **천** | 下 아래 **하** |

온 세상.

지하도 地下道
| 地 땅 **지** | 下 아래 **하** | 道 길 **도** |

땅 밑으로 낸 길.

군인 軍人
| 軍 군사 **군** | 人 사람 **인** |

전쟁에 대비해 훈련을 쌓는 사람.

ⓞⓛ⓶

· 지구의 옆에 火星이 있다.
· 올해에는 北東風이 많이 분다고 한다.

星 별 성 [총9획]
風 바람 풍 [총9획]

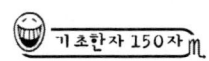

· 한바탕 暴風雨가 몰아칠 것 같습니다.

화성 火星
| 火 불 **화** | 星 별 **성** |

태양에서 네번째 있는 별.

북동풍 北東風
| 北 북쪽 **북** | 東 동쪽 **동** | 風 바람 **풍** |

북동쪽에서 불어 오는 바람.

폭풍우 暴風雨
| 暴 사납다 **폭** | 風 바람 **풍** | 雨 비 **우** |

사나운 비바람.

雨 비 우 [총8획]

❶❶❸

· 서울은 南山과 한강이 있어서 큰 도시로 발전할 수 있었다.
· 내 마음의 寶石은 날 낳아 주신 어머님이다.
· 油田 개발은 전 인류의 사업이 되었다.
· 맑아진 河川에서는 사라졌던 물고기가 다시 노닐고 있다.
· 평양을 유유히 흐르는 大同江 앞에서 사진을 찍고 싶다.
· 이탈리아는 地中海에 있는 국가이다.
· 지구의 五大洋은 太平洋, 대서양(大西洋), 인도양(印度洋), 남빙양(南氷洋), 북빙양(北氷洋)이다.
· 이번 올림픽에서 洋弓은 금메달을 딸 수 있는 유력한 종목이다.

山 산 산 [총3획]
石 돌 석 [총5획]
田 밭 전 [총5획]
川 내 천 [총3획]
江 강 강 [총6획]
海 바다 해 [총10획]
洋 큰 바다, 서양 양 [총9획]

남산 南山
| 南 남쪽 **남** | 山 산 **산** |

남쪽에 있는 산.

보석 寶石
| 寶 보배 **보** | 石 돌 **석** |

색채와 광택이 아름다운 광물.

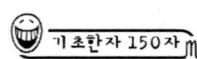

유전 油田
| 油 기름 유 | 田 밭 전 |

석유가 나는 곳.

하천 河川
| 河 강물 하 | 川 내 천 |

강과 시내를 함께 이르는 말.

대동강 大同江
| 大 크다 대 | 同 같다 동 | 江 강 강 |

평안남도에 있는 강.

지중해 地中海
| 地 땅 지 | 中 가운데 중 | 海 바다 해 |

대서양에 속해 있는 바다.

태평양 太平洋
| 太 크다 태 | 平 평평하다 평 | 洋 큰 바다 양 |

대서양·인도양과 함께 지구에 있는 3개의 큰 바다 중 하나.

양궁 洋弓
| 洋 큰 바다, 서양 양 | 弓 활 궁 |

서양식 활.

ⓞⓛⓐ

- 오늘부터 일찍 일어나서 아침 운동을 하기로 決心했다.
- 우리나라는 세계의 中心 국가로 성장해 가고 있다.
- 身體의 건강과 함께 마음의 건강도 중요합니다.
- 그는 耳目口鼻가 번듯하게 잘생겼다.
- 공연장 入口가 사람으로 붐볐다.
- 그는 교통사고를 당하여 手足이 불편하다.
- 좋아하는 歌手가 노래 부르니 저절로 박수가 나왔다.

心 마음, 가운데 심 [총4획]
身 몸 신 [총7획]
耳 귀 이 [총6획]
目 눈 목 [총5획]
口 입, 드나드는 곳 구 [총3획]
手 손, 사람 수 [총4획]
足 발, 넉넉하다 족 [총7획]

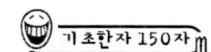

- 인간은 누구나 不足하다. 不足하지 않다면 신(神)일 것이다.
- 할머니가 모셔진 納骨堂에 다녀오니 할머니가 더욱 그리워진다.
- 오래 사는 비결은 肉食보다 채식을 하는 것이란다.
- 蟲齒 때문에 치과에 다녀오고 나서 칫솔질을 열심히 한다.
- 이 환자는 出血이 심하다.
- 국민들의 건강이 國力이다.

骨 뼈 골 [총10획]
肉 고기 육 [총6획]
齒 이빨 치 [총15획]
血 피 혈 [총6획]
力 힘 력 [총2획]

결심 決心
| 決 결정하다 결 | 心 마음 심 |

어떻게 하기로 마음을 굳게 먹음.

중심 中心
| 中 가운데 중 | 心 마음, 가운데 심 |

한가운데, 한복판.

신체 身體
| 身 몸 신 | 體 몸 체 |

사람의 몸.

이목구비 耳目口鼻
| 耳 귀 이 | 目 눈 목 | 口 입 구 | 鼻 코 비 |

귀·눈·입·코를 중심으로 한 얼굴의 생김새.

입구 入口
| 入 들어가다 입 | 口 입, 드나드는 곳 구 |

들어가는 곳. ↔ 출구(出口).

수족 手足
| 手 손 수 | 足 발 족 |

손과 발.

가수 歌手

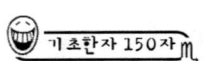

| 歌 노래 가 | 手 손, 사람 수 |

노래를 부르는 일이 직업인 사람.

부족 不足
| 不 ~하지 않다 불/부 | 足 발, 넉넉하다 족 |

넉넉하지 않음.

납골당 納骨堂
| 納 바치다, 받아들이다 납 | 骨 뼈 골 | 堂 집 당 |

죽은 사람을 불에 태운 뒤 남은 뼈를 모셔 두는 건물.

육식 肉食
| 肉 고기 육 | 食 먹다, 음식 식 |

사람이 음식으로 짐승의 고기를 먹음. 또는 그 음식 ↔ 채식(菜食).

충치 蟲齒
| 蟲 벌레 충 | 齒 이빨 치 |

벌레가 파먹어 상한 이.

출혈 出血
| 出 나가다, 나오다 출 | 血 피 혈 |

다치거나 다른 이유로 혈관이 터져 피가 나옴.

국력 國力
| 國 나라 국 | 力 힘 력 |

한 나라가 갖고 있는 힘.

015

· 來年이면 나도 중학생이 되는구나.
· 갓 스물쯤 되어 보이는 건장한 靑年.
· 아이가 베토벤의 月光 소나타를 들으며 잠이 들었다.
· 正月 대보름에 오곡밥과 부럼을 먹었다.

年 해, 나이 년 [총6획]
月 달 월 [총4획]
日 날, 해 일 [총4획]
時 때, 시간 단위 시 [총10획]

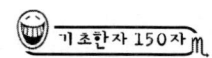

分 나누다, 시간 단위 분 [총4획]

- 친구 生日에 용돈을 모아서 꽃다발을 선물했다.
- 日出을 바라보면 언제나 가슴이 뭉클해진다.
- 선생님 말씀에 학생들은 同時에 "예" 하고 대답했다.
- 우리는 12時 30分에 만나기로 약속했다.
- 생명체는 크게 동물과 식물로 分類한다.

내년 來年
| 來 오다 **래** | 年 해 **년** |

다음 해. ↔ 작년(昨年).

청년 靑年
| 靑 푸르다, 젊다 **청** | 年 해, 나이 **년** |

젊은 사람.

월광 月光
| 月 달 **월** | 光 빛 **광** |

달빛.

정월 正月
| 正 바르다, 정월 **정** | 月 달 **월** |

한 해의 첫째 달.

생일 生日
| 生 살다, 낳다 **생** | 日 날 **일** |

태어난 날.

일출 日出
| 日 날, 해 **일** | 出 나가다, 나오다 **출** |

해가 돋음. ↔ 일몰(日沒).

동시 同時
| 同 같다 **동** | 時 때 **시** |

같은 시간.

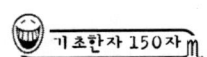

12시 30분 12時 30分
| 時 때, 시간 단위 **시** | 分 나누다, 시간 단위 **분** |

시간과 분.

분류 分類
| 分 나누다 **분** | 類 종류 **류** |

종류별로 나눔.

016

- 저 火山은 언제 폭발할지 모른다.
- 수해 지역에 食水가 제공되었다.
- 우리 모두 회전木馬를 타자.
- 金屬으로 만든 물건은 단단하다.
- 이번 대회에서 金賞을 받았다.
- 퀴즈 대회의 1등 賞金은 얼마일까?
- 金九 선생의 평생 소원은 대한의 독립이었다.
- 몽촌土城은 매우 오래되었다.

火 불 화 [총4획]
水 물 수 [총4획]
木 나무 목 [총4획]
金 쇠, 금, 돈 금 / 성씨 김 [총8획]
土 흙 토 [총3획]

화산 火山
| 火 불 **화** | 山 산 **산** |

땅속의 마그마가 밖으로 터져 나와 만들어진 산.

식수 食水
| 食 먹다 **식** | 水 물 **수** |

먹는 물.

목마 木馬
| 木 나무 **목** | 馬 말 **마** |

나무로 만든 말.

금속 金屬
| 金 쇠 **금** | 屬 속하다 **속** |

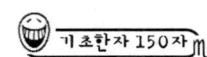

쇠・구리・금・은 따위의 쇠붙이.

금상 金賞
| 金 쇠, 금 금 | 賞 상 주다 상 |

상의 등급을 금・은・동으로 구분할 때의 1등 상.

상금 賞金
| 賞 상 주다 상 | 金 쇠, 돈 금 |

상으로 주는 돈.

김 구 金九
| 金 쇠, 돈 금/성씨 김 | 九 아홉 구 |

독립운동가의 이름.

토성 土城
| 土 흙 토 | 城 성곽 성 |

흙으로 쌓아 올린 성.

017
| 숫자 |

一 하나 일 [총1획]   二 둘 이 [총2획]
三 셋 삼 [총3획]   四 넷 사 [총5획]
五 다섯 오 [총4획]   六 여섯 륙 [총4획]
七 일곱 칠 [총2획]   八 여덟 팔 [총2획]
九 아홉 구 [총2획]   十 열 십 [총2획]
百 백 백 [총6획]   千 천 천 [총3획]
萬 만 만 [총13획]

018
・역시 韓牛가 부드럽고 맛있다.   牛 소 우 [총4획]
・학생회장 선거에 出馬하는 학생은 모두 4명이다.   馬 말 마 [총10획]
・공원에 愛犬을 데리고 산책하는 이가 많아졌다.   犬 개 견 [총4획]

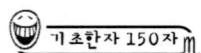

· 독수리 5형제는 지구를 지키는 不死鳥다.
· 人魚가 실제 있을까?

鳥 새 조 [총11획]
魚 물고기 어 [총11획]

한우 韓牛
| 韓 나라 이름 **한** | 牛 소 **우** |

몸빛이 누런 갈색이고 체질이 강하며 성질이 온순한, 우리나라 토종의 소.

출마 出馬
| 出 나가다 **출** | 馬 말 **마** |

말을 타고 나감. 선거의 후보자로 나섬.

애견 愛犬
| 愛 사랑하다 **애** | 犬 개 **견** |

귀여워하며 기르는 개.

불사조 不死鳥
| 不 ~하지 않다 **불** | 死 죽다 **사** | 鳥 새 **조** |

불에 타서 죽어도 그 재 속에서 다시 어린 새로 태어나 영원히 죽지 않는다고 하는, 이집트 신화에 나오는 신비한 새. '어떠한 고난에도 굴하지 않고 이겨 내는 사람'을 비유하여 이르는 말.

인어 人魚
| 人 사람 **인** | 魚 물고기 **어** |

동화에서, 윗몸은 여자이고 아랫몸은 물고기와 같다는 상상의 동물.

019

· 그녀는 떠나면서 내게 勿忘草를 선물로 주었다.
· ♬無窮花 無窮花 우리나라 꽃♬

草 풀 초 [총10획]
花 꽃 화 [총8획]

물망초 勿忘草
| 勿 ~하지 말라 **물** | 忘 잊다 **망** | 草 풀 **초** |

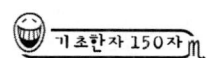

'잊지 말라' 는 뜻을 가진 지칫과의 여러해살이 풀.

무궁화 無窮花
| 無 없다 **무** | 窮 다하다 **궁** | 花 꽃 **화** |

'끝이 없다' 는 뜻을 가진 우리나라의 나라꽃.

ⓞⓩⓞ

· 白色 가운의 간호사는 천사 같다.
· 靑軍이 白軍을 이기고 있다.
· 박광수 감독의 영화 〈아름다운 靑年 전태일〉.

色 색깔 색 [총6획]
靑 푸르다, 젊다 청 [총8획]
白 희다 백 [총5획]

백색 白色
| 白 희다 **백** | 色 색깔 **색** |

흰 색.

청군 靑軍 · 백군 白軍
| 靑 푸르다 **청** | 白 희다 **백** | 軍 군사 **군** |

운동 경기에서, 여러 편으로 나눌 때 색깔에 따라 갈라진 편.

청년 靑年
| 靑 푸르다, 젊다 **청** | 年 해, 나이 **년** |

젊은 사람.

ⓞⓩⓘ

· 더우니 上衣를 벗어 놓으시지요.
· 食水로 사용할 수 있는 물은 지구상의 물 가운데 0.08%에 불과하다.
· 粉食집에서는 라면이나 떡볶이 등을 판다.
· 家訓이 사라져 가서 안타깝다.
· 그 畵家의 작품에는 그의 철학이 잘 드러난다.
· 室內가 건조하니 바닥에 물을 뿌리자.
· 수업 끝나고 校門 앞에서 만나자.

衣 옷 의 [총6획]
食 먹다, 음식 식 [총9획]
家 집, 전문가 가 - [총10획]
室 방 실 [총9획]
門 문 문 [총8획]

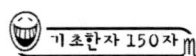

상의 上衣
| 上 위 **상** | 衣 옷 **의** |

윗옷. ↔ 하의(下衣).

식수 食水
| 食 먹다 **식** | 水 물 **수** |

먹는 물.

분식 粉食
| 粉 가루 **분** | 食 먹다, 음식 **식** |

밀가루로 만든 음식.

가훈 家訓
| 家 집, 집안 **가** | 訓 가르치다 **훈** |

집안 어른이 그 자녀들에게 주는 가르침.

화가 畵家
| 畵 그림 **화** | 家 집, 전문가 **가** |

그림 그리는 일을 전문으로 하는 사람.

실내 室內
| 室 방 **실** | 內 안 **내** |

방 안. 집 안. ↔ 실외(室外).

교문 校門
| 校 학교 **교** | 門 문 **문** |

학교의 정문.

022

· 육교 인생은 처음엔 힘들지만 나중엔 편하고, 地下道 인생은 처음엔 편하지만 나중엔 힘들다.
· 江原道는 강릉과 원주를 합한 말이다.

道 길, 행정구역, 도리, 재주 도
[총13획]

車 수레 거 / 차 [총7획]

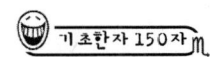

- 사람이 지켜야 할 가장 기본적인 도리는 孝道이다.
- 跆拳道는 몸과 마음을 단련하는 운동이다.
- 自轉車를 타고 부모님과 함께 경주시를 일주했다.
- 네덜란드는 風車의 나라로 어느 곳에서나 風車를 볼 수 있다.

지하도 地下道
| 地 땅 **지** | 下 아래 **하** | 道 길 **도** |

땅 밑으로 낸 길.

강원도 江原道
| 江 강 **강** | 原 근원 **원** | 道 길, 행정구역 **도** |

우리나라 도 단위 행정구역의 하나.

효도 孝道
| 孝 효도 **효** | 道 길, 도리 **도** |

어버이를 잘 섬김.

태권도 跆拳道
| 跆 밟다 **태** | 拳 주먹 **권** | 道 길, 재주 **도** |

맨손과 맨발로 공격과 수비를 하는 우리나라 고유 무술의 한 종류.

자전거 自轉車
| 自 스스로 **자** | 轉 구르다 **전** | 車 수레 **거/차** |

사람이 두 개의 바퀴 위에 올라타고 다니는 기계.

풍차 風車
| 風 바람 **풍** | 車 수레 **거/차** |

바람을 이용하여 힘을 얻는 기계.

---

①②③
- 이 도자기는 祖上 대대로 물려받은 가보이다.
- 할아버지, 할머니를 한자로 祖父, 祖母라고 한다.
- 나에 대한 父母님의 사랑은 말로 표현할 수 없다.

祖 조상, 할아버지 조 [총10획]

父 아버지 부 [총4획]

母 어머니 모 [총5획]

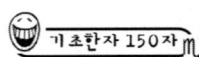

- 夫婦 사이에는 대화가 중요하다.
- 가을 들녘을 바라보는 農夫는 마치 자식을 바라보는 듯하다.
- 훌륭한 子女를 두셨습니다.
- 子孫을 많이 두셔서 좋으시겠습니다.
- 공원 화장실 안내판에 男子와 女子 표시가 바뀌었다.
- 子正은 밤 12시이고, 정오(正午)는 낮 12시이다.
- 나무꾼과 결혼한 仙女는 끝내 하늘로 올라가고 말았다.
- 孫女, 孫子의 손을 잡고 걷는 할머니의 얼굴에 미소가 가득하다.
- 용감한 兄弟姉妹는 세계를 일주하고 돌아왔다.
- 공자나 예수는 많은 弟子를 남겼다.

夫 남편, 사람 부 [총4획]
婦 아내 부 [총11획]
子 아들, 자식, 사람, 첫째 지지 자 [총3획]
女 여자, 딸 녀 [총3획]
孫 손자 손 [총10획]
兄 형 형 [총5획]
弟 아우, 제자 제 [총7획]

조상 祖上
| 祖 조상 **조** | 上 위 **상** |

돌아가신 어버이 위로 대대의 어른.

조부모 祖父母
| 祖 조상, 할아버지 **조** | 父 아버지 **부** | 母 어머니 **모** |

할아버지와 할머니를 함께 이르는 말.

부모 父母
| 父 아버지 **부** | 母 어머니 **모** |

아버지와 어머니.

부부 夫婦
| 夫 남편 **부** | 婦 아내 **부** |

남편과 아내.

농부 農夫
| 農 농사 **농** | 夫 남편, 사람 **부** |

농업에 종사하는 사람. 농사꾼.

자녀 子女

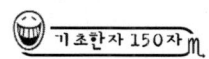

| 子 아들 **자** | 女 여자, 딸 **녀** |

아들과 딸.

자손 子孫
| 子 아들, 자식 **자** | 孫 손자 **손** |

자식과 손자.

남자 男子 · 여자 女子
| 男 남자 **남** | 女 여자 **녀** | 子 아들, 사람 **자** |

사람을 성별로 구별할 때 쓰는 말.

자정 子正
| 子 아들, 첫째 지지 **자** | 正 바르다, 한가운데 **정** |

밤 12시. ↔ 정오(正午).

선녀 仙女
| 仙 신선 **선** | 女 여자 **녀** |

하늘나라에 산다고 하는 아름다운 여자 신선.

손녀 孫女 · 손자 孫子
| 孫 손자 **손** | 女 여자, 딸 **녀** | 子 아들 **자** |

자식의 딸과 아들.

형제 · 자매 兄弟姉妹
| 兄 형 **형** | 弟 아우 **제** | 姉 손위 누이 **자** | 妹 누이, 손아래 누이 **매** |

한 부모 밑에서 태어난 남자와 여자 자식들을 아울러 부르는 말.

제자 弟子
| 弟 아우, 제자 **제** | 子 아들, 사람 **자** |

스승의 가르침을 받은 사람.

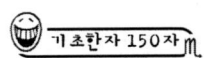

024

- 큰돈을 벌고 出世한다고 해서 반드시 행복한 것은 아니다.
- 우리 반에는 本名보다 별명으로 불리는 친구들이 많다.
- 큰 병에 걸리신 할머니의 生死는 누구도 알 수 없게 되었다.
- 신생아는 生後 6개월이 지나면 첫번째 이가 나온다.
- 學生들을 위한 음악회가 열립니다.

世 세상 세 [총5획]
名 이름 명 [총6획]
生 살다, 낳다, 배우는 사람 생 [총5획]
死 죽다 사 [총6획]

출세 出世
| 出 나가다 출 | 世 세상 세 |
사회적으로 높이 되거나 유명해짐.

본명 本名
| 本 근본(=본디) 본 | 名 이름 명 |
본래의 이름.

생사 生死
| 生 살다 생 | 死 죽다 사 |
살고 죽음.

생후 生後
| 生 살다, 낳다 생 | 後 뒤 후 |
태어난 뒤.

학생 學生
| 學 배우다 학 | 生 살다, 배우는 사람 생 |
학교에서 공부하는 사람.

025

- 새로운 學校에 전학 왔으니 새롭게 시작해야겠다.
- 이번 數學 시험은 너무 어려워서 한 문제도 풀 수 없었다.
- 꽃을 갖다 놓으니 敎실 분위기가 한결 밝아졌다.

學 배우다, 학문 학 [총16획]
校 학교 교 [총10획]
敎 가르치다 교 [총11획]

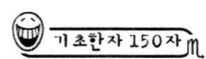

학교 學校
| 學 배우다, 학교 **학** | 校 학교 **교** |

교사와 학생이 모여서 공부하는 곳.

수학 數學
| 數 숫자 **수** | 學 배우다, 학문 **학** |

숫자나 도형 등에 대하여 연구하는 학문.

교실 敎室
| 敎 가르치다 **교** | 室 방 **실** |

학교에서 주로 수업을 하는 방.

026

- 大韓民國은 自主 독립국이다.
- 우리나라의 입시 制度는 자주 바뀐다.
- 봄과 가을에는 溫度 차이가 심하니까 건강에 조심해야 한다.

韓 나라 이름 한 [총17획]
國 나라 국 [총11획]
自 스스로 자 [총6획]
主 주인 주 [총5획]
度 ~한 정도, 법도 도 [총9획]

대한민국 大韓民國
| 大 크다 **대** | 韓 나라이름 **한** | 民 백성 **민** | 國 나라 **국** |

우리나라의 이름.

자주 自主
| 自 스스로 **자** | 主 주인 **주** |

남의 보호나 간섭을 받지 않고 스스로 자신의 일을 처리함.

제도 制度
| 制 만들다, 제도 **제** | 度 ~한 정도, 법도 **도** |

사회 생활에 필요한 어떤 일의 형식이나 절차 등을 정해 놓은 체계.

온도 溫度
| 溫 따뜻하다 **온** | 度 ~한 정도 **도** |

덥고 찬 정도.

ⓛ②⑦

- 대통령 선거가 公正하게 치러졌다.
- 한여름 正午에는 외출을 하지 않는 것이 좋다.
- 선생님께서 終禮 시간에 운동회 행사에 대해 말씀하셨다.
- 道德 시간에 孝에 대해 배웠다.
- 公共장소에서는 질서와 예의를 지켜야 한다.
- 어머니는 간식을 동생과 나에게 公平하게 나누어 주셨다.
- 인생이라는 드라마의 主人公은 자신이다.
- 외국인 노동자들이 不平等한 대접을 받고 있다는 이야기를 들었다.
- 놀이동산에 가고 싶지만 주말에는 사람이 너무 많으니까 平日에 가자.
- 바른 言語 생활은 국어 사랑의 첫걸음이다.
- 相對方을 존중해 줘야 나도 존중받는다.
- 영국과 일본은 首相이 있는 국가이다.
- 2002년 월드컵 대회는 한국과 일본이 共同 개최했다.
- 이순신 장군은 忠孝를 몸소 실천하신 분이다.

正 바르다, 한가운데 정 [총5획]
禮 예절 례 [총18획]
德 공정하고 포용성 있는 마음 덕 [총15획]
公 여러 사람에 관계되는 일, 공평하다, 사람을 높이어 이르는 말 공 [총4획]
共 함께 공 [총6획]
平 평평하다, 보통 평 [총5획]
不 ~하지 않다 불 / 부 [총4획]
言 말씀 언 [총7획]
相 서로, 정승 상 [총9획]
同 같다 동 [총6획]
忠 충성 충 [총8획]
孝 효도 효 [총7획]

공정 公正
| 公 여러 사람에 관계되는 일, 공평하다 공 | 正 바르다 정 |

공평하고 올바름.

정오 正午
| 正 바르다, 한가운데 정 | 午 일곱째 지지 오 |

낮 12시. *오시(午時) : 낮 11시~1시.

종례 終禮
| 終 끝나다 종 | 禮 예절 례 |

하루의 일과를 마치고 담임 선생님과 학생이 교실에서 나누는 인사. ↔ 조례(朝禮).

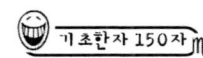

도덕 道德
| 道 길, 도리 **도** | 德 공정하고 포용성 있는 마음 **덕** |

사람으로서 마땅히 지켜야 할 도리.

공공 公共
| 公 여러 사람에 관계되는 일 **공** | 共 함께 **공** |

어떤 일이 사회의 모든 사람들에게 관계되는 것.

공평 公平
| 公 여러 사람에 관계되는 일, 공평하다 **공** | 平 평평하다 **평** |

어느 한쪽에 치우치지 않고 공정함.

주인공 主人公
| 主 주인 **주** | 人 사람 **인** | 公 여러 사람에 관계되는 일, 사람을 높이어 이르는 말 **공** |

어떤 일에서 중심이 되거나 주도적인 역할을 하는 사람.

불평등 不平等
| 不 ~하지 않다 **불** | 平 평평하다 **평** | 等 등급, 같다 **등** |

한쪽으로 치우쳐 있거나 차별이 있음.

평일 平日
| 平 평평하다, 보통 **평** | 日 날 **일** |

휴일이나 기념일이 아닌 날.

언어 言語
| 言 말씀 **언** | 語 말씀 **어** |

말이나 글로 생각이나 느낌을 나타내거나 전달하는 수단.

상대방 相對方
| 相 서로 **상** | 對 마주 대하다 **대** | 方 방향 **방** |

상대가 되는 쪽.

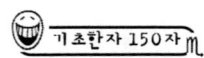

수상 首相
| 首 머리, 우두머리 **수** | 相 서로, 정승 **상** |

내각(장관들로 이루어져 국가의 행정을 맡아 보는 기관)의 우두머리.

공동 共同
| 共 함께 **공** | 同 같다 **동** |

두 사람 이상이 일을 같이함.

충효 忠孝
| 忠 충성 **충** | 孝 효도 **효** |

충성과 효도.

028

- 토끼는 거북이 등을 타고 바닷속 용궁에 가서 龍王을 만났다.
- 우리들 한 사람 한 사람이 남의 인격을 존중하고 자신의 책임을 다할 때 民主 사회가 이루어질 수 있다.
- 조선 시대에는 士農工商의 순서대로 신분의 높낮이가 정해졌습니다.
- 저희 어머니는 철학 博士입니다.
- 우리 부대의 軍犬은 냄새도 잘 맡지만, 두 발로 서기도 잘한다.

王 임금 왕 [총4획]
民 백성 민 [총5획]
士 선비(글 배우는 사람), 학문을 닦은 사람의 호칭 사 [총3획]
農 농사 농 [총13획]
工 물건 만들다 공 [총3획]
商 장사하다 상 [총11획]
軍 군사 군 [총9획]

용왕 龍王
| 龍 용 **룡** | 王 임금 **왕** |

용궁의 임금.

민주 民主
| 民 백성 **민** | 主 주인 **주** |

나라의 주권이 국민에게 있음.

사농공상 士農工商
| 士 선비 **사** | 農 농사 **농** | 工 물건 만들다 **공** | 商 장사하다 **상** |

선비, 농부, 기술공, 상인. 예전에 백성을 가르던 네 계급.

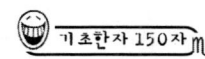

박사 博士
| 博 넓다 **박** | 士 선비, 학문을 닦은 사람의 호칭 **사** |

대학에서 주는 가장 높은 학위. 또는, 그 학위를 받은 사람.

군견 軍犬
| 軍 군사 **군** | 犬 개 **견** |

군대에서 특별한 목적으로 훈련받은 개.

ⓐⓑⓒ

· 우리나라 학생들은 大學에 들어가면 공부보다는 놀기를 더 좋아한다는 말을 들었다.
· 小形 자동차는 주차하기 편하다.
· 제주도는 여자·돌·바람이 많아서 三多島라네.
· 少數의 의견도 존중해야 한다.
· 그 少女는 수줍음이 많지만 활동적이다.

大 크다 대 [총3획]
小 작다 소 [총3획]
多 많다 다 [총6획]
少 적다, 젊다 소 [총4획]

대학 大學
| 大 크다 **대** | 學 배우다, 학교 **학** |

고등학교 다음에 공부하는 곳.

소형 小形
| 小 작다 **소** | 形 모양 **형** |

같은 종류의 물건 중에서, 작은 규모.

삼다도 三多島
| 三 셋 **삼** | 多 많다 **다** | 島 섬 **도** |

'세 가지(바람·돌·여자)가 많은 섬'이라는 뜻으로 '제주도'를 달리 부르는 말.

소수 少數
| 少 적다 **소** | 數 숫자 **수** |

적은 수효.

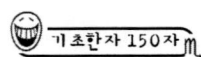

소녀 少女
| 少 적다, 젊다 **소** | 女 여자 **녀** |

아직 어리지도 않고 아직 어른도 되지 않은 여자.

◎❸◎

· 上衣의 팔이 짧아 보기 안 좋다.
· 일기예보에 태풍이 北上한다고 한다.
· 집에서 가까운 中學校에 입학했으면 좋겠다.
· 올림픽에서 水中 발레는 인기 종목이다.
· 감기에 걸리지 않으려면 下衣도 두텁게 입어야 한다.
· 下山할 때는 날이 저물 무렵이었다.

上 위, 오르다 상 [총3획]
中 가운데, 속 중 [총4획]
下 아래, 내리다 하 [총3획]

상의 上衣
| 上 위 **상** | 衣 옷 **의** |

윗옷. ↔ 하의(下衣).

북상 北上
| 北 북쪽 **북** | 上 위, 오르다 **상** |

북쪽으로 올라감. ↔ 남하(南下).

중학교 中學校
| 中 가운데 **중** | 學 배우다, 학교 **학** | 校 학교 **교** |

초등학교와 고등학교 사이에서 교육을 실시하는 학교.

수중 水中
| 水 물 **수** | 中 가운데, 속 **중** |

물속 한가운데.

하의 下衣
| 下 아래 **하** | 衣 옷 **의** |

몸의 아랫도리에 입는 옷. ↔ 상의(上衣).

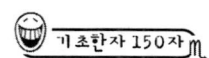

하산 下山
| 下 아래, 내리다 **하** | 山 산 **산** |

산에서 내려옴.

031

· 해가 빨라졌으니 午前부터 부지런히 움직여야 합니다.
· 午後에는 나른해져서 사고의 위험이 높다.
· 서두르지 말고 先後를 가려서 일을 차근차근 해 나가거라.
· 한문을 통해 先祖들의 지혜를 알 수 있다.
· 횡단보도를 건널 때는 左右를 살핀 다음 건너야 한다.

前 앞 전 [총9획]
後 뒤 후 [총9획]
先 먼저, 옛 선 [총6획]
左 왼쪽 좌 [총5획]
右 오른쪽 우 [총5획]

오전 午前
| 午 일곱째 지지 **오** | 前 앞 **전** |

밤 12시부터 낮 12시까지의 사이. ↔ 오후(午後).

오후 午後
| 午 일곱째 지지 **오** | 後 뒤 **후** |

낮 12시부터 밤 12시까지의 사이. ↔ 오전(午前).

선후 先後
| 先 먼저 **선** | 後 뒤 **후** |

먼저와 나중.

선조 先祖
| 先 먼저, 옛 **선** | 祖 조상 **조** |

한 집안의 조상.

좌우 左右
| 左 왼쪽 **좌** | 右 오른쪽 **우** |

왼쪽과 오른쪽.

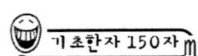

032

· 오늘은 校內 체육대회가 있으니 체육복을 입고 가야지.
· 外國으로 여행 가면 저절로 애국심이 생긴다.
· 수학 실력은 基本을 튼튼히 하는 것이 제일 중요하다.
· 年末年始를 앞둔 시내 거리는 사람들로 가득하다.

內 안 내 [총4획]
外 바깥 외 [총5획]
本 근본 본 [총5획]
末 끝 말 [총5획]

교내 校內
| 校 학교 교 | 內 안 내 |
학교 안.

외국 外國
| 外 바깥 외 | 國 나라 국 |
자기 나라 이외의 다른 나라.

기본 基本
| 基 기초 기 | 本 근본 본 |
사물의 가장 중요한 밑바탕.

연말연시 年末年始
| 年 해 년 | 末 끝 말 | 年 해 년 | 始 처음 시 |
한 해가 끝나는 시기와 새해가 시작되는 시기를 함께 이르는 말.

033

부모님의 자식 사랑은 東西古今을 막론하고 모두 한결같다.
그는 재판에서 有罪 판결을 받았다.
그 사건에서 그는 無罪임이 판명 났다.

古 옛 고 [총5획]
今 지금 금 [총4획]
有 있다 유 [총6획]
無 없다 무 [총12획]

동서고금 東西古今
| 東 동쪽 동 | 西 서쪽 서 | 古 옛 고 | 今 지금 금 |
동양과 서양, 옛날과 지금. 모든 시대 모든 곳.

유죄 有罪
| 有 있다 유 | 罪 죄 죄 |

죄가 있음. ↔ 무죄(無罪).

무죄 無罪
| 無 없다 **무** | 罪 죄 **죄** |

잘못이나 죄가 없음. ↔ 유죄(有罪).

034

· 백화점 出口를 찾지 못해서 고생했다.
· 큰형이 올해 대학교에 入學했다.
· 요즘은 친척 사이에 往來가 드물어졌다.

出 나가다 출 [총5획]
入 들어가다 입 [총2획]
往 가다 왕 [총8획]
來 오다 래 [총8획]

출구 出口
| 出 나가다 **출** | 口 입, 드나드는 곳 **구** |

나가는 곳. ↔ 입구(入口).

입학 入學
| 入 들어가다 **입** | 學 배우다, 학교 **학** |

학교에 들어가 학생이 됨. ↔ 졸업(卒業).

왕래 往來
| 往 가다 **왕** | 來 오다 **래** |

가고 오고 함.

035

· 음악 시간에 高音을 내는 친구를 보니 부러웠다.
· 부드러운 低音의 그 노랫소리는 내 가슴속을 깊이 파고드는 듯했다.
· 長身이었던 친구는 농구 선수가 되었다.
· 새로 오신 校長 선생님은 키가 큰 분이다.
· 그 축구 선수는 短身인데 달리기는 제일 빠르다.

高 높다 고 [총10획]
低 낮다 저 [총7획]
長 길다, 우두머리 장 [총8획]
短 짧다 단 [총12획]

고음 高音

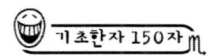

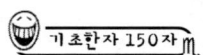

| 高 높다 고 | 音 소리 음 |

높은 소리. ↔ 저음(低音).

저음 低音
| 低 낮다 저 | 音 소리 음 |

낮은 음. ↔ 고음(高音).

장신 長身
| 長 길다 장 | 身 몸 신 |

키가 크다. ↔ 단신(短身).

교장 校長
| 校 학교 교 | 長 길다, 우두머리 장 |

학교의 대표자.

단신 短身
| 短 짧다 단 | 身 몸 신 |

키가 작다. ↔ 장신(長身).

⓪③⑥

· 산 정상에 올라서서 四方을 둘러보았다.
· 바닥이 차가우니까 方席을 깔고 앉으세요.
· 이 方法 저 方法을 모두 써 보았지만 실패했다.
· 東海 끝에 있는 섬 독도는 우리나라 땅이다.
· 지난 주말에 西海로 놀러 가서 조개를 주웠다.
· 올림픽에서 南韓 선수의 활약이 눈부셨다.
· 北韓의 정식 국명(國名)은 조선민주주의인민공화국이다.

方 방향, 네모, 방법 방 [총4획]
東 동쪽 동 [총8획]
西 서쪽 서 [총6획]
南 남쪽 남 [총9획]
北 북쪽 북 [총5획]

사방 四方
| 四 넷 사 | 方 방향 방 |

동서남북의 네 방향.

방석 方席

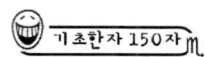

| 方 방향, 네모 **방** | 席 자리 **석** |

앉을 때 깔고 앉는 작은 깔개.

방법 方法

| 方 방향, 방법 **방** | 法 법 **법** |

목적을 이루기 위해 취하는 방식.

동해 東海

| 東 동쪽 **동** | 海 바다 **해** |

동쪽에 있는 바다.

서해 西海

| 西 서쪽 **서** | 海 바다 **해** |

서쪽에 있는 바다.

남한 南韓

| 南 남쪽 **남** | 韓 나라 이름 **한** |

휴전선 남쪽의 한국. ↔ 북한(北韓).

북한 北韓

| 北 북쪽 **북** | 韓 나라 이름 **한** |

휴전선 북쪽의 한국. ↔ 남한(南韓).

한자를 배울 때는 한자만 따로 익히기보다는 위와 같이 문장을 읽으면서 한자를 살펴보아야 합니다. 여기에서 다룬 한자는 매우 많지만, 그래도 익혀야 할 한자 수를 정하기를 바라는 학생을 위해 150자를 선정했습니다. 앞에서 진하게 표시한 한자 외의 나머지 한자는 모두 150자로 다음과 같습니다.

家江犬高古骨公工敎校口九國軍今金南內女年農多短大德道度同東來力禮
六馬萬末名母目木無門文民方百白本夫父婦部北分不四士死事山三相上商
色生西石先星世少小孫數水手首時食身室心十洋魚言五王往外右牛雨月有
肉音義衣意耳二人日一入字子自長低前田正弟鳥祖足左主中地車千天川靑
草出忠齒七土八平風下學韓漢海血形兄花火會孝後

초등학교 4학년생이 반드시 알아야 할 한자·한문

서문	4
한자의 기초	11
한자의 기초	12
한자를 익혀보자	17
생활 속의 한자.	22
초등학교 4학년생이 반드시 알아야 할 한자·한문	**49**
교과서 한자 어휘	**63**
한문의 기초	**95**
초등학교 6학년생이 반드시 알아야 할 한자·한문	105
교과서 한자 어휘	107
고사성어	150
속담·격언	157
쉬운 한문	163
초등 Ⅲ급 한자·한문 인증 시험 문제	170
초등 Ⅱ급 한자·한문 인증 시험 문제	176
초등 Ⅰ급 한자·한문 인증 시험 문제	191
한문 교육용 기초 한자 2,000자	210

초등학교 4학년생이 반드시 알아야 할 한자·한문

1. 부수 70개

많은 한자를 쉽고 빠르게 익히기 위해서는 부수를 많이 알아야 합니다. 여기서는 총 214개의 부수 가운데 자주 쓰이는 70개의 부수를 소개하였습니다. 나머지 부수는 새로운 한자를 공부해 나가면서 관심을 갖고 천천히 배워 가기 바랍니다.

( ) 안에 있는 한자는 '한자의 기초' 부분과, 4학년용 한자 어휘·한문에 나온 한자들을 모아 놓은 것입니다. 각 부수의 뜻을 알아 보고, 예를 든 한자와 어떤 관계가 있는지 살펴봅시다. 대부분 한자의 뜻은 부수의 뜻과 밀접한 관련이 있습니다.

참고로, 부수는 위치에 따라 몇 가지 다른 명칭이 있는데, 그 명칭과 위치는 다음과 같습니다.

1. 변邊 : 글자의 왼쪽에 있는 부수를 '변' 이라고 합니다.

仁 性 扶

2. 방傍 : 글자의 오른쪽에 있는 부수를 '방' 이라고 합니다.

利 郡 頭

3. 머리 : 글자의 위쪽에 있는 부수를 '머리' 또는 '두頭' 라고 합니다.

亦 宗 花

4. 발 : 글자의 밑부분에 받쳐져 있는 부수를 '발' 이라고 합니다.

建 道 志

5. 몸 : 글자의 바깥에서 글자를 에워싸고 있는 부수를 '몸' 또는 '에운담' 이라고 합니다.

匹 國 間

1. 人(亻, 사람 인 – 假, 儉, 今, 來, 倫, 保, 似, 俗, 修, 信, 恩, 儀, 以, 人, 作, 低, 傳, 像)
   인은 크게 두 가지 견해가 있습니다. ①사람이 두 팔을 몸에 바짝 붙인 채 두 다리를 벌리고 서 있는 모양을 본떠서 만든 글자입니다. ②사람이 옆으로 서서 상체(上體)를 앞으로 굽힌 채 팔을 늘어뜨리고 있는 모양을 본떴는데, 한쪽 팔과 한쪽 다리만 표현하였습니다. 亻은 人이 변으로 쓰일 때의 모양인데, '사람인변' 이라 합니다.

2. 言(말씀 언 – 課, 記, 讀, 論, 談, 變, 詞, 說, 誠, 詩, 言, 訓, 調, 託, 話, 謠)
   언은 크게 두 가지 견해가 있습니다. ① 口(입 구)와 辛(허물 건)의 결합으로 이루어진 글자입니다. 말은 입을 통해야 하므로 口를 썼고, 辛은 이 글자의 소리 부분입니다. ② 上(위 상)의 옛 글자인 二과, 舌(혀 설)의 결합으로 이루어진 글자입니다. 곧 혀(舌) 위(上)로 나오는 것이 말(言)이라는 뜻입니다.

3. 木(나무 목 – 格, 械, 校, 極, 東, 末, 木, 本, 植, 樂, 板, 材, 梅, 朱, 杯)
   목은 줄기와 가지와 뿌리가 있는 나무의 모양을 본떠서, '나무' 라는 뜻을 가지게 된 글자입니다.

4. 口(입 구 – 古, 告, 句, 口, 君, 器, 同, 名, 商, 善, 右, 唱, 合, 和, 吏)
   구는 사람의 입 모양을 본떠서, '입' 이라는 뜻을 가지게 된 글자입니다. 특히 여러 가지 입 모양 중에서, 양쪽 입가를 위쪽으로 넓히고 있는 모양을 본뜬 것입니다.

5. 心(忄, 㣺, 마음 심 – 慶, 恭, 忘, 心, 愛, 怨, 意, 慈, 忠, 態, 憲, 必, 怒)
   심은 사람의 몸에 있는 장기(臟器) 중 심장의 모양을 본떴습니다. 예로부터 심장은 사람의 감정이나 성격 등이 자리잡은 공간이라 여겼기 때문에, 여기서 '마음' 이란 뜻이 파생되었습니다. 心자가 변으로 쓰일 때의 모양은 忄이고, 발로 쓰일 때의 모양은 㣺입니다. 특히 忄은 '심방변' 이라 하기도 합니다.

6. 水(氵, 물 수 – 江, 法, 水, 演, 溫, 治, 漢, 海, 洋)
   수는 시냇물이 흘러가는 모양을 본뜬 글자입니다. 시냇물은 깊을수록 물결을 크게 일으키지 않고 잔잔하게 흐릅니다. 그래서 가운데는 깊은 곳에서 물결이 잔잔하게 흘러가는 모양을 본떴고, 양쪽 옆은 얕은 곳에서 물결이 일렁이는 모양을 본떴습니다. 그래서 가운데 있는 획은 이어지고, 양쪽 옆에 있는 획은 끊어진 것입니다. 氵자는 水자가 변으로 쓰일 때의 모양인데, '삼수변' 이라고도 합니다. 그리고 氺자는 水자가 발로 쓰일 때의 모양입니다.

7. 刀(刂, 칼 도 - 券, 分, 列, 別, 前, 制, 則)

도는 자루가 있는 칼의 모양을 본떠서 만든 글자입니다. 위쪽은 칼자루의 모양을, 왼쪽은 칼날의 모양을, 오른쪽은 칼등의 모양을 본뜬 것이며, 아래쪽은 칼끝의 모양을 본뜬 것입니다. 刂는 주로 다른 글자와 어울려 방(旁)으로 쓰일 때의 모양인데, 이것을 일반적으로 '선칼도' 라고 부릅니다. 참고로, 刀는 외날 칼을, 劍(검)은 양날 칼을 의미합니다.

8. 艸(艹, ⺿, 풀 초 - 落, 萬, 葉, 藝, 草, 華, 花)

초는 屮(싹나다 철, 풀 철)자 두 개의 결합으로 이루어진 글자입니다. 屮은 풀이나 나무가 돋아나는 모양을 본뜬 것인데, 풀은 여러 포기가 무더기로 돋아나는 것을 특징으로 하므로, 이것을 두 개로 함으로써 무더기로 돋아난다는 뜻을 나타내어 '풀' 이란 뜻을 가지게 되었습니다. 艹와 ⺿는 艸가 머리로 쓰일 때의 모양인데, '초두머리' 라고도 합니다.

9. 女(여자 녀 - 妹, 婦, 女, 姉, 姓, 如, 妻)

녀는 두 손을 모으고 무릎을 여미면서 공손하게 앉아 있는 여자의 모습을 본떠서 만든 글자입니다. 일반적으로 女는 남자(男)의 상대적 호칭으로 여자를 가리킬 때 사용하는 글자이며, 여자아이 곧 '딸' 을 가리키는 의미로도 사용합니다.

10. 一(하나 일 - 不, 三, 上, 世, 一, 七, 下)

일은 숫자 '1' 을 뜻합니다. 옛사람들은 어떤 물건의 수량을 나타낼 때 '하나는 一, 둘은 二, 셋은 三, 넷은 亖 …' 하는 식으로 그 수량만큼의 선을 그어서 표현하였습니다. 이것이 뒷날 문자로 정착하였던 것입니다.

11. 辵(辶, 쉬엄쉬엄 가다 착 - 過, 近, 道, 邊, 造, 連)

착은 彳(반걸음 척)과 止(그치다 지)가 결합된 글자입니다. 따라서 가다가 쉬고 쉬다가 간다는 뜻을 가지게 되었습니다. 곧 '쉬엄쉬엄 간다' 는 뜻입니다. 辶은 辵이 부수로 쓰일 때의 모양인데, '착받침' 이라고도 합니다. '책받침' 이라는 표현을 쓰기도 하는데 이는 잘못된 표현입니다.

12. 宀(집 면 - 家, 宮, 寶, 實, 賓, 室)

면은 기둥이 있는 집의 모양을 본떠서, '집' 이라는 뜻을 가지게 된 글자입니다. 宀자의 갑골문은 ⋀

인데, 집을 정면에서 바라본 모양을 본뜬 것입니다. 이 글자는 모양이 머리에 쓰는 갓처럼 생겼다고 하여, 흔히 '갓머리'라는 부수 명칭으로도 사용됩니다.

13. 土(흙 토 - 在, 地, 土, 垂, 墨)

토는 땅 위로 솟아난 흙덩이를 본뜬 것입니다.

14. 貝(조개 패 - 貫, 賣, 質, 責, 貪, 賓)

패는 조개의 모양을 본떠서, '조개'라는 뜻을 가지게 된 글자입니다. 고대인들은 조개 껍질을 화폐로 사용하기도 했으므로, 貝자는 돈이나 재물에 관련된 글자의 부수로 많이 쓰입니다.

15. 糸(가는 실 멱 - 結, 系, 線, 紅, 素)

멱은 묶여 있는 실타래의 모양을 본떠서 만든 것으로, 누에가 토해 낸 실을 가리킵니다. 위쪽 끝은 실을 굽혀서 줄을 만들었기 때문에 흩어 놓지 않았습니다. 아래쪽 끝은 흩어 놓은 것이라 세 갈래로 본떴는데, 실이 매우 많다는 의미입니다.

16. 手(扌, 손 수 - 手, 操, 打, 投)

수는 사람의 손가락과 손바닥의 모양을 본뜬 글자입니다. 手자가 변으로 쓰일 때의 모양은 扌인데, '손수변'이라 하기도 하고, 글자 모양이 才(재주 재)와 닮아서 '재방변'이라 하기도 합니다.

17. 八(여덟 팔 - 公, 共, 其, 六, 八)

팔은 좌우(左右)의 획을 대칭으로 둠으로써, '등지다' '나누다'란 뜻을 나타냈습니다. 곧, 한쪽 획은 왼쪽으로 향하게 하고 한쪽 획은 오른쪽으로 향하게 하여 서로 등지고 나뉘어져 있는 상황을 표현하였습니다. 그런데 오늘날 八자의 뜻은 '나누다'로 사용되지 않고, '여덟'이란 의미로 사용됩니다.

참고로, 八자는 부수로 사용될 때, 앞에서 살펴본 人(사람 인)이나 入(들어가다 입)과 모양이 비슷한 경우가 많습니다. 예를 들어, 介(끼이다 개)와 仝(꾀하다 기)는 人이 부수이고, 內(안 내)와 全(온전하다 전)은 入이 부수이고, 公(여러 사람에 관계되는 일 공)과 兮(어조사 혜)는 八이 부수이므로, 사전을 찾을 때 주의해야 합니다.

18. 日(날 일 - 明, 星, 是, 時, 日)

일 자의 바깥쪽은 해의 윤곽을 본뜬 것이고, 가운데는 해 속의 흑점黑點을 본뜬 것입니다.

19. 彳(반걸음 척 - 德, 復, 往, 從, 後)

척은 넓적다리·정강이·발이 붙어 있는 모양을 본뜬 글자입니다. 그리고 彳자는 行(다니다 행) 자에서 왼쪽 절반밖에 없으므로 '작은 걸음'이 됩니다. 글자 모양이 '亻(사람인변, 사람 인)'에 삐침이 하나 더 있기 때문에, '두인변'이라고도 합니다.

20. 田(밭 전 - 甲, 男, 由, 田, 畵)

전에서 바깥의 '囗'은 농사 짓는 땅의 사방 경계선을, 안쪽의 '十'은 농지 사이의 동서남북으로 통하는 도랑·길을 본뜬 것입니다. 옛날에는 백성들에게 네모 반듯한 모양으로 땅을 나누어 주었습니다. 그 뒤로 田은 벼 따위의 곡물을 심어서 경작할 수 있는 토지를 가리키는 개념으로 사용되었습니다.

21. 大(크다 대 - 大, 夫, 奏, 天, 太)

대는 '크다'는 뜻입니다. 옛사람들은 하늘, 땅이 크고 사람이 크다고 생각하였습니다. 그러나 '하늘'이나 '땅'은 그 모양을 본뜰 수 없기 때문에 그 다음으로 큰, 사람의 모양을 본떠서 '크다'는 뜻을 나타내었습니다. 특히 사람이 팔다리를 활짝 벌리고 있는 모양을 본뜸으로써, '크다'는 뜻을 강조하였습니다. 大 자의 위쪽은 사람의 머리를, 가운데는 두 손을, 아래쪽은 두 다리를 본뜬 것입니다.

22. 子(아들, 아이 자 - 孫, 字, 子, 學, 孝)

자는 어린아이가 포대기에 싸여 있는 모양을 본떠 만든 글자입니다. 위쪽은 어린아이의 머리를 본뜬 것이고, 가운데는 팔을 본뜬 것이며, 아래쪽은 다리를 본뜬 것입니다. 다리가 하나인 것은 아이가 포대기에 싸여 있기 때문입니다. 이 글자가 만들어진 초기에는 남녀의 구분 없는 '어린아이'란 의미로 사용했는데, 뒷날 의미가 축소되어 '사내아이'만을 가리키게 되었습니다.

23. 曰(말하다 왈 - 更, 曲, 書, 曾, 會)

왈 자는 입[口]에서 기운이 밖으로 나오는 모양을 나타낸 것입니다. 곧, 사람이 말을 할 때 입을 벌리면 기운이 위로 나오므로, 이 모양으로 '말하다'는 뜻을 나타냈습니다.

24. 囗(에워싸다 위 - 固, 國, 四, 圓, 回)

위는 사방으로 둘레를 한 바퀴 빙 돌려 원래 위치에서 하나로 합쳐진 상황을 나타냄으로써, '두르다' '둘리다'는 뜻을 가지게 된 글자입니다. 囗는 口(입 구)보다 크기가 크다고 하여 '큰입구몸'이라 하기도 하고, 담처럼 에워쌌다고 하여 '에운담'이라 하기도 합니다.

25. 攵(攴, 치다 복 – 改, 敬, 敎, 數, 敢)

복은 의미를 나타내는 又(손 우)와, 소리를 나타내는 卜(점치다 복)이 결합된 글자인데, 손에 매를 들고 '가볍게 친다'는 뜻을 담고 있습니다. 攵자는 모양이 비슷한 文(글월 문)과 구별하기 위해 '등글월 문'이라고도 합니다.

26. 方(방향, 모 방 – 旗, 方, 施, 於, 族)

방은 두 척의 배를 나란하게 묶어 놓은 모양을 본떠서 만들었다고 합니다. 이 글자에서 위쪽은 뱃머리가 한곳에 묶여 있는 모양을 본뜬 것이고, 아래쪽은 두 척의 배가 나란히 묶여 있는 모양을 본뜬 것입니다.

27. 頁(머리 혈 – 頭, 預, 題, 類, 顯)

혈자는 百(머리 수)와 儿(사람 인)이 결합된 글자입니다. 곧 사람의 모습을 나타낸 것인데, 특히 머리 부분을 두드러지게 강조함으로써 '머리'를 뜻하는 글자로 삼았습니다.

28. 目(눈 목 – 目, 相, 省, 直)

목은 사람의 눈 모양을 본떠서, '눈'이라는 뜻을 가지게 된 글자입니다. 바깥쪽은 눈자위를, 안쪽은 눈동자를 본뜬 것입니다. 처음에는 원래의 눈 모양처럼 가로(罒)로 쓰다가, 나중에 세로(目)로 고쳐 썼습니다.

29. 竹(⺮, 대나무 죽 – 管, 等, 節, 竹)

죽은 두 그루의 대나무가 마주 서서 잎을 아래로 드리우고 있는 모양을 본떠서 만든 글자입니다. ⺮은 竹 자가 머리로 쓰일 때의 모양인데, 흔히 '대죽머리'라 합니다.

30. 火(灬, 불 화 – 無, 然, 熱, 火)

화는 불이 활활 타오를 때, 아래쪽이 넓고 위쪽이 뾰족한 모양을 본떠서 만든 글자입니다. 양쪽 옆에 있는 것은 옆으로 퍼지면서 위쪽으로 올라가는 불꽃의 모양을 본뜬 것입니다. 灬 자는 火 자가 발로 쓰일 때의 모양인데, '불화발'이라고도 합니다.

31. 力(힘, 힘줄 력 – 勤, 動, 勉, 力)

   력은 크게 두 가지 견해가 있습니다. ①사람이 팔에 힘을 주었을 때, 팔이나 어깨죽지로 불거져 나오는 '힘줄'의 모양을 본떠서 만들었습니다. ②땅을 파는 원시적인 도구의 모양을 본떠서 만들었다고 합니다. 이 견해에 따르면 땅을 팔 때는 많은 힘이 소모되기 때문에, 여기서 '힘' 이라는 뜻이 나왔다고 설명합니다.

32. 月(달 월 – 朋, 月, 有, 朝)

   월은 달이 이지러져 있을 때의 모양을 본떠서, '달' 이라는 뜻을 가지게 된 글자입니다.

33. 夕(저녁 석 – 多, 夕, 夜, 外)

   석은 月(달 월)에서 안쪽에 있는 한 개의 획을 생략함으로써, 어두운 상태를 나타낸 글자입니다.

34. 十(열 십 – 南, 半, 千, 十)

   십 자에서 가로획 一은 동서를 가리키고, 세로획 丨은 남북을 가리키며, 一과 丨의 교차점은 중앙을 가리킵니다. 곧 동서남북의 사방과 중앙을 나타낸 것으로, 온전하게 갖추어져서 부족함이 없다는 뜻입니다. 특히 숫자에서 十은 '완비된 숫자' 이므로, '열' 을 뜻하는 글자가 되었습니다.

35. 阜(阝, 언덕 부 – 降, 階, 險)

   부는 돌이 없는 흙산의 모양을 본떠서, '언덕' 이란 뜻을 가지게 된 글자입니다. 다시 말해, 높고 크면서 위쪽이 평평하고 계단처럼 층층이 포개져 있어서 올라갈 수 있는 언덕의 모양을 본뜬 글자입니다. 阝는 阜가 변으로 쓰일 때의 모양인데, '좌부방변' 이라고 하여 모양이 비슷한 阝(우부방, 고을 읍)과 구분합니다.

36. 示(礻, 보이다 시 – 神, 禮, 祖)

   시에서 二는 上(위 상)의 옛 글자인데, '위' 라는 것은 하늘을 가리킵니다. 그리고 川은 빛을 보내는 해·달·별을 가리킵니다. 세 개의 세로획 중에 왼쪽은 해를, 오른쪽은 달을, 가운데는 별을 가리킵니다. 획이 세로로 된 것은, 그 빛이 아래로 내려와 사람에게 '보인다' 는 의미를 나타낸 것입니다. 옛사람들은 해·달·별의 변화를 살펴서 하늘의 뜻을 보고, 좋고 나쁨을 판단하였습니다. 그래서 示 자 부수에 속 한 글자는 신(神)에게 제사 지내는 것과 관련된 것이 많습니다. 礻는 示가 변으로 쓰일 때의 모양인데, '보일시변' 이라고도 합니다.

37. 儿(받침 사람 인 – 光, 先, 兄)

인은 人 자처럼 사람의 모양을 본떠서 '사람' 이란 뜻을 가지게 된 글자입니다. 儿 자에서 왼쪽 부분은 사람의 팔 모양을, 오른쪽 부분은 사람의 다리 모양을 본뜬 것인데, 다리를 약간 구부려 놓음으로써 팔과의 차별성을 주었습니다. 人 자는 서 있는 사람의 모양을 본뜬 것이고, 儿 자는 걸어가는 사람의 모양을 본떴습니다. 儿자를 '어진사람인발' 이라고도 합니다.

38. 寸(한 치 촌 – 對, 導, 寸)

촌은 길이의 단위로 한 치(10푼 : 3.03cm)를 뜻하는데, 又(손 우)와 一 의 결합으로 이루어졌습니다. 又는 손을 뜻하는 글자이고, 一 은 손목에서 팔 쪽으로 10푼쯤 되는 곳을 가리키는 부호인데, 이곳은 사람의 맥박이 뛰는 자리입니다.

39. 見(보다 견 – 見, 視, 親)

견은 目(눈 목)과 儿(사람 인)이 결합된 글자입니다. 사람의 신체에서 사물을 볼 수 있는 눈의 모양을 두드러지게 표현함으로써, 사람이 눈으로 본다는 뜻을 나타냈습니다.

40. 工(물건 만들다, 솜씨 좋다 공 – 工, 左, 差)

공은 사람이 도구를 능숙하게 다루는 것을 나타낸 글자입니다. 위아래로 평평하게 그은 두 개의 가로선은 수준기(水準器–바닥이 평평한지를 재는 기구)를 가리키고, 중간에 곧게 그은 한 개의 세로선은 먹줄(실에 먹을 묻혀 곧은 선을 긋는 도구)을 가리킵니다. 곧, 사람이 처리하는 일이 수준기나 먹줄처럼 표준에 꼭 들어맞는다는 뜻을 나타낸 것입니다. 여기서 '솜씨가 좋다' 는 뜻이 나왔고, 더 나아가 물건 만드는 것을 직업으로 하는 사람을 말하는 '장인' 이라는 뜻이 파생되었습니다.

41. 入(들어가다 입 – 內, 入, 全)

입은 나무의 뿌리가 땅속으로 들어가는 모양을 본떠서 '들어가다' 는 뜻을 나타냈습니다. 곧, 풀이나 나무의 줄기 밑에 있는 뿌리가 여러 가닥으로 갈라져서 땅속으로 들어가는 상황을 나타낸 것입니다.

42. 犬(犭,개 견 – 犬, 獨, 狗)

견자에서 위쪽은 개의 머리와 귀 모양을 본뜬 것이고, 아래쪽은 개가 쪼그리고 앉아 있을 때 양쪽 앞발만 보이고 한쪽 발이 조금 높은 모양을 본뜬 것입니다. 앞발이 긴 개, 곧 사냥개를 犬이라 합니다. 犭은 犬이 변으로 쓰일 때의 모양인데, '개사슴록변' 이라고도 합니다.

43. 又(또, 손 우 - 反, 友, 叔)

우는 오른손과 그 손가락의 모양을 본떠서, '손' 이라는 뜻을 가지게 된 글자입니다. 又 자는 글자가 만들어진 초기에는 손의 모양을 본떠서 '손' 이라는 뜻으로 사용되었지만, 오늘날에는 주로 '또' 라는 뜻으로 사용됩니다.

44. 車(수레 거 / 차 - 車, 軍, 載)

거는 수레를 위에서 내려다본 모양을 본뜬 것입니다. 위아래의 一은 바퀴를, 가운데의 曰은 수레 상자를, 세로로 꿰뚫은 ㅣ은 굴대를 본뜬 것입니다.

45. 食(飠, 食, 밥 식 - 食, 飮, 飽)

식은 밥이 담겨 있는 그릇에 뚜껑이 덮여 있는 모양을 본 뜬 것입니다. 飠과 食은 食이 부수로 쓰일 때의 모양입니다. 이 부수에 속한 글자는 대체로 음식물이나 먹는 행위와 관련이 있습니다.

46. 隹(새 추 - 難, 雖, 雙)

추의 윗부분은 새의 머리를, 가운데는 새의 몸통을 본뜬 것입니다. 특히 꼬리가 짧은 새를 두루 가리킬 때 사용하는 글자입니다.

47. 玉(王, 구슬 옥 - 球, 王)

옥은 원래 王으로 썼습니다. 三은 세 개(여러 개)의 구슬이 나란하게 이어져 있는 모양을 본뜬 것인데, 가운데의 ㅣ은 이 구슬이 실에 꿰어져 있는 모양을 본뜬 것입니다. 王는 玉 자가 변으로 쓰일 때의 모양인데, '구슬옥변' 이라도 합니다.

48. 戈(창 과 - 成, 我)

과 자에서 ㄣ는 창의 자루를 본떴고, ㅡ은 옆으로 튀어나온 창의 날을 본떴으며, 왼쪽 아래로 비껴 나온 획(ノ)은 밑받침이 변형된 것입니다.

49. 耳(귀 이 - 耳, 聽)

이의 바깥쪽은 귀의 윤곽을 본뜬 것이고, 가운데의 가로획(원래는 점으로 썼으나 늘려서 선으로 쓴 것임)은 귓구멍의 모양을 본뜬 것입니다.

50. 金(쇠 금 – 金, 鐵)

금은 土(흙 토)와, 쇠가 흙 속에 있는 모양을 본뜬 좌우의 두 점과, 소리를 나타내는 今(이제 금)의 결합으로 이루어진 글자입니다. 옛날 사람들은 금속을 백금(白金)·청금(靑金)·적금(赤金)·흑금(黑金)·황금(黃金)의 다섯 가지로 구분하였는데, 金자는 이 모든 금속을 아우르는 명칭입니다. 그런데 이 다섯 가지 중 황금을 으뜸으로 치기 때문에, 요즘에는 주로 황금을 가리키는 명칭으로 사용합니다.

51. 广(집 엄 – 度, 序)

엄 자에서 厂(바위 밑 거처 한)은 언덕의 바위를 의미하고, ˋ은 바위 위에 집이 있다는 것을 가리키는 부호입니다. 고대에는 사람들이 언덕 바위 위에 집을 짓고 살았다고 하는데, 바로 그 집을 广이라는 모양으로 표현한 것입니다. 이 글자는 '엄호'라 하기도 합니다.

52. 禾(벼 화 – 稅, 積)

화 자에서 맨 위의 왼쪽으로 비스듬히 삐친 획은 벼의 이삭을, 가운데의 세로 획은 줄기를, 위쪽에 좌우로 나온 것은 잎을, 아래쪽에 좌우로 나온 것은 뿌리를 본뜬 것입니다.

53. 巾(수건 건 – 帶, 師)

건은 수건의 두 끝자락이 아래로 드리워져 있는 모양을 본떠서 만든 글자입니다. 옛날에는 수건을 몸에 차고 다니며 손을 닦는 데 사용했는데, 가운데의 丨은 수건을 몸에 매다는 끈을 본뜬 것입니다.

54. 邑(阝, 고을 읍 – 都, 部)

읍은 경계가 뚜렷한 영토를 뜻하는 囗(사방 경계 위)와, 천자가 제후에게 내리는 부절(符節)을 뜻하는 卩(부절 절)의 결합으로 이루어진 글자입니다. 고대의 제후는 공(公)·후(侯)·백(伯)·자(子)·남(南)의 다섯 등급으로, 공은 사방 500리, 후는 400리, 백은 300리, 자는 200리, 남은 100리의 영토를 부절과 함께 받았습니다. 邑은 바로 이 영토를 가리킵니다. 원래 邑과 國(나라 국)이 같은 의미였으나, 뒷날 國은 큰 지역, 邑은 작은 지역을 가리키게 되어 사람이 모여 사는 '마을' '고을'의 뜻으로 그 범위가 축소되었습니다. 阝은 邑이 방으로 쓰일 때의 모양으로 '우부방'이라 하여, 모양이 비슷한 阝(좌부방변, 언덕 부)과 구분합니다.

55. 雨(비 우 – 雨, 雲)

우는 하늘을 가리키는 一과, 하늘을 덮은 구름을 본뜬 冂과, 비가 실처럼 점점이 이어지는 모양을 본뜬 丨과, 물방울을 본뜬 ⋮의 결합으로 이루어진 글자입니다. 하늘에 있는 구름 사이에서 떨어지는 물방울, 곧 '비'를 본뜬 것입니다.

56. 門(문 문 – 開, 門)

문은 두 개의 문짝이 서로 마주하여 닫혀 있는 모양을 본떠서, '문'이라는 뜻을 가지게 된 글자입니다. 이 글자는 외짝으로 된 문을 의미하는 戶(반쪽 문 호)와 달리, 입구에 양쪽으로 달려 있는 문의 모양을 본뜬 것입니다.

57. 足(𧾷, 다리 족 – 足, 踐)

족은 정강이의 모양을 본뜬 부호인 口와 止(발 지)의 결합으로 이루어진 글자입니다. 곧 정강이에서 발까지를 아우른 명칭을 足이라 합니다. 𧾷은 足이 변으로 쓰일 때의 모양인데, '발족변'이라고도 합니다.

58. 二(둘 이 – 二, 五)

이는 一과 一을 나란하게 그어 놓음으로써 '둘' '2'를 뜻하게 된 글자입니다. 원래는 두 획의 길이가 똑같았으나, 문자가 변천해 가는 과정에서 윗획이 아랫획보다 조금 짧아졌습니다.

59. 鳥(새 조 – 鷄, 鳥)

조는 새를 옆에서 바라본 모양입니다. 鳥자는 긴 꼬리를 가진 새를 널리 가리키는 명칭입니다.

60. 穴(구멍 혈 – 空, 窮)

혈은 宀(집 면)과 八(나누다 팔)의 결합으로 이루어진 글자인데, 여기서 八은 소리를 나타냅니다. 원시 시대 사람들은 굴을 집으로 삼아 이곳에서 생활을 하였으므로, 굴을 뜻하는 글자에 宀자를 썼습니다.

61. 走(달리다 주 – 起, 走)

주는 夭(굽다 요)와 止(발 지)의 결합으로 이루어진 글자입니다. 여기서 夭 자는 '굴곡'을 뜻하고, 止

자는 '다리'를 뜻합니다. 곧 다리를 굽혀서 나아가는 것을 走라 하는데, 천천히 걸으면 다리가 비교적 곧고 빨리 달리면 다리가 많이 굽기 때문에, 앞을 향해 빨리 간다는 의미를 표현한 것입니다.

62. 骨(뼈 골 - 骨, 體)

골은 冎(살 바른 뼈 과)와 肉(月, 살 육)이 결합된 글자입니다. 肉은 살이 뼈에 붙어서 뼈를 감싸고 있는 상태를 뜻하는 글자인데, 이 肉에서 살을 발라 내고 남은 뼈를 骨이라 합니다.

63. 欠(하품 흠 - 歌, 欲)

흠 자에서 위쪽은 들이마시고 내쉬는 숨을 가리키고, 아래쪽은 人(사람 인)입니다. 곧, 사람에게서 기운이 위쪽으로 나오는 모양을 본떴습니다. 사람이 피로하거나 잠이 부족할 때, 입을 크게 벌려 깊이 숨을 내쉬는 것은 평상시의 것과 다른데, 이것이 곧 하품입니다.

64. 肉(月, 고기 육 - 肉)

육 자에서 바깥쪽은 덩어리가 큰 고기의 모양을, 가운데의 두 획은 고기의 살결을 본뜬 것입니다. 그런데 고기는 본뜰 수 있는 일정한 모양이 없어서, 잘라 낸 고기의 단면을 본뜰 대상으로 삼았던 것입니다. 月은 肉이 변으로 쓰일 때의 모양인데, 月(달 월)과 구분하기 위해 '육달월'이라고도 합니다.

65. 衣(衤, 옷 의 - 衣)

의 자에서 맨 위는 머리에 쓰는 고깔을, 가운데 좌우로 그은 획은 두 소매를, 맨 아래는 옷이 내려져 있는 모양을 본떴습니다.

66. 酉(술 유 - 酒)

유는 술이 항아리 안에 들어 있는 모양을 본뜬 것입니다. 이 글자는 원래 술을 뜻하는 말로 사용되다가 뒤에 '열째 지지 유'로 많이 사용되면서, 술을 가리킬 때는 水(氵, 물 수) 자를 보탠 酒(술 주) 자를 사용하게 되었습니다.

67. 立(서다 립 - 竝)

립의 위쪽은 팔다리 벌린 사람의 모양을 본떠서 만든 大(크다 대)와 모양이 비슷합니다. 그리고 아래쪽의 一은 땅을 나타내는 부호입니다. 곧 사람이 두 다리로 땅에 서 있고 움직이지 않는 형상을 나타냄으로써, '서다' 는 뜻을 가지게 된 글자입니다.

68. 黑(검다 흑 – 點)

흑은 窓(창문 창)의 옛 글자인 囧과, 炎(불꽃 염)이 결합된 글자입니다. 불꽃이 위로 올라가 굴뚝으로 나아가는 상태를 나타낸 것입니다. 불이 활활 타올라 그 연기가 굴뚝으로 빠져나갈 때, 그을린 빛깔을 黑이라 합니다.

69. 氏(성씨, 뿌리 씨 – 民)

씨 자에서 一은 땅을 가리키고, 가운데의 땅 아래로 비껴 나간 것은 뿌리를 본떴으며, 가운데의 위로 나가서 땅위로 비껴 내려진 것은 가지를 본떴습니다. 그리하여 '뿌리' 라는 뜻을 가지게 되었습니다.

70. 巛(川, 내 천 – 川)

천은 물이 흘러가는 모양을 본떴습니다. 이 부수 글자를 '개미허리' 라고도 합니다.

※ 위의 부수 설명은 《쓱싹쓱싹 한자쓰기》1·2(문자향, 전국한문교사모임 편)를 참조하였습니다.

교과서 한자 어휘

교과서 국어 〈읽기〉 4-1의 74쪽에 나온 내용입니다.

가) 우리 학교 도서실은 매일 오전 9시부터 오후 5시까지 문을 엽니다. 토요일은 오전에만 문을 엽니다. 그리고 국경일이나 설날, 추석과 같은 공휴일에는 문을 열지 않습니다.

이글에 나오는 어휘 중 한자로 바꿀 수 있는 것을 바꿔서 쓰면 다음과 같습니다.

나) 우리 學校 圖書室은 每日 午前 9時부터 午後 5時까지 門을 엽니다. 土曜日은 午前에만 門을 엽니다. 그리고 國慶日이나 설날, 秋夕과 같은 公休日에는 門을 열지 않습니다.

한글로만 된 가)글을 읽으면서 이해 못하는 어휘가 있나요? 대부분의 어휘가 평소에 자주 쓰는 말이기 때문에, 본래는 한자이지만 한글로 써도 모두 이해할 수 있습니다. 그래도 만약에 한자로 만들어진 어휘의 경우 한자 풀이를 이용해 공부를 한다면 어떨까요?

1) 學校, 每日, 土曜日은 한자로 풀이하지 않더라도 글을 읽는 데 별 문제가 없고, 오히려 한자 풀이를 하는 것이 더 어렵습니다.

그러나 午前, 國慶日, 秋夕 등은 한자 풀이를 해야 정확한 의미를 이해할 수 있습니다.

2) 午前, 午後는 오시(午時-낮 11시~1시) 앞을 午前, 오시 뒤를 오후라고 한다는 것을 알 수 있고,
3) 國慶日은 '국가적인[國] 경사를[慶] 축하하기 위하여, 법으로 정하고 온 국민이 기념하는 날[日]', 公休日은 '개인이 아닌 여러 사람이 함께[公] 쉬기로[休] 정한 날[日]'이라는 정확한 풀이를 할 수 있고,
4) 秋夕은 농사의 결실을 축하하기 위해 수확의 때인 가을[秋] 저녁에[夕] 모여 축제를 벌인 데서 유래했다는 것을 알 수 있게 해 줍니다.

또 같은 책 126쪽에 정약용 선생이 수원에 화성을 쌓을 때의 이야기가 나옵니다.

선생은 연구를 거듭하여 작은 힘으로 무거운 것을 끌어 올려 운반할 수 있는 거중기를 만들었습니다.

왜 그 기계 이름을 '무거운 것을 끌어 올리는 기계'라고 짓지 않고, '거중기'라고 했을까요? 한자는 긴 의미를 간단하게 줄여서 나타내는 능력이 있기 때문에, [擧 들다 거 重 무겁다 중 機 기계 기]라는 한자를 이용해 이름을 지었습니다.

이 밖에도 대충 이해하고 지나쳤던 동화책이나 교과서에 나오는 어휘 가운데 한자 풀이를 하면 정확한 의미를 쉽게 알 수 있는 것들이 많이 있습니다. 앞으로 어휘 공부를 할 때 한자 풀이 습관이 만들어지도록 노력합시다.

※ **진한** 표시를 한 한자는 표시를 하지 않은 한자의 이해를 돕기 위해 한자 어휘로 만드는 과정에 들어간 어려운 한자들입니다. 진한 표시가 없는 한자는 반드시 알아야 하고, 진한 표시가 있는 한자는 어려운 자이므로 현재 단계에서 꼭 알 필요는 없습니다.

001

· 俗談 바꾸어 표현하기.
· 格言은 세상을 바르게 살아가는 데 필요한 지혜와 교훈이 되는 짧은 말입니다.

俗 [人–총9획]
談 [言–총15획]
格 [木–총10획]
言 [言–총7획]

속담 俗談
| 俗 속세 **속** | 談 이야기 **담** |

예로부터 민간에 전해 오는, 교훈이나 풍자가 담겨 있는 짧은 말.

격언 格言
| 格 바로잡다 **격** | 言 말씀 **언** |

오래 전부터 사람들 사이에 전해져 온, 교훈을 담은 짧은 말.

002

· 봄을 주제로 하여 詩를 지어 보자.
· 영국의 앨리스 폴록. 102세 때인 1971년에 첫 小說을 써서 책으로 냈다.
· 어제 저녁에 철수는 이순신 장군의 傳記文을 읽고 있었습니다.

詩 [言–총13획]
小 [小–총3획]
說 [言–총14획]
傳 [人–총13획]
記 [言–총10획]
文 [文–총4획]

시 詩
| 詩 시 **시** |

사람의 생각이나 느낌을 리듬이 있는 말로 간결하게 표현한 글.

소설 小說
| 小 작다 **소** | 說 밝히어 말하다, 이야기 **설** |

실제 있었던 이야기나 있을 수 있는 이야기를 지은이의 상상에 따라 새롭게 꾸며 낸 글.

전기문 傳記文
| 傳 전하다, 전기(인물에 대한 기록) **전** | 記 기록하다 **기** | 文 글 **문** |

위대하거나 유명한 사람이 활동했던 사실이나 겪었던 일을 이야기로 엮어서 쓴 글.

003

- 이 고개에서 넘어진 사람은 삼 년밖에 살지 못한다는 傳說 때문에 삼년고개라고 부르게 된 것입니다.
- 그리스 神話에 의하면 카시오페이아는 에티오피아의 왕비였습니다.

傳 [人-총13획]
說 [言-총14획]
神 [示-총10획]
話 [言-총13획]

전설 傳說
| 傳 전하다 **전** | 說 밝히어 말하다, 이야기 **설** |

예로부터 민간에서 입으로 전해 내려오는 신비로운 이야기.

신화 神話
| 神 귀신, 신 **신** | 話 이야기 **화** |

세계를 창조하고 다스린다고 생각되는 신들이나 건국 시조 등의 초자연적 존재를 주인공으로 하여 만들어진 이야기.

004

- 〈訓民正音〉은 母音 11자, 子音 17자로 되어 있습니다.

訓 [言-총10획]
民 [氏-총5획]
正 [止-총5획]
音 [音-총9획]
母 [毋-총5획]
子 [子-총3획]

훈민정음 訓民正音
| 訓 가르치다 **훈** | 民 백성 **민** | 正 바르다 **정** | 音 소리 **음** |

1443년에 세종 대왕이 집현전 학자들의 도움을 얻어 만든 글자.

모음 母音
| 母 어머니 **모** | 音 소리 **음** |

사람이 목청을 울려 목구멍·입술·코 등에 막히거나 방해를 받지 않고 내는 소리.

자음 子音
| 子 아들 **자** | 音 소리 **음** |

발음할 때 내쉬는 숨이 혀·이·입·입술 등에 방해를 받아서 나는 소리.

005

- 다른 노인이 한 句節을 부르면 또 다 같이 후렴을 불렀습니다.
- 필기구나 운동화를 主題로 하여 이것과 관련된 여러 가지 자료를 모아 박물관을 만들 수는 없을까?
- 이 영화는 외계인을 素材로 한 SF 영화다.
- 교과서에 실린 題材 대신에 선생님께서 새로 선정한 작품을 배웠습니다.

句 [口–총5획]
節 [竹–총15획]
主 [丶–총5획]
題 [頁–총18획]
素 [糸–총10획]
材 [木–총7획]

구절 句節
| 句 구절 **구** | 節 마디 **절** |

구와 절. 한 도막의 말이나 글

주제 主題
| 主 주인, 주되다 **주** | 題 제목 **제** |

작가가 전달하고자 하는 주된 내용.

소재 素材
| 素 바탕 **소** | 材 재목, 바탕 **재** |

작품의 내용이나 주제로 다루는 사실이나 사물.

제재 題材
| 題 제목 **제** | 材 재목, 재료 **재** |

작품의 주제를 나타내는 재료.

006

- 주장하는 글을 쓸 때는 序論, 本論, 結論으로 나누어 쓰는 것이 좋습니다.

序 [广–총7획]
論 [言–총15획]
本 [木–총5획]
結 [糸–총12획]

서론 序論
| 序 차례, 처음 **서** | 論 논의하다 **론** |

본론의 머리말이 되는 글.

본론 本論

| 本 근본, 주되다 본 | 論 논의하다 론 |

글의 중심이 되는 부분.

결론 結論
| 結 맺다, 마치다 결 | 論 논의하다 론 |

마지막에 이르러 글을 마무리하여 간단히 요약하거나 정리하는 글.

ⓞⓞ7

· 선생이 모은 문화재 중에는 고려 시대와 조선 시대의 도자기, 그림과 글씨 등 國寶급 문화재가 수천 점이나 되었습니다.
· 친구는 늘 우리 곁에 있는 소중한 寶物입니다.

國 [囗–총11획]
寶 [宀–총20획]
物 [牛–총8획]

국보 國寶
| 國 나라 국 | 寶 보배 보 |

보물급의 문화재 가운데 국가가 법적으로 지정한 유형 문화재.

보물 寶物
| 寶 보배 보 | 物 사물 물 |

드물고 귀한 가치가 있는 물건. 또는 역사적, 예술적, 학술적으로 가치가 큰 것으로서, 국가가 법적으로 지정한 유형 문화재.

ⓞⓞ8

· 부모님께 孝道하고 형제 자매 간에 사이좋게 지내야 하는 까닭을 알아 봅시다.
· 오, 훌륭한 어머니를 모시고 있구나. 지혜롭기만 한 줄 알았더니 孝誠도 지극하구나!
· 우리는 부모님 말씀을 잘 듣고 恭敬합니다.
· 화목한 가정을 만들기 위하여 孝道와 友愛를 실천해 봅시다.

孝 [子–총7획]
道 [辶–총13획]
誠 [言–총14획]
恭 [心–총10획]
敬 [攵–총13획]
友 [又–총14획]
愛 [心–총13획]

효도 孝道
| 孝 효도 효 | 道 길, 도리 도 |

부모를 잘 섬기는 도리.

효성 孝誠
| 孝 효도 **효** | 誠 정성 **성** |

마음을 다하여 부모를 섬기는 정성.

공경 恭敬
| 恭 공손하다 **공** | 敬 공경하다 **경** |

윗사람을 공손히 받들어 섬기는 것

우애 友愛
| 友 친구 **우** | 愛 사랑하다 **애** |

형제나 친구간의 사랑.

009
- 일상생활에서 어른이나 선생님을 만날 때, 상체를 30도 정도 숙이는 것이 올바른 인사 禮節이다.
- 禮儀는 자기 자신을 비추는 거울이다.

禮 [示-총18획]
節 [竹-총15획]
儀 [人-총15획]

예절 禮節
| 禮 예절 **례** | 節 마디, 예절 **절** |

예의와 범절.

예의 禮儀
| 禮 예절 **례** | 儀 거동 **의** |

사회의 질서를 유지하기 위하여 사람이 지켜야 할 예절.

010
- 말을 하되 미덥지 못하면 正直한 친구가 아니다.
- 한번 맺은 信義는 어떤 대가를 치르더라도 지켜야 한다.
- 일상생활 속에서 勤勉하고 성실한 생활을 꾸준히 실천한다.
- 우물물을 기르려면 줄이 있어야 하듯이, 배우는 사람은 實踐

正 [止-총5획]
直 [目-총8획]
信 [人-총9획]
義 [羊-총13획]

이 필요하다.
· 反省하는 자는 새로운 각오가 있는 것이다.

정직 正直
| 正 바르다 **정** | 直 곧다 **직** |

속이거나 숨김이 없이 참되고 바른 상태.

신의 信義
| 信 믿다 **신** | 義 옳다 **의** |

믿음과 의리.

근면 勤勉
| 勤 부지런하다 **근** | 勉 힘쓰다 **면** |

부지런히 힘씀.

실천 實踐
| 實 실제 **실** | 踐 밟다, 행하다 **천** |

실제로 행함.

반성 反省
| 反 되돌리다 **반** | 省 살피다 **성** |

자기가 한 행동 중에 잘못이 없었는지 돌이켜 생각함.

勤 [力–총13획]
勉 [力–총9획]
實 [宀–총14획]
踐 [足–총15획]
反 [又–총4획]
省 [目–총9획]

011

· 운동 시합에서 심판은 公正하게 판단해야 한다.
· 여러 사람이 이용하는 公共 장소에는 어떤 곳이 있나요?
· 달라진 公衆 화장실

公 [八–총4획]
正 [止–총5획]
共 [八–총6획]
衆 [血–총12획]

공정 公正
| 公 여러 사람에 관계되는 일 **공** | 正 바르다 **정** |

공평하고 올바름.

공공 公共

| 公 여러 사람에 관계되는 일 **공** | 共 함께 **공** |

어떤 일이 사회의 모든 사람들에게 관계되는 것.

공중 公衆

| 公 여러 사람에 관계되는 일 **공** | 衆 많은 사람 **중** |

사회의 여러 사람들.

①②

· 종묘(宗廟)는 忠誠과 효도를 중요하게 생각했던 우리 조상들의 정신을 잘 보여 주고 있다.
· 작은 날개를 파닥이며 푸른 들판을 마음껏 날아다니며 自由롭게 살아가기를 빌었습니다.
· 民主주의의 제일 원리는 개인의 가치와 존엄성이다.
· 자네들은 우리나라를 잘사는 나라와 平和로운 나라로 만들기 위해 무슨 일을 했나?

忠 [心-총8획]
誠 [言-총14획]
自 [自-총6획]
由 [田-총5획]
民 [氏-총5획]
主 [丶-총5획]
平 [干-총5획]
和 [口-총8획]

충성 忠誠

| 忠 충성 **충** | 誠 정성 **성** |

(나라에, 또는 임금에게) 몸과 마음을 바침.

자유 自由

| 自 스스로 **자** | 由 말미암다 **유** |

무엇에 얽매이지 않고 자기 뜻대로 행동함.

민주 民主

| 民 백성 **민** | 主 주인 **주** |

나라의 주권(主權)이 국민에게 있음.

평화 平和

| 平 평평하다, 화평하다 **평** | 和 화평하다 **화** |

사람들끼리 서로 싸우거나 미워하지 않는 상태.

013

- 國慶日에 태극기를 꼭 답니다.
- 三一節은 1919년 3월 1일, 한민족이 일본의 식민 통치에 항거하고, 한국의 독립 의사를 세계 만방에 알린 날이다.
- 制憲節은 1948년 7월 17일의 대한민국 헌법 공포를 기념하기 위해 헌법을 존중하는 각종 기념 행사를 거행한다.
- 光復節은 1945년 8월 15일 일본의 항복으로 제2차 세계대전이 끝나면서 한국이 독립한 날이다.
- 開天節은 환웅(桓雄)이 천신(天神)인 환인(桓因)의 뜻을 받들어 처음으로 하늘문을 열고 태백산 신단수(神壇樹) 아래에 내려온 날을 뜻한다.
- 顯忠日에는 나라를 위하여 목숨을 바친 애국 선열과 국군 장병들의 넋을 위로하기 위해, 많은 국민들이 국립묘지를 참배한다.

國 [囗–총11획]
慶 [心–총15획]
日 [日–총4획]
三 [一–총3획]
一 [一–총1획]
節 [竹–총15획]
制 [刀–총8획]
憲 [心–총16획]
光 [儿–총6획]
復 [彳–총12획]
開 [門–총12획]
天 [大–총4획]
顯 [頁–총23획]
忠 [心–총8획]

국경일 國慶日
| 國 나라 **국** | 慶 축하하다 **경** | 日 날 **일** |

나라에서 경사스런 날을 기념하기 위해 정한 날.

삼일절 三一節
| 三 셋 **삼** | 一 하나 **일** | 節 마디, 경축일 **절** |

3·1 운동을 기념하는 국경일. 3월 1일.

제헌절 制憲節
| 制 만들다 **제** | 憲 법 **헌** | 節 마디, 경축일 **절** |

헌법이 처음 만들어졌음을 알렸던 것을 기념하는 국경일. 7월 17일.

광복절 光復節
| 光 빛 **광** | 復 돌아오다 **복** | 節 마디, 경축일 **절** |

우리나라가 일본으로부터 해방된 날을 기념하는 국경일. 8월 15일.

개천절 開天節
| 開 열다 개 | 天 하늘 천 | 節 마디, 경축일 절 |

우리나라의 건국을 기념하는 국경일. 10월 3일.

현충일 顯忠日
| 顯 나타나다 현 | 忠 충성 충 | 日 날 일 |

목숨을 바쳐 나라를 지킨 사람을 기념하는 국경일. 6월 6일.

ⓞ①④

· 大韓民國은 세계 유일의 분단 국가이다.
· 우리나라를 상징하는 것에는 太極旗가 있다.
· 동규는 체조 선수로 올림픽 대회에 참가하여 자랑스럽게 금메달을 목에 걸고 愛國歌를 부르는 게 꿈이라고 합니다.

大 [大-총3획]
韓 [韋-총17획]
民 [氏-총5획]
國 [囗-총11획]
太 [大-총4획]
極 [木-총13획]
旗 [方-총14획]
愛 [心-총13획]
歌 [欠-총14획]

대한민국 大韓民國
| 大 크다 대 | 韓 나라 이름 한 | 民 백성 민 | 國 나라 국 |

아시아 동북부의 한반도에 있는 나라.

태극기 太極旗
| 太 크다, 처음 태 | 極 끝 극 | 旗 깃발 기 |

우리나라의 국기(國旗).

애국가 愛國歌
| 愛 사랑하다 애 | 國 나라 국 | 歌 노래 가 |

나라 사랑을 일깨우고 다짐하기 위하여 온 국민이 부르는 노래.

ⓞ①⑤

1. 東海 물과 白頭山이 마르고 닳도록 하느님이 保佑하사 우리나라 萬歲
2. 南山 위에 저 소나무 鐵甲을 두른 듯 바람 서리 不變함은 우리 氣像일세
3. 가을 하늘 空豁한데 높고 구름 없이 밝은 달은 우리 가슴 一

東 [木-총8획]
海 [水-총10획]
白 [白-총5획]
頭 [頁-총16획]
山 [山-총3획]

片丹心일세
4. 이 氣像과 이 맘으로 충성을 다하여 괴로우나 즐거우나 나
　　라 사랑하세
〈후렴〉
無窮花 삼천리 華麗江山 대한 사람 대한으로 길이 保全하세

동해 東海
| 東 동쪽 **동** | 海 바다 **해** |

우리나라 동쪽의 바다.

백두산 白頭山
| 白 희다 **백** | 頭 머리 **두** | 山 산 **산** |

한국에서 제일 높은 산. 흰색의 돌이 얹혀 있으므로 마치 흰 머리와 같다 하여 백두산이라 부르게 됨.

보우 保佑
| 保 보호하다 **보** | 佑 돕다 **우** |

보살펴 도와줌.

만세 萬歲
| 萬 만 **만** | 歲 해 **세** |

오랜 세월. 축하하거나 환호의 뜻으로 외치는 소리.

남산 南山
| 南 남쪽 **남** | 山 산 **산** |

도성(都城–도읍을 둘러싸고 있는 성)의 남쪽에 있는 산.

철갑 鐵甲
| 鐵 쇠 **철** | 甲 첫째 천간, 껍질 **갑** |

쇠로 만든 갑옷.

불변 不變
| 不 ~하지 않다 **불** | 變 변하다 **변** |

변하지 않음.

保 [人–총9획]
佑 [人–총7획]
萬 [艸–총13획]
歲 [止–총13획]
南 [十–총9획]
鐵 [金–총21획]
甲 [田–총5획]
不 [一–총4획]
變 [言–총23획]
氣 [气–총10획]
像 [人–총14획]
空 [穴–총8획]
谿 [谷–총17획]
一 [一–총1획]
片 [片–총4획]
丹 [丶–총4획]
心 [心–총4획]
無 [火–총12획]
窮 [穴–총15획]
花 [艸–총8획]
華 [艸–총12획]
麗 [鹿–총19획]
江 [水–총6획]
全 [入–총6획]

기상 氣像
| 氣 기운 **기** | 像 (사람을) 본뜬 모양, 모양 **상** |

활달하고 적극적인 마음의 자세.

공활 空豁
| 空 비다 **공** | 豁 뚫린 골짜기 **활** |

텅 비어 매우 넓음.

일편단심 一片丹心
| 一 하나 **일** | 片 조각 **편** | 丹 붉다, 정성스럽다 **단** | 心 마음 **심** |

참되고 정성 어린 마음.

무궁화 無窮花
| 無 없다 **무** | 窮 다하다 **궁** | 花 꽃 **화** |

우리나라의 국화(國花).

화려강산 華麗江山
| 華 화려하다 **화** | 麗 곱다 **려** | 江 강 **강** | 山 산 **산** |

눈부시게 아름다운 강과 산.

보전 保全
| 保 보호하다 **보** | 全 온전하다 **전** |

온전하게 잘 지킴.

016
| 가족 家族 |

父 아버지 부
母 어머니 모
子 아들 자
女 여자 녀
男 남자 남

家 [宀-총10획]
族 [方-총11획]
父 [父-총4획]
母 [毋-총5획]
子 [子-총3획]
女 [女-총3획]
男 [田-총7획]

兄 형 형
弟 아우 제
姉 손위 누이 자
妹 누이 매
夫 남편 부
婦 아내 부
妻 아내 처
孫 손자 손
祖 조상, 할아버지 조

兄 [儿-총5획]
弟 [弓-총7획]
姉 [女-총8획]
妹 [女-총8획]
夫 [大-총4획]
婦 [女-총11획]
妻 [女-총8획]
孫 [子-총10획]
祖 [示-총10획]
曾 [曰-총12획]
高 [高-총10획]

가족 家族
| 家 집 가 | 族 겨레, 성(姓)과 본(本)이 같은 사람 족 |
부부를 중심으로 하여 부모와 자식, 형제 자매의 관계를 이루는 사람들.

증조 曾祖
| 曾 일찍이, 거듭하다 증 | 祖 조상, 할아버지 조 |
할아버지·할머니의 부모.

고조 高祖
| 高 높다 고 | 祖 조상, 할아버지 조 |
할아버지·할머니의 할아버지·할머니.

017

· 성(姓)은 같지만 本貫은 다르다.
· 형은 서울 親戚집에서 대학을 다니고 있다.
· 나와 아버지의 동생은 寸數가 어떻게 될까요?
· 三寸! 올해엔 장가 가세요.
· 四寸이 땅을 사면 배가 아프다
· 큰아버지와 큰어머니를 한자로는 伯父·伯母라고 하지만 요즘 잘 쓰는 표현은 아니다.
· 미국에 계신 叔父·叔母님은 언제 돌아오실까?
· 이번 방학 때는 外家에 놀러 가야지.

本 [木-총5획]
貫 [貝-총11획]
親 [見-총16획]
戚 [戈-총11획]
寸 [寸-총3획]
數 [攵-총15획]
三 [一-총3획]
四 [囗-총5획]
伯 [人-총7획]

본관 本貫
|本 근본 **본**|貫 꿰다, 호적 **관**|
시조(始祖)가 태어난 땅.

친척 親戚
|親 친하다, 성(姓)과 본(本)이 같은 사람 **친**|戚 친척 **척**|
친족과 외가 쪽의 사람들.

촌수 寸數
|寸 치(짧은 길이 단위), 친족의 관계를 나타내는 말 **촌**|數 숫자 **수**|
친족간에 멀고 가까운 정도를 나타내는 수.

삼촌 三寸 · 사촌 四寸
|三 셋 **삼**|四 넷 **사**|寸 치(짧은 길이 단위), 친족의 관계를 나타내는 말 **촌**|
삼촌은 아버지의 형제, 사촌은 아버지의 형제의 자식.

백부 伯父 · 백모 伯母
|伯 맏 **백**|父 아버지 **부**|母 어머니 **모**|
큰아버지 · 큰어머니.

숙부 叔父 · 숙모 叔母
|叔 아저씨 **숙**|父 아버지 **부**|母 어머니 **모**|
작은 아버지 · 작은 어머니.

외가 外家
|外 바깥 **외**|家 집 **가**|
어머니의 친정.

父 [父-총4획]
母 [毋-총5획]
叔 [又-총8획]
外 [夕-총5획]
家 [宀-총10획]

018
· 小賣, 都賣 시장의 상인.

小 [小-총3획]
賣 [貝-총15획]

소매 小賣
| 小 작다 소 | 賣 팔다 매 |

생산자나 도매하는 상인에게 물건을 사다가 소비자에게 파는 일.

도매 都賣
| 都 도읍, 모두 도 | 賣 팔다 매 |

물건을 소비자에게 팔지 않고 소매상에 한꺼번에 많이 파는 일.

都 [邑-총12획]

①⑨

· 저축의 중요성을 생각하면서 돈을 모아 봅시다. 그리고 그것을 가까운 은행에 預金하여 스스로 관리해 봅시다.
· 할아버지의 통장은 대부분 積金통장이었다.

預 [頁-총13획]
金 [金-총8획]
積 [禾-총16획]

예금 預金
| 預 맡기다 예 | 金 쇠, 돈 금 |

돈을 은행 등에 맡김.

적금 積金
| 積 쌓다 적 | 金 쇠, 돈 금 |

일정한 기간 동안 돈을 넣고, 약속한 기간이 끝나면 넣은 돈과 이자를 함께 찾는 저금.

②⓪

· 稅金을 내려고 하는데요
· 다른 곳으로 돈을 보내거나 公課金을 내는 등의 은행 업무를 볼 수 있다.

稅 [禾-총12획]
金 [金-총8획]
公 [八-총4획]
課 [言-총15획]

세금 稅金
| 稅 세금 세 | 金 쇠, 돈 금 |

나라에서 쓰는 비용을 마련하기 위해 국민으로부터 거두어들이는 돈.

공과금 公課金
| 公 여러 사람에 관계되는 일 **공** | 課 책임 지우다 **과** |
金 쇠, 돈 **금** |

국가나 공공기관에서 국민이나 주민에게 내게 하는 세금이나 돈.

①②①
- 투자 信託 회사에 천만 원을 맡겼다.
- 證券 회사가 없었다면 주식을 사고 팔 수 없어서 곤란할 거야.
- 다행히 保險에 들어 있어 입원과 수술에 큰 돈이 들지 않았지.

信 [人–총9획]
託 [言–총10획]
證 [言–총19획]
券 [刀–총8획]
保 [人–총9획]
險 [阜–총16획]

신탁 信託
| 信 믿다 **신** | 託 맡기다 **탁** |

일정한 목적에 따라 재산의 관리와 처분을 남에게 맡기는 일.

증권 證券
| 證 증명하다 **증** | 券 문서 **권** |

정부나 기업에서 발행하는, 재산상의 권리를 나타내는 문서.

보험 保險
| 保 보호하다 **보** | 險 험하다 **험** |

뜻하지 않은 사고에 대비하여, 미리 일정 기간 동안 일정한 돈을, 그런 일을 하는 회사에 내는 제도.

①②②
- 우리 주위에 있는 물체는 어떤 物質로 만들어졌을까요?
- 올 노벨 화학상 수상자들은 생명의 신비를 밝힐 수 있는 단백질의 3차원 구조와 質量을 정확하게 알아내는 데 크게 기여한 것으로 평가되고 있다.

物 [牛–총8획]
質 [貝–총15획]
量 [里–총12획]

물질 物質
| **物** 사물, 물질 **물** | **質** 바탕 **질** |

물체를 이루는 본바탕.

질량 質量
| 質 바탕 **질** | 量 수량 **량** |

어떤 물체에 들어 있는 물질의 양.

①②③

· 주위에서 볼 수 있는 것을 固體와 液體로 구분하여 봅시다.
· 液體, 氣體는 담는 그릇에 따라 모양이 바뀝니다.

固 [囗—총8획]
體 [骨—총23획]
液 [水—총11획]
氣 [气—총10획]

고체 固體
| 固 굳다 **고** | 體 몸 **체** |

일정한 모양과 부피를 가진 단단한 물질.

액체 液體
| 液 액체 **액** | 體 몸 **체** |

물이나 기름처럼 부피는 일정하지만 모양은 자유롭게 변하는 물질.

기체 氣體
| 氣 기운, 공기 **기** | 體 몸 **체** |

공기·산소 등과 같이 모양이나 부피가 일정하지 않고 공간에 널리 퍼지며, 눈으로 보거나 손으로 만질 수 없는 물질.

①②③④

· 어떻게 하면 溫度를 정확하게 알 수 있습니까?
· 건조한 날에는 물기를 내보내어 방 안의 濕度를 조절해 주기도 합니다.

溫 [水—총13획]
度 [广—총9획]
濕 [水—총17획]

온도 溫度
| 溫 따뜻하다 **온** | 度 ~한 정도 **도** |

뜨겁고 찬 정도. 또는 그것을 나타내는 숫자.

습도 濕度
| 濕 축축하다 **습** | 度 ~한 정도 **도** |

공기 중에 축축한 기운이 있는 정도. 또는 그것을 나타내는 숫자.

❷㉕

· 전기가 통하는 물질을 '導體'라고 합니다.
· 전기가 통하지 않는 물질을 '不導體'라고 합니다.
· 우리 삼촌은 半導體 관련 회사에 다닌다.

導 [寸–총16획]
體 [骨–총23획]
不 [一–총4획]
半 [十–총5획]

도체 導體
| 導 이끌다, 통하다 **도** | 體 몸 **체** |

열이나 전기 따위를 잘 전하는 물질.

부도체 不導體
| 不 ~하지 않다 **불/부** | 導 이끌다, 통하다 **도** | 體 몸 **체** |

열이나 전기를 전달하기 어려운 물체. 유리, 솜, 석면 따위.

반도체 半導體
| 半 반쪽 **반** | 導 이끌다, 통하다 **도** | 體 몸 **체** |

도체(導體)와 부도체(不導體)의 중간. 규소·게르마늄 등.

❷㉖

· 전지를 直列로, 아니면 竝列로 연결하는 경우의 좋은 점은 무엇입니까?

直 [目–총8획]
列 [刀–총6획]
竝 [立–총10획]

직렬 直列
| 直 곧다 **직** | 列 줄지어 놓다 **렬** |

전기 회로에서, 전지나 저항기 등을 한 줄로 연결하는 일.

병렬 竝列
| 竝 나란히 하다 **병** | 列 줄지어 놓다 **렬** |

전기 회로에서, 두 개 이상의 전지 등을 같은 극끼리 연결하는 일.

027

· 국자 모양의 北斗七星은 큰곰자리에 속하며, 北極星과 다른 별자리를 찾는 데 이용됩니다.

北 [匕–총5획]
斗 [斗–총4획]
七 [一–총2획]
星 [日–총9획]
極 [木–총13획]

북두칠성 北斗七星
| 北 북쪽 **북** | 斗 말(용량 단위), 별 이름 **두** | 七 일곱 **칠** | 星 별 **성** |

북쪽 하늘의 큰곰자리에서 가장 뚜렷하게 보이는, 국자 모양으로 생긴 일곱 개의 별.

북극성 北極星
| 北 북쪽 **북** | 極 끝 **극** | 星 별 **성** |

천구의 북극에 있는 별. 작은곰자리에서 가장 밝은 별로, 위치가 변하지 않기 때문에 북쪽 방향을 아는 데 이용됨.

028

· 地球가 울고 있어요.
· 우포늪은 1997년 7월 26일에 生態系 보호 지역으로 지정되었습니다.

地 [土–총6획]
球 [玉–총11획]
生 [生–총5획]
態 [心–총14획]
系 [糸–총7획]

지구 地球
| 地 땅 **지** | 球 공 **구** |

인류와 여러 동물이 살고 있는, 공 모양으로 생긴 땅.

생태계 生態系
| 生 살다 **생** | 態 모양 **태** | 系 계통 **계** |

어느 환경 속에서 살아가는 생물들이 서로 관계를 맺으며 균형과 조화를 이루는 자연의 세계.

029

· 우리는 강아지를 애완動物로 키우고 있다.
· 사탕무는 온대 지방에서 잘 자라는 植物입니다.

動 [力–총11획]
物 [牛–총8획]

동물 動物
| 動 움직이다 동 | 物 사물, 생물 물 |

스스로 몸을 움직일 수 있고, 먹이를 찾아 옮겨 다닐 수 있는 생물.

식물 植物
| 植 심다, 초목 식 | 物 사물, 생물 물 |

스스로 몸을 움직일 수 없고, 물·햇빛과 함께 땅속에서 영양분을 얻는 생물.

植 [木-총12획]

ⓞⓢⓐ

- 우포늪에는 물풀, 수서(水棲) 곤충, 魚類 등의 먹고 먹히는 관계가 잘 형성되어 있기 때문에 많은 생물들이 살고 있습니다.
- 참새, 비둘기, 독수리는 모두 鳥類다.
- 악어는 爬蟲類로서, 원래 먼 옛날에 지구를 지배하였던 공룡의 자손이다.
- 이러한 방법은 호랑이나 사자와 같은 哺乳類가 먹이를 잡는 것과는 다르다.

魚 [魚-총11획]
類 [頁-총19획]
鳥 [鳥-총11획]
爬 [爪-총8획]
蟲 [虫-총18획]
哺 [口-총10획]
乳 [乙-총8획]

어류 魚類
| 魚 물고기 어 | 類 종류 류 |

물고기에 속하는 동물.

조류 鳥類
| 鳥 새 조 | 類 종류 류 |

날개가 있고 몸이 깃털로 덮여 있으며 알을 낳는, 동물의 한 종류.

파충류 爬蟲類
| 爬 긁다, 기어다니다 파 | 蟲 벌레 충 | 類 종류 류 |

피부는 비늘로 덮여 있고, 대개 꼬리가 길고 네 다리는 짧아 기어다니며(뱀은 예외), 허파로 호흡을 하는 동물의 한 종류.

포유류 哺乳類

| 哺 먹이다 **포** | 乳 젖 **유** | 類 종류 **류** |

새끼를 낳아 젖으로 기르는 동물.

031

- 사탕수수는 熱帶 地方에서 잘 자라는 식물입니다.
- 溫帶 地方에 있는 나무들은 봄에 빨리 자랍니다.

熱 [火–총15획]
帶 [巾–총11획]
地 [土–총6획]
方 [方–총4획]
溫 [水–총13획]

열대 지방 熱帶地方
| 熱 뜨겁다 **열** | 帶 띠, 근처 **대** | 地 땅 **지** | 方 방향, 지역 **방** |

지구의 적도 부근에 있는 매우 더운 지역.

온대 지방 溫帶地方
| 溫 따뜻하다 **온** | 帶 띠, 근처 **대** | 地 땅 **지** | 方 방향, 지역 **방** |

우리나라와 같이 기후가 따뜻하고 사계절이 뚜렷하여 사람이 살기에 가장 알맞은 지역.

032

- 우리 시·도에 대한 기후의 특징을 알아 보려면 먼저 기온과 降水量을 조사해야 해.
- 옛날, 우리나라에서는 전국의 여러 곳에 측우기를 설치하여 降雨量을 정확히 조사하여 농사 짓는 데 이용했습니다.

降 [阜–총9획]
水 [水–총4획]
量 [里–총12획]
雨 [雨–총8획]

강수량 降水量
| 降 내려오다 **강** | 水 물 **수** | 量 수량 **량** |

일정한 장소에 일정한 기간 동안 내린 눈·비·우박 등을 모두 합쳐 물로 계산하여 나타낸 양.

강우량 降雨量
| 降 내려오다 **강** | 雨 비 **우** | 量 수량 **량** |

일정한 장소에 일정한 기간 동안 내린 비의 양.

ⓞⓘⓘ

| 한 글자 수학 어휘 |

合 합하다 합
差 차이 차
點 점 점
線 줄 선
邊 변두리 변
圓 둥글다 원

合 [口–총6획]
差 [工–총10획]
點 [黑–총17획]
線 [糸–총15획]
邊 [辵–총19획]
圓 [囗–총13획]

ⓞⓘⓓ

· 두 점을 곧게 이은 선을 線分이라고 합니다.
· 선분을 양쪽으로 끝없이 늘인 곧은 선을 直線이라고 합니다.
· 컴퓨터에서도 曲線을 그리기가 쉬워졌다.
· 누가 더 많이 모았는지 垂直線을 보고 알아 보시오.
· 다각형의 對角線을 모두 그어 보아라.

線 [糸–총15획]
分 [刀–총4획]
直 [目–총8획]
曲 [曰–총6획]
垂 [土–총8획]
對 [寸–총14획]
角 [角–총7획]

선분 線分
| 線 줄 **선** | 分 나누다 **분** |
직선 위의 어떤 두 점 사이의 부분. 한정된 길이의 직선.

직선 直線
| 直 곧다 **직** | 線 줄 **선** |
두 점 사이를 가장 짧은 거리로 연결한 선. ↔ 곡선(曲線).

곡선 曲線
| 曲 휘다 **곡** | 線 줄 **선** |
점이 평면 위나 공간 안을 연속적으로 움직일 때 생기는 선. 굽은 금. ↔ 직선(直線).

수직선 垂直線
| 垂 드리우다 **수** | 直 곧다 **직** | 線 줄 **선** |
어떤 직선이나 평면과 직각을 이루는 직선.

대각선 對角線
| 對 마주 대하다 **대** | 角 뿔, 모서리 **각** | 線 줄 **선** |

사각형 이상의 다각형에서, 이웃하지 않는 두 꼭짓점을 잇는 직선.

ⓞⓛⓢ

- 각의 크기를 角度기로 재어 直角을 찾아 보아라.
- 直角三角形은 한 내각(內角)이 直角인 三角形입니다.
- 二等邊三角形은 두 변의 길이가 같다.

角 [角–총7획]
度 [广–총9획]
直 [目–총8획]
三 [一–총3획]
形 [彡–총7획]
二 [二–총2획]
等 [竹–총12획]
邊 [辵–총19획]

각도 角度
| 角 뿔, 각도 **각** | 度 ~한 정도 **도** |

두 개의 직선이 만나는 지점에서 이루어지는 공간.

직각 直角
| 直 곧다 **직** | 角 뿔, 각도 **각** |

두 직선이 만나서 이루는 각이 90°.

직각삼각형 直角三角形
| 直 곧다 **직** | 角 뿔, 각도 **각** | 三 셋 **삼** | 角 뿔, 모서리 **각** | 形 모양 **형** |

한 개의 각이 직각인 삼각형.

이등변삼각형 二等邊三角形
| 二 둘 **이** | 等 등급, 같다 **등** | 邊 변두리 **변** | 三 셋 **삼** | 角 뿔, 모서리 **각** | 形 모양 **형** |

두 개의 변의 길이가 같은 삼각형.

ⓞⓛⓢ

- 직각이 있는 四角形 모양을 찾아 본을 떠 보시오.
- 正四角形을 찾아 보시오.
- 종이를 가로와 세로의 비율이 2대 3이 되도록 直四角形으로

四 [囗–총5획]
角 [角–총7획]
形 [彡–총7획]

- 자른다.
- 큰 直四角形 하나를 6等分하여라.

正 [止-총5획]
直 [目-총8획]
等 [竹-총12획]
分 [刀-총4획]

사각형 四角形
| 四 넷 **사** | 角 뿔, 모서리 **각** | 形 모양 **형** |

네 개의 직선으로 둘러싸인 도형.

정사각형 正四角形
| 正 바르다, 참으로 **정** | 四 넷 **사** | 角 뿔, 모서리 **각** | 形 모양 **형** |

네 각이 모두 직각이고 네 변의 길이가 같은 사각형.

직사각형 直四角形
| 直 곧다 **직** | 四 넷 **사** | 角 뿔, 모서리 **각** | 形 모양 **형** |

네 각이 모두 직각인 사각형.

등분 等分
| 等 등급, 같다 **등** | 分 나누다 **분** |

크기나 분량을 똑같이 나눔.

037

- 多角形을 알아 보자.
- 平行四邊形은 마주 보는 두 쌍의 변이 평행이므로 사다리꼴 임을 알 수 있다.

多 [夕-총6획]
角 [角-총7획]
形 [彡-총7획]
平 [干-총5획]
行 [行-총6획]
四 [囗-총5획]
邊 [辵-총19획]

다각형 多角形
| 多 많다 **다** | 角 뿔, 모서리 **각** | 形 모양 **형** |

셋 이상의 선으로 둘러싸인 평면 도형.

평행사변형 平行四邊形
| 平 평평하다 **평** | 行 다니다 **행** | 四 넷 **사** | 邊 변두리 **변** | 形 모양 **형** |

마주 보는 두 쌍의 변이 각각 평행을 이루는 사각형.

038

· 분수 24/100를 小數로 0.24라 쓰고, 영점 이사라고 읽는다.
· 自然數 부분이 다른 대분수의 크기를 비교하는 방법.

小 [小–총3획]
數 [攵–총15획]
自 [自–총6획]
然 [火–총12획]

소수 小數
| 小 작다 **소** | 數 숫자 **수** |

0보다 크고 1보다 작은 수.

자연수 自然數
| 自 스스로 **자** | 然 그러하다 **연** | 數 숫자 **수** |

1부터 시작하여 하나씩 더하여 얻는 수. 1, 2, 3 따위의 수.

039

· 24cm는 分數로 몇 m인가?
· 分母가 같은 分數의 크기를 비교하여 보자.
· 分母가 같은 假分數와 帶分數의 크기를 비교하여 보자.
· 假分數의 반대는 眞分數이다.

分 [刀–총4획]
數 [攵–총15획]
母 [毋–총5획]
子 [子–총3획]
假 [人–총11획]
帶 [巾–총11획]
眞 [目–총10획]

분수 分數
| 分 나누다 **분** | 數 셈하다, 숫자 **수** |

어떤 수를 다른 수로 나눈 것을 분자와 분모로 나타낸 것.

분모 分母
| 分 나누다 **분** | 母 어머니, 같은 물건 중에서 크거나 무거운 것 **모** |

분수에서 가로줄 아래에 있는 수.

분자 分子
| 分 나누다 **분** | 子 아들, 같은 물건 중에서 작거나 가벼운 것 **자** |

분수에서 가로줄 위에 있는 수.

가분수 假分數

| 假 거짓 **가** | 分 나누다 **분** | 數 숫자 **수** |

분자가 분모와 같거나 분모보다 큰 분수. ↔ 진분수(眞分數).

대분수 帶分數

| 帶 띠, 데리고 다니다 **대** | 分 나누다 **분** | 數 숫자 **수** |

정수(整數)와 진분수(眞分數–분자가 분모보다 작은 분수)로 이루어진 분수. 2⅓ 따위.

진분수 眞分數

| 眞 참 **진** | 分 나누다 **분** | 數 숫자 **수** |

분자가 분모보다 작은 분수. ↔ 가분수(假分數).

⓪④⓪

· 애국가 / 作詞: 미상(未詳), 作曲: 안익태.

作 [人–총7획]

詞 [言–총12획]

曲 [曰–총6획]

작사 作詞

| 作 만들다 **작** | 詞 말씀 **사** |

노랫말을 지음.

작곡 作曲

| 作 만들다 **작** | 曲 휘다, 가락 **곡** |

음악의 곡을 지음.

⓪④①

· 다장조 音階를 몸으로 표현해 봅시다.
· 短音階와 長音階를 듣고 구별하여 보고, 각각 계이름으로 불러 봅시다.
· 和音의 어울림을 느끼며 돌림노래를 해 봅시다.
· 短調와 長調의 느낌이 어떻게 다른지 비교해 봅시다.

音 [音–총9획]

階 [阜–총12획]

短 [矢–총12획]

長 [長–총8획]

和 [口–총8획]

調 [言–총15획]

음계 音階

| 音 소리 **음** | 階 층계, 차례 **계** |

음을 높이의 차례대로 일정하게 늘어놓은 것.

단음계 短音階
| 短 짧다 **단** | 音 소리 **음** | 階 층계, 차례 **계** |

제2음과 제3음 사이, 제5음과 제6음 사이가 반음이고, 다른 음은 온음으로 이루어지는 음계.

장음계 長音階
| 長 길다 **장** | 音 소리 **음** | 階 층계, 차례 **계** |

제3음과 제4음 사이, 제7음과 제8음 사이가 반음이고, 다른 음은 온음으로 이루어지는 음계.

화음 和音
| 和 사이가 좋다, 소리를 맞추다 **화** | 音 소리 **음** |

높이가 다른 둘 이상의 음이 함께 울릴 때 어울리는 소리.

단조 短調
| 短 짧다 **단** | 調 조절하다, 가락 **조** |

단음계로 된 곡조.

장조 長調
| 長 길다 **장** | 調 조절하다, 가락 **조** |

장음계를 바탕으로 한 곡조.

①④②

- 노래에 맞추어 리코더로 *演奏*해 봅시다.
- 아를의 여인 제1모음곡 중 '*前奏*곡'.
- 교향곡은 화려하고 아름다운 피아노 *獨奏*가 연주회를 이끌고 현악기와 금관악기가 분위기를 한껏 고조시킵니다.
- 여러 가지 리듬악기로 리듬 *合奏*를 하여 봅시다.
- *器樂 合奏*를 하며 그 느낌을 이야기해 봅시다.
- 이 음악은 발레의 *伴奏* 음악입니다. 음악의 분위기를 비교하며 들어 봅시다.

演 [水–총14획]
奏 [大–총9획]
前 [刀–총9획]
獨 [犬–총16획]
合 [口–총6획]
器 [口–총16획]
樂 [木–총15획]
伴 [人–총7획]

· 음악 학원에서 피아노 등 각종 악기의 奏法을 배웠다.　　法 [水-총8획]

연주 演奏
| 演 실제로 행하다 **연** | 奏 아뢰다, 연주하다 **주** |
악기를 다루어 남에게 음악을 들려 줌.

전주 前奏
| 前 앞 **전** | 奏 아뢰다, 연주하다 **주** |
성악이나 기악 독주의 반주 첫머리.

독주 獨奏
| 獨 홀로 **독** | 奏 아뢰다, 연주하다 **주** |
어떤 악기를 한 사람이 혼자서 연주함.

합주 合奏
| 合 합하다 **합** | 奏 아뢰다, 연주하다 **주** |
두 개 이상의 악기로 동시에 연주함.

기악 합주 器樂合奏
| 器 그릇, 기구 **기** | 樂 즐겁다 **락** / 음악 **악** | 合 합하다 **합** | 奏 아뢰다, 연주하다 **주** |
여러 악기로 연주하는 음악.

반주 伴奏
| 伴 짝 **반** | 奏 아뢰다, 연주하다 **주** |
노래를 부를 때 박자나 장단을 맞추기 위한 기악의 연주. 또는, 바이올린 등을 연주할 때 보조를 맞춰 주기 위한 다른 악기의 연주.

주법 奏法
| 奏 아뢰다, 연주하다 **주** | 法 법 **법** |
'연주법'의 준말.

◎④③
- 다른 모둠의 重唱을 듣고 이야기해 봅시다.
- 두 가락의 어울림을 느끼며 부분 2부 合唱을 해 봅시다.

重 [里-총9획]
唱 [口-총11획]
合 [口-총6획]

중창 重唱
| 重 무겁다, 거듭하다 **중** | 唱 노래하다 **창** |
몇 사람이 각각 다른 높이의 목소리로 동시에 노래함.

합창 合唱
| 合 합하다 **합** | 唱 노래하다 **창** |
여러 사람이 목소리를 맞추어 노래를 부름.

◎④④
- 이 음악에는 管樂器가 많이 사용됩니다. 管樂器에 대해서 알아 봅시다.
- 사물놀이란 북·장구·징·꽹과리 등 네 가지 민속 打樂器로 연주되는 음악, 또는 그 음악에 의한 놀이이다.
- 바이올린은 대표적인 絃樂器이다.

管 [竹-총14획]
樂 [木-총15획]
器 [口-총16획]
打 [手-총5획]
絃 [糸-총11획]

관악기 管樂器
| 管 대롱 **관** | 樂 즐겁다 **락**/음악 **악** | 器 그릇, 기구 **기** |
입으로 불어서 관 안의 공기를 진동시켜 소리를 내는 악기.

타악기 打樂器
| 打 때리다 **타** | 樂 즐겁다 **락**/음악 **악** | 器 그릇, 기구 **기** |
두드려서 소리를 내는 악기.

현악기 絃樂器
| 絃 악기줄 **현** | 樂 즐겁다 **락**/음악 **악** | 器 그릇, 기구 **기** |
줄을 손가락으로 퉁기거나 활로 마찰해서 음을 내는 악기.

④④⑤

- 우리나라 民謠 중에 하나를 선택하여, 장단에 맞추어 춤을 추어 봅시다.

民 [氏–총5획]
謠 [言–총17획]

민요 民謠
| 民 백성 민 | 謠 노래 요 |

특정한 작가가 없이 민중들 사이에서 불려지기 시작하여 전해 내려오는 노래.

④④⑥

- 板本體는 궁체보다 점획의 변화가 단순하고, 글자 모양도 사각형으로 구성되어 있어 붓글씨의 초보적인 단계에서 지도하기 좋은 서체이다.
- 宮體는 주로 궁중 나인들에 의하여 궁중에서 발전하여 왔기 때문에 붙여진 이름이다.

板 [木–총8획]
本 [木–총5획]
體 [骨–총23획]
宮 [宀–총10획]

판본체 板本體
| 板 널빤지 판 | 本 근본, 책 본 | 體 몸, 모양 체 |

《훈민정음》의 서체와 《용비어천가》 등의 판본(나무판으로 찍은 책)을 기초로 하여 만들어진, 한글 최초의 글씨체.

궁체 宮體
| 宮 궁궐 궁 | 體 몸, 모양 체 |

조선 후기에 궁궐에서 비롯된 한글 글씨체의 하나.

④④⑦

- 경주 民俗 工藝촌은 신라 시대의 공예 기술을 보존하고 개발한다는 목표로 1986년에 만들어졌습니다.
- 그는 다양한 표현 기법을 바탕으로 현대의 造形 예술로서의 독자적 창의성을 발휘하였다.

民 [氏–총5획]
俗 [人–총9획]
工 [工–총3획]
藝 [艸–총19획]
造 [辵–총11획]
形 [彡–총7획]

민속 공예 民俗工藝

| 民 백성 **민** | 俗 속세 **속** | 工 물건 만들다 **공** | 藝 예술 **예** |

각 지역마다 전해 내려오는 기술로 그 고장에서 생산되는 물건을 이용하여 예술적인 물건을 만들어 내는 것.

조형 造形
| 造 만들다 **조** | 形 모양 **형** |

모양이 있는 것을 만들어 냄.

ⓞ④⑧
· 體操 활동은 몸의 관절을 부드럽게 해 주고 근육을 탄력 있게 해 주기 때문에 건강에 매우 도움이 됩니다.
· 器械體操–여러 가지 운동 시설에서 매달리기를 해 봅시다.

體 [骨–총23획]
操 [手–총16획]
器 [口–총16획]
械 [木–총11획]

체조 體操
| 體 몸 **체** | 操 잡다, 부리다 **조** |

신체의 성장과 건강을 위하여 일정한 동작을 차례대로 해 나가는 운동.

기계체조 器械體操
| 器 그릇, 기구 **기** | 械 기계 **계** | 體 몸 **체** | 操 잡다, 부리다 **조** |

철봉, 뜀틀, 평행봉, 링, 평균대 등의 운동 기구를 사용하는 체조. ↔ 맨손 체조.

ⓞ④⑨
· 投壺는 주인이 손님을 접대할 때 즐기던 오락입니다.

投 [手–총7획]
壺 [士–총12획]

투호 投壺
| 投 던지다 **투** | 壺 병 **호** |

화살을 병 속에 던져 많이 넣는 숫자로 승부를 가리는 놀이.

한문의 기초

우리가 교과서 한자 어휘를 이용해 한자 학습을 하는 이유는 교과서의 내용을 잘 알려는 목적도 있지만, 또 하나의 중요한 목적은 한문 해석을 잘하기 위해서입니다. 한자를 많이 알면 한문 해석에 유리하기 때문입니다. 그러나 한자를 많이 안다고 해서 반드시 한문 해석을 잘하는 것은 아닙니다.

한문 해석을 잘하기 위해서는 다음의 내용을 명심해야 합니다.

1. 한자를 외울 때 〈'生'은 '날 생'〉이라고 무작정 외우기만 하면 한문 공부에 크게 도움이 되지 않습니다.

   가) 구사일생(九死一生)에서 '生'은 아홉 번(여러 번) 죽을 상황에서 겨우 한 번(간신히) **살아나다**.
   나) 견물생심(見物生心)에서 '生'은 (어떤) 물건을 보면 (갖고 싶은) 마음이 **생긴다**.

한자를 학습하는 가장 좋은 방법은 이렇게 九死一生, 見物生心과 같은 말을 해석하면서 한자의 뜻을 익히는 것입니다. 그리고 '生'은 크게 '살다'와 '낳다, 태어나다, 생기다'라는 뜻이 있다는 것을 알게 된 다음에는,

   가) 살다 : 人生(인생), 生活(생활), 苦生(고생)
   나) 낳다, 태어나다, 생기다 : 出生(출생), 生後(생후) ○개월

과 같이 다른 예를 확인하는 것이 좋습니다. 이러한 방법이야말로 가장 효과적인 한자·한문 학습법이라 할 수 있습니다.

2. 한문의 어순과 우리말 어순이 다르다는 것을 알고, 많은 문장을 자꾸 읽고 해석하면서 한문의 어순을 익혀야 합니다.
견물생심(見物生心)을 해석해 보면 한문과 우리말의 순서가 다르다는 것을 쉽게 알 수 있습니다.

   (어떤) 물건을 보면 (갖고 싶은) 마음이 생긴다.
      [物]   [見]   [心]   [生]

見, 物, 生, 心의 한자 뜻을 이미 알고 있는 학생도 한문의 어순을 모르면 정확하게 해석할 수 없습니다. 그래서 아래에 한문의 어순을 익히기 위한 4자와 5자짜리의 짧은 한문 문장을 소개하였습니다.

먼저 다음을 보고 우리말과 한문 어순의 공통점과 차이점을 알아 봅시다.

우리말 어순	한문 어순	한문
형은 개를 사랑합니다.	형은 – 사랑합니다 – 개를	兄愛犬
형은 개를 사랑하지 않습니다.	형은 – 않습니다 – 사랑하지 – 개를	兄不愛犬
형은 큰 개를 사랑합니다.	형은 – 사랑합니다 – 큰 – 개를	兄愛大犬
주인이 형에게 개를 팔았습니다.	주인이 – 팔았습니다 – 개를 – 형에게	主人賣犬(於)兄

😃 4자짜리 문장

001

부 생 아 신 　 모 국 아 신
父生我身　母鞠我身

아버지는 내 몸을 낳으시고, 어머니는 내 몸을 기르셨다.

☞ 父 아버지 부　生 살다, 낳다 생　我 나 아　身 몸 신　母 어머니 모　鞠 기르다 국

002

이 의 온 아 　 이 식 포 아
以衣溫我　以食飽我

옷으로써 나를 따뜻하게 하시고, 밥으로써 나를 배부르게 하셨다.

☞ 以 ~로써 이　衣 옷 의　溫 따뜻하다 온　我 나 아　食 먹다, 밥 식　飽 배부르다 포

003

은 고 여 천　덕 후 사 지　위 인 자 자　갈 불 위 효
恩高如天　德厚似地　爲人子者　曷不爲孝

은혜는 하늘같이 높고 땅같이 두터우니, 사람의 자식된 자가 어찌 효도를 하지 않겠는가?

☞ 恩 은혜 은　高 높다 고　如 같다 여　天 하늘 천　德 공정하고 포용성 있는 마음 덕　厚 두텁다 후　似 비슷

하다 사 地땅 지 爲하다,~되다 위 人사람 인 子아들,자식 자 者사람 자 曷어찌 갈 不~하지 않다 불 爲하다 위 孝효도 효

004

출 필 곡 지   반 필 면 지
出必告之 反必面之

밖에 나갈 때는 반드시 아뢰고, 돌아오면 반드시 얼굴을 보여드려라.

☞ 出나가다 출 必반드시 필 告알리다 고/뵙고 청하다 곡 之~의 지 : 여기서는 별 뜻 없음. 4자짜리 문장에서 '之'를 '그' '그것'으로 풀이하는 것이 자연스러운 것은 '그' '그것'으로 하고, 그렇지 않은 것은 '별 뜻 없음'으로 처리함. 反되돌리다 반 面얼굴 면

※ 之

之는 한문에서 주로 '~의' 라는 뜻으로 쓰이지만, 이 외에 '~하는, ~(이)가, 그(것)' 등 여러 가지 쓰임이 있습니다. 그 중에 '~의' 와 '~하는, ~한' 은 같은 쓰임입니다. 이와 비슷한 사례로는 '之' 가 '그것' 으로 풀이될 때입니다. '出必告之' 에서처럼 '之' 를 '그것' 으로 풀이하면 해석이 껄끄럽기 때문에 이때는 해석하지 않는 것이 더 낫습니다. 이후에 '之' 가 '별 뜻 없음' 으로 설명되어 있으면 이와 같은 경우로 이해하면 됩니다.

005

음 식 수 염   여 지 필 식
飮食雖厭 與之必食

음식 비록 먹기 싫더라도 그것을 주시면 반드시 먹어라.

☞ 飮마시다 음 食먹다 식 雖비록 수 厭싫어하다 염 與주다 여 之~의, 그것 지 : 여기서는 '음식'을 가리키는 말 必반드시 필

006

부 모 애 지   희 이 물 망   부 모 책 지   반 성 무 원
父母愛之 喜而勿忘 父母責之 反省無怨

부모가 사랑해 주시거든 기뻐하여 잊지 말고, 부모께서 꾸짖으시거든 반성하고 원망하지 말라.

☞ 父아버지 부 母어머니 모 愛사랑 애 之~의 지, 여기서는 '별 뜻 없음' 喜기쁘다 희 而말잇다 이 : 여기서는 '그리고' 勿하지 말라 물 忘잊다 망 責꾸짖다 책 反되돌리다 반 省살피다 성 無없다, 하지 말라 무 怨원망하다 원

007

부 부 지 륜   이 성 지 합   내 외 유 별   상 경 여 빈
夫婦之倫 二姓之合 內外有別 相敬如賓

부부의 인륜은 다른 두 성씨가 결합한 것이니, 내외가 분별이 있어서 서로 손님처럼 공경하라.

📖 夫남편부 婦아내부 之~의지 倫사람의도리륜 二둘이 姓성씨성 合합하다합 內안내 外바깥외 有있다유 別다르다,나누다별 相서로상 敬공경하다경 如같다여 賓손님빈

008

형제자매 동기이생 형우제공 불감원노
兄弟姉妹 同氣而生 兄友弟恭 不敢怨怒

형제와 자매는 같은 기운을 받고 태어났으니, 형은 아우에게 우애하고 아우는 형에게 공손히 하여 감히 원망하거나 성내지 말라.

📖 兄형형 弟아우제 姉손위누이자 妹누이,손아래누이매 同같다동 氣기운기 而말잇다이 : 여기서는 '그리고' 生살다,낳다생 友친구,사이가좋다우 恭공경하다공 不~하지않다,하지말라 불 敢용감하다,감히감 怨원망하다원 怒화내다노

009

일배지수 필분이음 일립지식 필분이식
一杯之水 必分而飮 一粒之食 必分而食

한 잔의 물이라도 반드시 나누어 마시고, 한 알의 음식이라도 반드시 나누어 먹어라.

📖 一하나일 杯술잔배 之~의지 水물수 必반드시필 分나누다분 而말잇다이 : 여기서는 '그리고' 飮마시다음 粒낱알립 食먹다,밥식 食먹다식

010

사사여친 필공필경 선생시교 제자시칙
事師如親 必恭必敬 先生施敎 弟子是則

스승을 섬기기를 어버이와 같이 하여 반드시 공손히 하고 반드시 공경하라. 선생님께서 가르침을 베풀어 주시거든 제자들은 이것을 본받아라.

📖 事일,섬기다사 師스승사 如같다여 親친하다,어버이친 必반드시필 恭공경하다공 敬공경하다경 先먼저선 生살다,배우는사람생 施베풀다시 敎가르치다교 弟아우,제자제 子아들,사람자 是옳다,이시 則법칙,본받다칙

011

장자자유 유자경장
長者慈幼 幼者敬長

어른은 어린이를 사랑하고, 어린이는 어른을 공경하라.

📖 長길다,어른장 者사람자 慈사랑하다자 幼어리다유 敬공경하다경

012

십 년 이 장　형 이 사 지
十年以長　兄以事之

열 살이 더 많으면 형으로 섬겨라.

🔊 十열십　年해년　以~로써,~부터이　長길다,어른장　兄형형　以~로써이　事일,섬기다사　之~의지 : 여기서는 '별 뜻 없음'

013

아 경 인 친　인 경 아 친
我敬人親　人敬我親

내가 다른 사람의 어버이를 공경하면, 다른 사람이 내 어버이를 공경하느니라.

🔊 我나아　敬공경하다경　人사람,다른사람인　親친하다,어버이친

014

인 지 재 세　불 가 무 우
人之在世　不可無友

사람이 세상에 있으매 친구가 없을 수 없느니라.

🔊 人사람인　之~의,~이의　在(~에) 있다재　世세상세　不~하지않다불　可옳다,~할수있다가　無없다무　友친구우

015

우 기 정 인　아 역 자 정
友其正人　我亦自正

그 바른 사람을 친구로 삼으면 나 역시 저절로 바르게 되느니라.

🔊 友친구우　其그기　正바르다정　人사람인　我나아　亦또역　自스스로,저절로자

016

근 묵 자 흑　근 주 자 적
近墨者黑　近朱者赤

먹을 가까이하는 사람은 검어지고, 주사(朱砂)를 가까이하는 사람은 붉게 된다.

🔊 近가깝다근　墨먹묵　者사람자　黑검다흑　朱붉다주, 여기서는 주사(朱砂)를 가리키는 말. 주사는 빨간빛이 나는 광물로 물감이나 한약의 재료로 씀　赤붉다적

017

<ruby>朋<rt>붕</rt>友<rt>우</rt>有<rt>유</rt>過<rt>과</rt></ruby>　<ruby>忠<rt>충</rt>告<rt>고</rt>善<rt>선</rt>導<rt>도</rt></ruby>

친구에게 잘못이 있거든 충고하여 착하게 인도하라.

📖 朋친구붕　友친구우　有있다유　過지나가다, 잘못 과　忠충성충　告알리다고　善착하다선　導이끌다도

018

<ruby>見<rt>견</rt>善<rt>선</rt>從<rt>종</rt>之<rt>지</rt></ruby>　<ruby>知<rt>지</rt>過<rt>과</rt>必<rt>필</rt>改<rt>개</rt></ruby>

착한 것을 보면 그것을 따르고, 잘못을 알면 반드시 고쳐라.

📖 見보다견　善착하다선　從따라가다종　之~의, 그것지　知알다지　過지나가다, 잘못과　必반드시필　改고치다개

019

<ruby>行<rt>행</rt>必<rt>필</rt>正<rt>정</rt>直<rt>직</rt></ruby>　<ruby>言<rt>언</rt>則<rt>즉</rt>信<rt>신</rt>實<rt>실</rt></ruby>

행동은 반드시 바르고 곧게 하고, 말할 때에는 믿을 수 있고 참되게 하라.

📖 行다니다, 행하다행　必반드시필　正바르다정　直곧다직　言말씀언　則법칙칙/~면, ~때즉　信믿다신　實실제, 참되다실

020

<ruby>己<rt>기</rt>所<rt>소</rt>不<rt>불</rt>欲<rt>욕</rt></ruby>　<ruby>勿<rt>물</rt>施<rt>시</rt>於<rt>어</rt>人<rt>인</rt></ruby>

자기가 하고 싶지 않은 것을 남에게 시행하지 말라.

📖 己자기기　所장소, ~한바소　不~하지않다불　欲(~을) 하고자 하다욕　勿하지 말라물　施베풀다시　於~에어　人사람, 다른 사람인

021

<ruby>非<rt>비</rt>禮<rt>례</rt>勿<rt>물</rt>視<rt>시</rt></ruby>　<ruby>非<rt>비</rt>禮<rt>례</rt>勿<rt>물</rt>聽<rt>청</rt></ruby>　<ruby>非<rt>비</rt>禮<rt>례</rt>勿<rt>물</rt>言<rt>언</rt></ruby>　<ruby>非<rt>비</rt>禮<rt>례</rt>勿<rt>물</rt>動<rt>동</rt></ruby>

예가 아니면 보지 말며, 예가 아니면 듣지 말며, 예가 아니면 말하지 말며, 예가 아니면 행동하지 말라.

📖 非아니다비　禮예절례　勿하지 말라물　視보다시　聽듣다청　言말씀언　動움직이다동

ⓞ②②

<small>수 신 제 가   치 국 지 본   독 서 근 검   기 가 기 본</small>
修身齊家　治國之本　讀書勤儉　起家之本

자기 몸을 닦고 집안을 가지런히 하는 것은 나라를 다스리는 근본이요, 책을 읽으며 부지런하고 검소함은 집안을 일으키는 근본이다.

☜ 修닦다 수　身몸 신　齊가지런하다 제　家집 가　治다스리다 치　國나라 국　之~의,~하는 지　本근본 본　讀읽다 독　書책 서　勤부지런하다 근　儉검소하다 검　起일어나다 기

ⓞ②③

<small>부 자 유 친   군 신 유 의   부 부 유 별   장 유 유 서   붕 우 유 신</small>
父子有親　君臣有義　夫婦有別　長幼有序　朋友有信

부자간에는 친함이 있으며, 군신간에는 의리가 있으며, 부부간에는 분별이 있으며, 어른과 어린이 사이에는 차례가 있으며, 친구 사이에는 신의가 있어야 한다.

☜ 父아버지, 부모 부　子아들, 자식 자　有있다 유　親친하다 친　君임금 군　臣신하 신　義옳다 의　夫남편 부　婦아내 부　別다르다, 나누다 별　長길다, 어른 장　幼어리다 유　序차례 서　朋친구 붕　友친구 우　信믿다 신

※ 君臣 – 지금은 '임금과 신하'가 없기 때문에 '상관과 부하'의 관계에 적용해야 함.

※ 4자짜리 문장은 《사자소학(四字小學)》에서 뽑았습니다. 《사자소학》은 네 자로[四字] 되었으며 어린아이가[小] 배우는 [學] 책이란 뜻입니다.

😄 5자짜리 문장

ⓞⓞ①

<small>천 고 일 월 명   지 후 초 목 생</small>
天高日月明　地厚草木生

하늘이 높으니 해와 달이 밝고, 땅이 두터우니 풀과 나무가 자라도다.

☜ 天하늘 천　高높다 고　日날, 해 일　月달 월　明밝다 명　地땅 지　厚두텁다 후　草풀 초　木나무 목　生살다, 자라다 생

002

^{백 운 산 상 개   명 월 수 중 주}
白雲山上蓋　明月水中珠

흰 구름은 산 위의 일산이요, 밝은 달은 물속의 구슬이로다.

📖 白희다백　雲구름운　山산산　上위상　蓋덮다, 일산(日傘-햇볕을 가리는 큰 우산) 개　明밝다명　月달월　水물수　中가운데, 속중　珠구슬주

003

^{부 부 이 성 합   형 제 일 기 련}
夫婦二姓合　兄弟一氣連

부부는 두 성이 결합하였고, 형제는 한 기운이 이어졌도다.

📖 夫남편부　婦아내부　二둘이　姓성씨성　合합하다합　兄형형　弟아우제　一하나일　氣기운기　連잇다련

004

^{자 효 쌍 친 락   가 화 만 사 성}
子孝雙親樂　家和萬事成

자식이 효도하면 두 어버이가 즐겁고, 집안이 화목하면 모든 일이 이루어진다.

📖 子아들, 자식자　孝효도효　雙짝이되다쌍　親친하다, 어버이친　樂즐겁다락　家집가　和사이가좋다화　萬만, 모든만　事일사　成이루다성

005

^{인 심 조 석 변   산 색 고 금 동}
人心朝夕變　山色古今同

사람의 마음은 아침저녁으로 변하고, 산의 색깔은 예나 지금이나 같도다.

📖 人사람인　心마음심　朝아침조　夕저녁석　變변하다변　山산산　色색깔색　古옛고　今지금금　同같다동

006

^{백 주 홍 인 면   황 금 흑 리 심}
白酒紅人面　黃金黑吏心

흰 술은 사람의 얼굴을 붉게 하고, 황금은 관리의 마음을 검게 하도다.

📖 白희다백　酒술주　紅붉다홍　人사람인　面얼굴면　黃노랗다황　金쇠, 금금　黑검다흑　吏관

리리 心마음심

⓪⓪⓻

우 후 산 여 목　　풍 전 초 사 취
雨後山如沐　風前草似醉

비 온 뒤의 산은 목욕한 듯하고, 바람 앞의 풀은 술취한 듯하도다.

✎ 雨비우　後뒤후　山산산　如같다여　沐머리감다목　風바람풍　前앞전　草풀초　似비슷하다사　醉술 취하다취

⓪⓪⓼

구 주 매 화 락　　계 행 죽 엽 성
狗走梅花落　鷄行竹葉成

개가 달려 가니 매화 꽃이 떨어지고, 닭이 걸어가니 대나무 잎이 이루어지도다.

✎ 狗개구　走달리다주　梅매화매　花꽃화　落떨어지다락　鷄닭계　行다니다행　竹대나무죽　葉잎 엽　成이루다성

⓪⓪⓽

화 개 작 야 우　　화 락 금 조 풍
花開昨夜雨　花落今朝風

꽃이 어젯밤 비에 피었다가, 꽃이 오늘 아침 바람에 떨어지도다.

✎ 花꽃화　開열다,피다개　昨어제작　夜밤야　雨비우　落떨어지다락　今지금금　朝아침조　風바람풍

⓪①⓪

화 호 난 화 골　　지 인 부 지 심
畵虎難畵骨　知人不知心

호랑이를 그려도 뼈를 그리기 어렵고, 사람을 알아도 그 마음을 알 수가 없도다.

✎ 畵그림화　虎호랑이호　難어렵다난　骨뼈골　知알다지　人사람인　不~하지않다불/부　心마음심

⓪①①

수 거 불 부 회　　언 출 난 갱 수
水去不復回　言出難更收

물은 한번 흘러가면 다시 돌아오지 않고, 말은 한번 나오면 다시 거두기 어렵도다.

☞ 水물수 去떠나가다거 不~하지않다불 復돌아오다복/다시부 回돌다, 돌아오다회 言말씀언 出나가다출 難어렵다난 更다시갱 收거두다수

012

학 문 천 재 보   탐 물 일 조 진
學文千載寶 貪物一朝塵

글을 배우면 천 년의 보배가 되고, 물건을 탐하면 하루 아침의 먼지가 되도다.

☞ 學배우다학 文글문 千천천 載싣다, 해재 寶보배보 貪탐하다탐 物사물물 一하나일 朝아침조 塵먼지진

013

일 일 부 독 서   구 중 생 형 극
一日不讀書 口中生荊棘

하루라도 글을 읽지 않으면, 입 안에 가시가 생기도다.

☞ 一하나일 日날일 不~하지않다불/부 讀읽다독 書책서 口입구 中가운데, 속중 生살다, 낳다생 荊가시나무형 棘가시나무극

014

화 유 중 개 일   인 무 갱 소 년
花有重開日 人無更少年

꽃은 다시 필 날이 있어도, 사람은 다시 소년이 될 수 없도다.

☞ 花꽃화 有있다유 重무겁다, 거듭하다중 開열다, 피다개 日날일 人사람인 無없다무 更다시갱 少적다, 젊다소 年해년

※ 5자짜리 문장은 《추구(推句)》에서 뽑았습니다. 《추구》는 다섯 자[五言]로 된 좋은 구절[句]을 뽑은[推] 책이란 뜻입니다.

초등학교 6학년생이
반드시 알아야 할
한자·한문

서문	4
한자의 기초	11
한자의 기초	12
한자를 익혀보자	17
생활 속의 한자.	22
초등학교 4학년생이 반드시 알아야 할 한자·한문	49
교과서 한자 어휘	63
한문의 기초	95
초등학교 6학년생이 반드시 알아야 할 한자·한문	**105**
교과서 한자 어휘	**107**
고사성어	**150**
속담·격언	**157**
쉬운 한문	**163**
초등 Ⅲ급 한자·한문 인증 시험 문제	170
초등 Ⅱ급 한자·한문 인증 시험 문제	176
초등 Ⅰ급 한자·한문 인증 시험 문제	191
한문 교육용 기초 한자 2,000자	210

초등학교 6학년생이 반드시 알아야 할 한자·한문

　이 부분은 초등학교 6학년 학생이 반드시 알아야 할 한자와 한문의 범위를 보여주는 곳으로, 초등학교 5~6학년 학생이 알아야 할 교과서 한자 어휘와 고사성어·속담·격언·한문 단문을 모아 놓았습니다.

※ 주의
진한 표시를 한 한자는 표시를 하지 않은 한자의 이해를 돕기 위해 한자 어휘로 만드는 과정에 들어간 어려운 한자들입니다. 진한 표시가 없는 한자는 반드시 알아야 하고, 진한 표시가 있는 한자는 어려운 자이므로 현재 단계에서 꼭 알 필요는 없습니다.

교과서 한자 어휘

'초등학교 4학년생이 반드시 알아야 할 한자·한문'에서 교과서에 나오는 한자 어휘 학습의 중요성을 이미 강조했으므로, 여기서는 곧바로 한자 어휘 소개로 들어가겠습니다.

001

· 固有語, 漢字語, 外來語, 外國語를 구별하여 사용할 수 있다.

固 [囗-총8획]
有 [月-총6획]
語 [言-총14획]
漢 [水-총14획]
字 [子-총6획]
外 [夕-총5획]
來 [人-총8획]
國 [囗-총11획]

고유어 固有語
| 固 굳다, 본디부터 **고** | 有 있다 **유** | 語 말씀 **어** |

그 나라나 민족의 역사와 함께 변천·발달하여 온 고유의 언어.

한자어 漢字語
| 漢 나라 이름 **한** | 字 글자 **자** | 語 말씀 **어** |

중국의 한자를 바탕으로 하여 이루어진 말. = 한자 어휘.

외래어 外來語
| 外 바깥, 외국 **외** | 來 오다 **래** | 語 말씀 **어** |

외국에서 들어와 우리말처럼 쓰이는 말.

외국어 外國語
| 外 바깥, 외국 **외** | 國 나라 **국** | 語 말씀 **어** |

다른 나라의 말.

002

· 옛 時調를 감상하는 시간을 가지는 것도 좋다.
 〈丹心歌〉
 이 몸이 죽고 죽어 일백 번 고쳐 죽어
 白骨이 塵土되어 넋이라도 있고 없고
 님 향한 一片丹心이야 가실 줄이 있으랴

時 [日-총10획]
調 [言-총15획]
丹 [丶-총4획]
心 [心-총4획]
歌 [欠-총14획]
白 [白-총5획]

시조 時調
| 時 때 **시** | 調 조절하다, 가락 **조** |

고려 말부터 발달해 온, 우리나라 고유의 시.

단심가 丹心歌
| 丹 붉다, 정성스럽다 **단** | 心 마음 **심** | 歌 노래 **가** |

정몽주(鄭夢周)가 지은 시조로, 임금에 대한 뜨거운 충성심을 시조로 읊은 것.

백골 白骨
| 白 희다 **백** | 骨 뼈 **골** |

시체의 살이 썩고 남은 흰 뼈.

진토 塵土
| 塵 먼지 **진** | 土 흙 **토** |

먼지와 흙.

일편단심 一片丹心
| 一 하나 **일** | 片 조각 **편** | 丹 붉다, 정성스럽다 **단** | 心 마음 **심** |

변하지 않는 참된 마음.

骨 [骨-총10획]
塵 [土-총14획]
土 [土-총3획]
一 [一-총1획]
片 [片-총4획]

❶❷❸

- 맞아요, 先史 時代에 사용했던 도구들이에요. 그런데 이런 도구로 무엇을 했을까요?
- 舊石器 時代의 사람들은 돌을 깨뜨리거나 떼어 내 만든 뗀석기를 주로 사용하였다.
- 新石器 時代에는 농사를 짓기 시작하였다.
- 靑銅器 時代에는 구리에 주석이나 아연 등을 조금씩 섞어 만든 靑銅器를 사용하였다.

선사 시대 先史時代

先 [儿-총6획]
史 [口-총5획]
時 [日-총10획]
代 [人-총5획]
舊 [臼-총18획]
石 [石-총5획]
器 [口-총16획]
新 [斤-총13획]
靑 [靑-총8획]
銅 [金-총14획]

| 先 먼저, 옛 **선** | 史 역사 **사** | 時 때 **시** | 代 대신하다, 시대 **대** |

역사가 문자로 기록되기 이전의 시대. 보통 석기 시대와 청동기 시대를 말함.

구석기 시대 舊石器時代
| 舊 옛 **구** | 石 돌 **석** | 器 그릇, 기구 **기** | 時 때 **시** | 代 대신하다, 시대 **대** |

돌로 만든 도구를 이용하던 시대 중 오래된 시대.

신석기 시대 新石器時代
| 新 새롭다 **신** | 石 돌 **석** | 器 그릇, 기구 **기** | 時 때 **시** | 代 대신하다, 시대 **대** |

돌로 만든 도구를 이용하던 시대 중 구석기 이후의 시대.

청동기 시대 靑銅器時代
| 靑 푸르다 **청** | 銅 구리 **동** | 器 그릇, 기구 **기** | 時 때 **시** | 代 대신하다, 시대 **대** |

청동으로 도구를 만들어 사용하던 시대.

●●④
| 나라 이름 |

고조선 古朝鮮
| 古 옛 **고** | <朝 아침 **조** | 鮮 산뜻하다 **선**> 나라 이름 |

기원전 2333년 단군이 세운 우리 민족 최초의 국가(B.C. 2333~B.C. 108).

고구려 高句麗
| <高 높다 **고** | 句 구절 **구** | 麗 곱다 **려**> 나라 이름 |

기원전 37년에 주몽(동명왕)이 세운 삼국 시대의 한 나라(B.C. 37 ~ A.D. 668).

古 [口—총5획]
朝 [月—총12획]
鮮 [魚—총17획]
高 [高—총10획]
句 [口—총5획]
麗 [鹿—총19획]
百 [白—총6획]
濟 [水—총17획]
新 [斤—총13획]
羅 [罒—총19획]
大 [大—총3획]
韓 [韋—총17획]

백제 百濟
| 〈百 백 **백** | 濟 구제하다 **제**〉 나라 이름 |

기원전 18년에 온조왕이 세운 삼국 시대의 한 나라(B.C. 18 ~ A.D. 660).

신라 新羅
| 〈新 새롭다 **신** | 羅 나열하다, 그물 **라**〉 나라 이름 |

기원전 57년에 박혁거세가 세운 삼국 시대의 한 나라(B.C. 57 ~A.D. 935).

고려 高麗
| 〈高 높다 **고** | 麗 곱다 **려**〉 나라 이름 |

918년에 왕건이 후삼국을 통일하여 세운 나라(918~1392).

조선 朝鮮
| 〈朝 아침 **조** | 鮮 산뜻하다 **선**〉 나라 이름 |

1392년에 이성계가 고려를 멸망시키고 세운 나라(1392~1910).

대한제국 大韓帝國
| 〈大 크다 **대** | 韓 나라 이름 **한** | 帝 황제 **제** | 國 나라 **국**〉 나라 이름 |

조선 고종 때인 1897년부터 1910년 나라의 주권을 일본에 빼앗길 때까지 사용하던, 우리나라의 이름(1897~1910).

帝 [巾–총9획]
國 [囗–총11획]
民 [氏–총5획]

대한민국 大韓民國
| 〈大 크다 **대** | 韓 나라 이름 **한** | 民 백성 **민** | 國 나라 **국**〉 나라 이름 |

아시아 동북부의 한반도에 있는 나라.

⓪⓪⑤

· 태백산 산신제는 태백산에서 봄, 가을에 弘益人間의 이념을 기리고 민족 통일을 기원하며 올리는 제사이다.

弘 [弓–총5획]
益 [皿–총10획]
人 [人–총2획]

홍익인간 弘益人間
| 弘 (크고) 넓다 **홍** | 益 이롭다 **익** | 人 사람 **인** | 間 사이 **간** |

널리 인간 세계를 이롭게 함.

間 [門−총12획]

ⓞⓞⓖ

· 뛰어난 유학자로 높은 관직에 오른 최승로는 임금에게 정치 개혁안인 時務二十八條 를 올렸다.

時 [日−총10획]
務 [力−총11획]
二 [二−총2획]
十 [十−총2획]
八 [八−총2획]
條 [木−총11획]

시무 28조 時務二十八條
| 時 때 **시** | 務 일, 힘쓰다 **무** | 二 둘 **이** | 十 열 **십** | 八 여덟 **팔** | 條 조목 **조** |

고려 때 최승로가 성종에게 보여준 당시 정치에서 힘써야 할 28가지의 새로운 정책.

ⓞⓞⓖ

· 경복궁은 조선이 오래도록 큰 복을 누리라는 뜻으로 붙인 이름이다. 壬辰倭亂 때 불에 탔으나, 그 후에 다시 세웠다.
· 丙子胡亂과 북벌 정책의 배경에 대하여 알아 보자.
· 丁卯胡亂은 50일 동안 계속되다가 '정묘조약'을 맺음으로써 끝이 났다.
· 포위당한 왜군은 많은 군사와 배를 잃고 도망치기에 바빴다. 이 해전이 閑山島大捷이다.

壬 [士−총4획]
辰 [辰−총7획]
倭 [人−총10획]
亂 [乙−총13획]
丙 [一−총5획]
子 [子−총3획]
胡 [肉−총9획]
丁 [一−총2획]
卯 [卩−총5획]
閑 [門−총12획]
山 [山−총3획]
島 [山−총10획]
大 [大−총3획]
捷 [手−총11획]

임진왜란 壬辰倭亂
| ＜壬 아홉째 천간 **임** | 辰 다섯째 지지 **진**＞ 연도 | 倭 일본 **왜** | 亂 어지럽다, 전쟁 **란** |

조선 선조 25년(1592)에 일본이 조선에 침입한 전쟁.

병자호란 丙子胡亂
| ＜丙 셋째 천간 **병** | 子 아들, 첫째 지지 **자**＞ 연도 | 胡

| 오랑캐 **호** | 亂 어지럽다, 전쟁 **란** |

조선 인조 14년(1636)에 청나라가 침입한 전쟁.

정묘호란 丁卯胡亂
| <丁 넷째 천간 **정** | 卯 넷째 지지 **묘**> 연도 | 胡 오랑캐 **호** | 亂 어지럽다, 전쟁 **란** |

조선 인조 5년(1627)에 후금(後金)이 쳐들어와 일어난 전쟁.

한산도 대첩 閑山島大捷
| <閑 한가하다 **한** | 山 산 **산** | 島 섬 **도**> 섬 이름 | 大 크다 **대** | 捷 이기다 **첩** |

임진왜란 때 한산도 앞바다에서 이순신 장군이 왜군을 크게 이긴 싸움.

ⓞⓞ⑧

· 朋黨의 근거지이고 백성들의 원망을 샀던 서원을 정리하여 47개소만 남겼다.

朋 [月-총8획]
黨 [黑-총20획]

붕당 朋黨
| 朋 친구 **붕** | 黨 무리 **당** |

정치적·학문적 생각이 같은 사람들끼리 만든 무리.

ⓞⓞ⑨

· 로즈 제독은 이를 구실로 조선을 침략하였는데, 이것이 丙寅洋擾이다.
· 일본에 주둔하고 있던 미국 함대의 로저스 제독은 5척의 군함을 이끌고 강화도를 침략해 왔다. 이를 辛未洋擾라 한다.

丙 [一-총5획]
寅 [宀-총11획]
洋 [水-총9획]
擾 [手-총18획]
辛 [辛-총7획]
未 [木-총5획]

병인양요 丙寅洋擾
| <丙 셋째 천간 **병** | 寅 셋째 지지 **인**> 연도 | 洋 큰 바다, 서양 **양** | 擾 어지럽히다 **요** |

고종 3년(1866)에 프랑스 함대가 강화도를 침범한 사건.

신미양요 辛未洋擾
| < 辛 맵다, 여덟째 천간 **신** | 未 아직 ~않다, 여덟째 지지 미> 연도 | 洋 큰 바다, 서양 **양** | 擾 어지럽히다 **요** |
조선 고종 8년(1871)에 미국 군함 5척이 강화도를 침입한 사건.

⑩⑩

- 東學이라는 이름은 서학의 전래에 대항하여 동쪽 나라인 우리나라의 도를 일으킨다는 의미에서 붙여졌다.
- 최제우는 東學을 세우고, '사람이 곧 하늘' 이라는 人乃天 사상을 주장하였다.
- 輔國安民 운동 – 그들은 나랏일을 돕고, 백성을 편안하게 하며, 일본과 서양 세력을 물리칠 것 등을 주장하였다.

東 [木-총8획]
學 [子-총16획]
人 [人-총2획]
乃 [丿-총2획]
天 [大-총4획]
輔 [車-총14획]
國 [囗-총11획]
安 [宀-총6획]
民 [氏-총5획]

동학 東學
| 東 동쪽, 우리나라를 가리키는 말 **동** | 學 배우다, 학문 **학** |
조선 철종 때, 최제우가 세운 민족 종교.

인내천 人乃天
| 人 사람 **인** | 乃 이에, 곧 **내** | 天 하늘, 하느님 **천** |
사람이 곧 하느님이며 만물이 모두 하느님이라고 보는 동학[천도교(天道敎)]의 중심 교리.

보국 안민 輔國安民
| 輔 돕다 **보** | 國 나라 **국** | 安 편안하다 **안** | 民 백성 **민** |
나랏일을 돕고 백성을 편안하게 함.

⑩⑪

- 김옥균, 박영효, 홍영식 등 甲申政變의 주동자들은 우정국 축하연에 참석하였다.
- 일본인들은 조선을 지배할 욕심으로 경복궁에 침입하여 명

甲 [田-총5획]
申 [田-총5획]
政 [攵-총8획]
變 [言-총23획]

성 황후를 시해하였다. 이를 乙未事變이라 한다.
- 乙未事變 이후 민심이 크게 동요하고 뒤이어 斷髮令이 강행되자, 유생들과 민중이 분노하여 전국적으로 의병이 일어났다.
- 새로운 사회를 만들고자 하는 사람들의 노력이 계속되자 조정에서도 적극적으로 개혁을 서둘렀는데, 이를 甲午改革이라고 한다.

乙 [乙–총1획]
未 [木–총5획]
事 [亅–총8획]
斷 [斤–총18획]
髮 [髟–총15획]
令 [人–총5획]
午 [十–총4획]
改 [攵–총7획]
革 [革–총9획]

갑신정변 甲申政變
| 〈甲 첫째 천간 **갑** | 申 아홉째 지지 **신**〉 연도 | 政 정치 **정** | 變 변하다 **변** |

개화당의 김옥균金玉均 등이 1884년에 일으킨 정변(반란·혁명 등으로 정권의 변동이 생기는 것).

을미사변 乙未事變
| 〈乙 둘째 천간 **을** | 未 아직 ~않다, 여덟째 지지 **미**〉 연도 | 事 일 **사** | 變 변하다, 재앙 **변** |

고종 32년(1895)에 일본의 칼잡이들이 경복궁을 침입하여 명성황후를 죽인 사건.

단발령 斷髮令
| 斷 끊다 **단** | 髮 머리카락 **발** | 令 명령하다 **령** |

조선 고종 32년(1895)에 이전의 상투 머리를 짧게 깎도록 한 명령.

갑오개혁 甲午改革
| 〈甲 첫째 천간 **갑** | 午 일곱째 지지 **오**〉 연도 | 改 고치다 **개** | 革 가죽, 고치다 **혁** |

조선 고종 31년(1894)에 일본의 강압에 의해 개화파가 추진한 서양식 제도 개혁.

- 乙巳條約이 체결된 후, 우리 민족은 나라를 지키기 위하여

乙 [乙–총1획]

어떤 방법으로 일본에 저항했는지 알아 보자.
· 황성 신문사 사장인 장지연은 '是日也放聲大哭'이라는 글을 실어 일본의 침략성을 규탄하였다.
· 국민들 사이에는 나랏빚을 갚아 주권을 지키려는 운동이 일어났는데, 이것이 바로 '國債報償運動'이다.
· 3·1 運動은 우리 민족에게 독립에 대한 희망을 불러일으켜 대한민국 임시 정부를 세우는 데에 많은 영향을 끼쳤다.

巳 [己-총3획]
條 [木-총11획]
約 [糸-총9획]
是 [日-총9획]
日 [日-총4획]
也 [乙-총3획]
放 [攵-총8획]
聲 [耳-총17획]
大 [大-총3획]
哭 [口-총10획]
國 [囗-총11획]
債 [人-총13획]
報 [土-총12획]
償 [人-총17획]
運 [辶-총13획]
動 [力-총11획]

을사조약 乙巳條約
| 乙 둘째 천간 **을** | 巳 여섯째 지지 **사** | 條 조목 **조** | 約 약속하다 **약** |

1905년 일본이 한국의 외교권을 빼앗을 목적으로, 고종과 정부의 관료를 협박하여 맺은 조약.

시일야방성대곡 是日也放聲大哭
| 是 옳다, 이 **시** | 日 날 **일** | 也 ~이다 **야** | 放 놓다 **방** | 聲 소리 **성** | 大 크다 **대** | 哭 (소리 내어) 울다 **곡** |

1905년 을사조약이 체결되자 장지연이 1905년 11월 20일자 《황성신문》에 쓴 논설.

국채보상운동 國債報償運動
| 國 나라 **국** | 債 빚지다 **채** | 報 갚다 **보** | 償 갚다 **상** | 運 움직이다 **운** | 動 움직이다 **동** |

1907년 일본에게 진 나라의 빚을 갚기 위하여 민중들이 벌인 운동.

3·1 운동 運動
| 運 움직이다 **운** | 動 움직이다 **동** |

일제 시대인 1919년 3월 1일에 일제로부터의 해방과 민족의 독립을 외친 운동.

013

- 6 · 25 戰爭은 우리 민족의 매우 슬픈 역사이다.
- 서연이네 반에서는 1960년의 4 · 19 革命 때 대학 시위에 참여하셨던 민기 할아버지를 찾아 뵙고 4 · 19 革命에 관한 여러 가지를 여쭈어 보았다.
- 민주화를 요구하는 시민과 대학생들의 시위가 전국적으로 일어났고, 이는 1980년 5월 광주에서 비롯된 5 · 18 民主化 運動으로 이어졌다.
- '6월 民主抗爭'이라 이름 붙여진 이 운동에 전국의 학생, 시민, 그리고 노동자가 참여하여 민주화를 요구하였고, 이 운동의 결과로 6 · 29 민주화 선언이 이루어졌다.

戰 [戈–총16획]
爭 [爪–총8획]
革 [革–총9획]
命 [口–총8획]
民 [氏–총5획]
主 [丶–총5획]
化 [匕–총4획]
運 [辶–총13획]
動 [力–총11획]
抗 [手–총7획]

6 · 25 전쟁 戰爭
| 戰 싸우다 **전** | 爭 다투다 **쟁** |

1950년 6월 25일 시작된 남한과 북한 사이의 전쟁.

4 · 19 혁명 革命
| 革 가죽, 고치다 **혁** | 命 목숨, 하늘의 뜻 **명** |

1960년 3월 15일 정 · 부통령 선거 후 일어난 혁명.
(혁명 : 폭력적인 방법으로 정치 권력을 빼앗아 국가의 정치적 · 사회적 구조를 바꾸어 놓는 일)

5 · 18 민주화 운동 民主化運動
| 民 백성 **민** | 主 주인 **주** | 化 변화하다 **화** | 運 움직이다 **운** | 動 움직이다 **동** |

1980년 5월 18일에서 27일까지 전라남도 및 광주 시민들이 계엄령 철폐와 전두환 퇴진, 김대중 석방 등을 요구하며 벌인 민주화 운동.

6월 민주 항쟁 民主抗爭
| 民 백성 **민** | 主 주인 **주** | 抗 대항하다 **항** | 爭 다투다 **쟁** |

제5공화국의 전두환 정부의 독재에, 1987년 6월 10일부터 6 · 29 선언이 발표될 때까지의 국민들이 맞서 싸운 사건.

014
- 제1차 세계대전 후, 자기 민족의 일은 민족 스스로 결정해야 한다는 民族自決主義의 영향을 받아, 일본에 유학 가 있던 학생들이 독립을 요구하는 선언서를 발표하였다.
- 信託統治 : 스스로 나라를 다스려 나갈 힘이 없는 후진국들에 대하여, 강대국들이 일정 기간 돌보아 주며 통치하는 것을 말한다.
- 철저한 反共주의자였던 이승만은 제2차 세계대전 후의 미·소의 관계를 누구보다 잘 알고 있었다.

民 [氏-총5획]
族 [方-총11획]
自 [自-총6획]
決 [水-총7획]
主 [丶-총5획]
義 [羊-총13획]
信 [人-총9획]
託 [言-총10획]
統 [糸-총12획]
治 [水-총8획]
反 [又-총4획]
共 [八-총6획]

민족자결주의 民族自決主義
| 民 백성 **민** | 族 겨레 **족** | 自 스스로 **자** | 決 결정하다 **결** | 主 주인, 주되다 **주** | 義 옳다, 의견 **의** |

다른 나라의 간섭이나 지배를 받지 않고 자기 나라의 운명을 그 민족이 스스로 결정하게 하여야 한다는 주장.

신탁통치 信託統治
| 信 믿다 **신** | 託 맡기다 **탁** | 統 거느리다 **통** | 治 다스리다 **치** |

국제연합(UN)의 감독 아래 한 국가가 다른 국가나 지역에 대해 일정 기간 통치를 맡아서 하는 제도.

반공 反共
| 反 되돌리다, 거스르다 **반** | 共 함께 **공** |

공산주의에 반대함.

015
| 경복궁 |

景 [日-총12획]
福 [示-총14획]
宮 [宀-총10획]
勤 [力-총13획]
政 [攵-총8획]
殿 [殳-총13획]

경복궁 景福宮
| 景 경치, 크다 **경** | 福 복 **복** | 宮 궁궐 **궁** |

이성계가 왕이 된 후 도읍을 한양으로 옮기면서 세운 궁궐.

근정전 勤政殿
| 勤 부지런하다 **근** | 政 정치 **정** | 殿 큰 집 **전** |

경복궁의 정전(正殿).

정전 正殿
| 正 바르다 **정** | 殿 큰 집 **전** |

임금이 신하와 함께 행사를 치르던 곳.

편전 便殿
| 便 편하다 **편** | 殿 큰 집 **전** |

평상시 임금이 신하들과 국정(國政)을 의논하는 곳.

경회루 慶會樓
| 慶 축하하다 **경** | 會 모이다 **회** | 樓 누각 **루** |

경복궁의 둥근 연못 안에 있는 누각.

광화문 光化門
| 光 빛 **광** | 化 변화하다, 덕화(德化) **화** | 門 문 **문** |

경복궁의 정문.

正 [止–총5획]
便 [人–총9획]
慶 [心–총15획]
會 [曰–총13획]
樓 [木–총15획]
光 [儿–총6획]
化 [匕–총4획]
門 [門–총8획]

016
| 서울의 4대문 중 남아 있는 2개의 문과 종각 |

숭례문 崇禮門
| 崇 숭상하다 **숭** | 禮 예절 **례** | 門 문 **문** |

서울 중구 남대문로 4가에 있는 조선 시대의 성문으로, 국보 제1호.

흥인지문 興仁之門
| 興 일으키다 **흥** | 仁 어질다 **인** | 之 ~의, ~하는 **지** |
| 門 문 **문** |

서울 종로구 종로 6가에 있는 조선 시대의 성문으로, 보물 제1호.

崇 [山–총11획]
禮 [示–총18획]
門 [門–총8획]
興 [曰–총16획]
仁 [人–총4획]
之 [丿–총4획]
鐘 [金–총20획]
閣 [門–총14획]

종각 鐘閣

| 鐘 종 **종** | 閣 집 **각** |

서울특별시 종로구 종로 2가에 있는 종을 매어 두는 건물로, 보신각(普信閣)이라 부름.

⓪①⑦

- 大東輿地圖의 '대동'은 우리나라를 일컫는 말로, 동방의 큰 나라라는 뜻이다.
- 우리나라에서는 일찍이 瞻星臺를 세우고 천문 관측을 해 왔으며, 여러 가지 뛰어난 관측 기구도 많이 만들어 냈다.
- 세종 대왕 때 만든 測雨器나 해시계, 물시계 이외에 손꼽을 만한 것이 또 있는지 여쭈어 보았다.
- 세종 대왕은 재주가 뛰어난 장영실에게 벼슬까지 내리고, 자동으로 움직이면서 소리를 내는 시계를 만들도록 하였다. 그것이 바로 물시계[自擊漏]이다.
- 세종 대왕은 밤 늦도록 글을 읽다가 集賢殿을 바라보았다. 集賢殿에는 불이 환히 켜져 있었다.

大 [大–총3획]
東 [木–총8획]
輿 [車–총17획]
地 [土–총6획]
圖 [囗–총14획]
瞻 [目–총18획]
星 [日–총9획]
臺 [至–총14획]
測 [水–총12획]
雨 [雨–총8획]
器 [口–총16획]
自 [自–총6획]
擊 [手–총17획]
漏 [水–총14획]
集 [隹–총12획]
賢 [貝–총15획]
殿 [殳–총13획]

대동여지도 大東輿地圖

| 〈大 크다 **대** | 東 동쪽 **동**〉 우리나라의 별칭 | 輿 수레, 땅 **여** | 地 땅 **지** | 圖 그림 **도** |

1861년 김정호가 만든 지도.

첨성대 瞻星臺

| 瞻 보다 **첨** | 星 별 **성** | 臺 높고 평평한 곳 **대** |

별을 관측하는 곳.

측우기 測雨器

| 測 재다 **측** | 雨 비 **우** | 器 그릇, 기구 **기** |

비가 온 양을 재는 기구.

자격루 自擊漏

| 自 스스로 자 | 擊 치다 격 | 漏 새 나가다, 물시계 루 |

물의 흐름을 이용하여 스스로 시간을 알리는 소리를 나게 하는 시계.

집현전 集賢殿

| 集 모으다 집 | 賢 어질다 현 | 殿 큰 집 전 |

조선 초기에 어진 사람을 모아 놓고 학문을 연구하기 위해 궁궐 안에 설치한 연구 기관.

018

· 서당에서는 《千字文》, 《童蒙先習》, 《小學》, 四書三經 등을 교과서로 삼아 공부하였고, 글을 짓는 작문과 붓글씨 공부도 하였다. 이 밖에 교재에는 《擊蒙要訣》《明心寶鑑》 등이 있었다.

千 [十–총3획]
字 [子–총6획]
文 [文–총4획]
童 [立–총12획]
蒙 [艹–총14획]
先 [儿–총6획]
習 [羽–총11획]
小 [小–총3획]
學 [子–총16획]
四 [囗–총5획]
書 [曰–총10획]
三 [一–총3획]
經 [糸–총13획]
擊 [手–총17획]
要 [襾–총9획]
訣 [言–총11획]
明 [日–총8획]
心 [心–총4획]
寶 [宀–총20획]
鑑 [金–총22획]

천자문 千字文

| 千 천 천 | 字 글자 자 | 文 글 문 |

중국 양나라 주흥사가 지은 책으로, 모두 1,000자임.

동몽선습 童蒙先習

| 童 아이 동 | 蒙 어리다 몽 | 先 먼저 선 | 習 익히다 습 |

《천자문》을 익히고 난 후의 학동들이 배우는 책으로, 조선 중종 때 학자 박세무(朴世茂)가 씀.

소학 小學

| 小 작다, 어린이 소 | 學 배우다 학 |

중국 송나라의 주희(1130~1200)가 제자 유자징에게 지시하여 만든 책으로, 8살 전후의 어린이들이 행할 바와 마음가짐 등을 기록함.

사서삼경 四書三經

| 四 넷 사 | 書 책 서 | 三 셋 삼 | 經 날실, 경전 경 |

유교의 경전인 사서(논어, 맹자, 대학, 중용)와 삼경(시경, 서경,

주역).

격몽요결 擊蒙要訣
| 擊 치다, 깨치어 이끌다 **격** | 蒙 어리다 **몽** | 要 중요하다 **요** | 訣 이별하다, 비결 **결** |

1577년(선조 10) 율곡 이이가 학문을 시작하는 이들을 가르치기 위해 만든 책.

명심보감 明心寶鑑
| 明 밝다, 밝히다 **명** | 心 마음 **심** | 寶 보배 **보** | 鑑 거울, 본보기 **감** |

고려 충렬왕 때의 문신 추적이 명구(名句)를 모아 놓은 책.

019
| 중요한 책 이름들 |

경국대전 經國大典
| 經 날실, 다스리다 **경** | 國 나라 **국** | 大 크다 **대** | 典 책 **전** |

조선 왕조의 기본 법전.

동의보감 東醫寶鑑
| 東 동쪽, 우리나라를 가리키는 말 **동** | 醫 병 고치다 **의** | 寶 보배 **보** | 鑑 거울, 본보기 **감** |

조선 광해군 때 허준이 지은 의학 책.

목민심서 牧民心書
| 牧 기르다, 다스리다 **목** | 民 백성 **민** | 心 마음 **심** | 書 책 **서** |

정약용이 전라도 강진에 귀양살이를 하던 1818년(순조 18)에 완성한 것으로, 예로부터 지방 장관의 부정부패를 일일이 수록하고 올바른 도리를 지적한 책.

經 [糸-총13획]
國 [囗-총11획]
大 [大-총3획]
典 [八-총8획]
東 [木-총8획]
醫 [酉-총18획]
寶 [宀-총20획]
鑑 [金-총22획]
牧 [牛-총8획]
民 [氏-총5획]
心 [心-총4획]
書 [曰-총10획]
農 [辰-총13획]
事 [亅-총8획]
直 [目-총8획]
說 [言-총14획]

농사직설 農事直說
| 農 농사 **농** | 事 일 **사** | 直 곧다, 바로 **직** | 說 밝히어 말하다 **설** |

1429년 정초, 변효문 등이 왕의 명령으로 만든 농사책.

⓪②⓪

간지 干支
| 干 방패, 천간 **간** | 支 갈라져 나오다, 지지 **지** |

년·월·일·시를 지금은 아라비아숫자로 표기하지만 예전에는 10간(干)과 12지(支)의 한자를 하나씩 짝을 맺어 표기했습니다. 예를 들어 갑자(甲子), 을축(乙丑) …… 계유(癸酉), 갑술(甲戌), 을해(乙亥), 병자(丙子) …… 이렇게 계속 짝을 맞추다 보면 60번 만에 다시 갑자로 돌아옵니다. 그래서 이를 육갑, 육십갑자라고 부릅니다. 이렇게 간지는 우리나라와 중국에서 연도와 날짜 등을 표기할 때 가장 잘 쓰던 돌림법입니다.

干 [干–총3획]
支 [支–총4획]

10간
甲 첫째 천간 **갑**
乙 둘째 천간 **을**
丙 셋째 천간 **병**
丁 넷째 천간 **정**
戊 다섯째 천간 **무**
己 자기, 여섯째 천간 **기**
庚 일곱째 천간 **경**
辛 맵다, 여덟째 천간 **신**
壬 아홉째 천간 **임**
癸 열째 천간 **계**

甲 [田–총5획]
乙 [乙–총1획]
丙 [一–총5획]
丁 [一–총2획]
戊 [戈–총5획]
己 [己–총3획]
庚 [广–총8획]
辛 [辛–총7획]
壬 [士–총4획]
癸 [癶–총9획]

12지
子 아들, 첫째 지지 **자**
丑 둘째 지지 **축**

子 [子–총3획]
丑 [一–총4획]

寅 셋째 지지 **인**	寅 [宀-총11획]
卯 넷째 지지 **묘**	卯 [卩-총5획]
辰 다섯째 지지 **진**	辰 [辰-총7획]
巳 여섯째 지지 **사**	巳 [己-총3획]
午 일곱째 지지 **오**	午 [十-총4획]
未 아직 ~않다, 여덟째 지지 **미**	未 [木-총5획]
申 아홉째 지지 **신**	申 [田-총5획]
酉 열째 지지 **유**	酉 [酉-총7획]
戌 열한번째 지지 **술**	戌 [戈-총6획]
亥 열두번째 지지 **해**	亥 [亠-총6획]

오전 午前 · 오후 午後

| 午 일곱째 지지 **오** | 前 앞 **전** | 後 뒤 **후** |

오시(午時 – 낮 11시부터 1시 사이)의 앞은 오전, 뒤는 오후.

午 [十-총4획]
前 [刀-총9획]
後 [彳-총9획]

정오 正午

| 正 바르다, 한가운데 **정** | 午 일곱째 지지 **오** |

오시(午時 – 낮 11시부터 1시 사이)의 한가운데인 낮 12시.

正 [止-총5획]
子 [子-총3획]
還 [辶-총17획]
甲 [田-총5획]

자정 子正

| 子 아들, 첫째 지지 **자** | 正 바르다, 한가운데 **정** |

자시(子時 – 밤 11시부터 1시 사이)의 한가운데인 밤 12시.

환갑 還甲

| 還 돌아오다 **환** | 甲 첫째 천간 **갑** |

출생한 해의 간지와 똑같은 간지를 가진 해가 돌아오는 61살이 되는 해. 회갑(回甲)이라고도 부름.

021

· 우리나라는 예로부터 설날·寒食·端午·秋夕을 4대 名節로 지냈다.

寒 [宀-총12획]
食 [食-총9획]
端 [立-총14획]
午 [十-총4획]

한식 寒食

| 寒 (온도가) 차다 **한** | 食 먹다 **식** |

동지(冬至)로부터 105일째 되는 날.

단오 端午
| 端 바르다, 처음 **단** | 午 일곱째 지지, 음력 5월 **오** |

음력 5월 5일인 명절.

추석 秋夕
| 秋 가을 **추** | 夕 저녁 **석** |

음력 8월 15일인 명절.

秋 [禾-총9획]
夕 [夕-총3획]
名 [口-총6획]
節 [竹-총15획]

명절 名節
| 名 이름, 이름나다 **명** | 節 마디, 절기 **절** |

전통적으로 해마다 일정하게 온 겨레가 특별한 음식과 놀이를 즐기며 지낸 날.

◎②② | 절기 |

절기 節氣
| 節 마디, 절기 **절** | 氣 기운, 공기 **기** |

한 해 기후의 변화를 스물넷으로 나눈 것.

입춘 立春
| 立 서다 **립** | 春 봄 **춘** |

24절기의 하나. 2월 4일경으로, 대한(大寒)과 우수(雨水) 사이에 있음.

節 [竹-총15획]
氣 [气-총10획]
立 [立-총5획]
春 [日-총9획]
分 [刀-총4획]
夏 [夊-총10획]
至 [至-총6획]
秋 [禾-총9획]
冬 [冫-총5획]

춘분 春分
| 春 봄 **춘** | 分 나누다 **분** |

24절기의 하나. 3월 21일경으로, 경칩(驚蟄)과 청명(淸明) 사이에 있음. 밤과 낮의 길이는 거의 같지만 빛의 굴절 현상 때문에 낮의 길이가 약간 긺.

입하 立夏
| 立 서다 **립** | 夏 여름 **하** |

24절기의 하나. 5월 6일경으로, 곡우(穀雨)와 소만(小滿) 사이에 있음.

하지 夏至
| 夏 여름 **하** | 至 지극하다, 절기 **지** |

24절기의 하나. 6월 21일경으로, 망종(芒種)과 소서(小暑) 사이에 있음. 북반구에서는 낮의 길이가 가장 긺.

입추 立秋
| 立 서다 **립** | 秋 가을 **추** |

24절기의 하나. 8월 8일경으로, 대서(大暑)와 처서(處暑) 사이에 있음.

추분 秋分
| 秋 가을 **추** | 分 나누다 **분** |

24절기의 하나. 9월 23일경으로, 백로(白露)와 한로(寒露) 사이에 있음. 낮과 밤의 길이가 같음.

입동 立冬
| 立 서다 **립** | 冬 겨울 **동** |

24절기의 하나. 11월 7일경으로, 상강(霜降)과 소설(小雪)의 사이에 있음.

동지 冬至
| 冬 겨울 **동** | 至 지극하다, 절기 **지** |

24절기의 하나. 12월 22일경으로, 대설(大雪)과 소한(小寒) 사이에 있음. 북반구에서는 밤의 길이가 가장 긺.

❶❷❸

· 당시에는 農業을 중요시했기 때문에 훌륭한 지배자는 농사

農 [辰-총13획]
業 [木-총13획]

가 잘 되게 하는 능력을 가졌다고 생각한 것입니다.
- 사람들은 지형을 어떻게 이용하며 살고 있는지 조사해 보자. – 高冷地 채소 재배
- 식물이 자라는 단계 관찰, 씨 뿌리기, 水耕 재배 등 식물 재배 방법을 배울 수 있다.

高 [高–총10획]
冷 [冫–총7획]
地 [土–총6획]
水 [水–총4획]
耕 [耒–총10획]

농업 農業
| 農 농사 **농** | 業 일 **업** |

논밭을 갈아 농작물을 가꾸거나, 유익한 동물을 사육하여 인간에게 유용한 물질을 생산하는 활동. 또는 그것을 직업으로 하는 일.

고랭지 高冷地
| 高 높다 **고** | 冷 (온도가) 차다 **랭** | 地 땅 **지** |

평지보다 높아 여름에도 기온이 서늘한 산간 지역.

수경 水耕
| 水 물 **수** | 耕 밭 갈다 **경** |

자라는 데 필요한 영양분을 녹인 액체로 식물을 키우는 방법.

①②④

- 내 고향 부산은 옛날부터 아주 큰 도시였다. 바다에 접해 있어 漁業과 무역을 하는 배들이 드나들었기 때문에 예전부터 크게 발달했지.
- 자연을 어떻게 이용하고 극복하였는지 지형 또는 기후와 관련하여 이야기해 보자. – 鹽田, 비닐하우스.

漁 [水–총14획]
業 [木–총13획]
鹽 [鹵–총24획]
田 [田–총5획]

어업 漁業
| 漁 고기 잡다 **어** | 業 일 **업** |

바다에서 나는 물고기나 조개류를 잡거나 길러서 이득을 얻는 것을 직업으로 하는 일.

염전 鹽田

| 鹽 소금 **염** | 田 밭 **전** |

바닷물을 끌어들여 소금을 얻기 위하여 논처럼 만든 곳.

①②⑤

· 산림청 林業연구원
· 商業이 활발해지면서 좀더 편하게 물건을 사고 팔기 위해 상평통보라는 화폐를 만들어서 사용하였다.
· 농림 · 수산, 工業, 보건 · 의료, 교육, 직업 훈련 등에 관련된 건물이나 시설을 마련해 주고, 그 일에 필요한 전문가를 보내 주거나 연수생을 초청하여 기술을 가르쳐 준다.
· 저자는 프랑스 브르타뉴 지방의 畜産業자이며 농업과 환경 보호를 위해 평생을 일해 온 생태 농업 운동가.
· 산간 지역에는 광산이 있어 鑛業이 발달하였다.

林 [木-총8획]
業 [木-총13획]
商 [口-총11획]
工 [工-총3획]
畜 [田-총10획]
産 [生-총11획]
鑛 [金-총23획]

임업 林業
| 林 숲 **림** | 業 일 **업** |

산림에서 나오는 것으로 이익을 얻는 것을 직업으로 하는 일.

상업 商業
| 商 장사하다 **상** | 業 일 **업** |

물건을 사고 팔아 이익을 얻는 것을 직업으로 하는 일.

공업 工業
| 工 물건 만들다 **공** | 業 일 **업** |

기계로 재료를 가공하여 필요한 물건을 만들어 이익을 얻는 것을 직업으로 하는 일.

축산업 畜産業
| 畜 가축 **축** | 産 낳다 **산** | 業 일 **업** |

가축을 기르고 그 생산물을 가공하여 이익을 얻는 것을 직업으로 하는 일.

광업 鑛業

| 鑛 쇳돌 **광** | 業 일 **업** |

광물을 캐 내거나 광석을 녹여 금속을 뽑아 내어 인간에게 유용한 물질을 생산하는 활동. 또는 그것을 직업으로 하는 일.

⓪②⓺

- 대한민국 정부가 세워진 이후, 우리나라 民主 政治의 성장 과정에 대하여 알아 보자.
- 4·19 혁명은 정권을 지키기 위해 옳지 못한 방법으로 헌법을 고치고 부정 선거를 한 자유당의 獨裁 政治 때문에 일어났다.

民 [氏-총5획]
主 [丶-총5획]
政 [攵-총8획]
治 [水-총8획]
獨 [犬-총16획]
裁 [衣-총12획]

민주 정치 民主政治

| 民 백성 **민** | 主 주인 **주** | 政 정치 **정** | 治 다스리다 **치** |

나라의 주권이 국민에게 있고, 국민의 뜻에 의해 이루어지는 정치.

독재 정치 獨裁政治

| 獨 홀로 **독** | 裁 (옷감 등을) 치수에 맞춰 자르다, 결단하다 **재** | 政 정치 **정** | 治 다스리다 **치** |

국가의 권력을 특정한 개인, 단체, 계급 등이 쥐고 자기 마음대로 하는 정치.

⓪②⓻

- 自由權은 국가 권력으로부터 개인의 자유를 보장받는 것으로, 기본권 중에서도 특히 중요한 권리이다.
- 平等權도 자유권과 함께 매우 중요한 기본권이다.
- 生存權은 사람다운 생활을 하기 위해서 국민이 국가의 보호를 요구하거나 생활 수단을 제공해 줄 것을 요구할 수 있는 권리이다.
- 參政權은 국민이 정치에 참여할 수 있는 권리이다.

自 [自-총6획]
由 [田-총5획]
權 [木-총22획]
平 [干-총5획]
等 [竹-총12획]
生 [生-총5획]
存 [子-총6획]
參 [彡-총11획]
政 [攵-총8획]

자유권 自由權

| 自 스스로 자 | 由 말미암다 유 | 權 권력 권 |

개인이 국가의 권력에 의해 자유를 간섭받지 않을 수 있는 권리.

평등권 平等權

| 平 평평하다 평 | 等 등급, 같다 등 | 權 권력 권 |

모든 국민이 법 앞에서 평등한 대우를 받을 권리.

생존권 生存權

| 生 살다 생 | 存 있다 존 | 權 권력 권 |

사회의 각 사람이 사람답게 살아가는 데 필요한 것을 국가에 요구할 수 있는 권리.

참정권 參政權

| 參 참여하다 참 | 政 정치 정 | 權 권력 권 |

국민이 정치 활동에 직접·간접으로 참여할 수 있는 권리.

①②⑧

- 다슬이가 반장 選擧에서 발표한 내용을 글로 쓴 것입니다. 말할 때의 상황을 고려하여 '제가 반장이 된다면'을 읽어 봅시다.
- 地方 自治가 실시된 후, 우리나라의 각 지역에서는 환경 보전과 삶의 질을 더욱 중요하게 생각하게 되었다.
- 근처 주민들이 집값이 떨어진다고 시 당국과 시 議會 등에 장소 변경을 요구하면서 집단으로 반대하였습니다.

選 [辶-총16획]
擧 [手-총18획]
地 [土-총6획]
方 [方-총4획]
自 [自-총6획]
治 [水-총8획]
議 [言-총20획]
會 [曰-총13획]

선거 選擧

| 選 가려 뽑다 선 | 擧 들다, 가려 뽑다 거 |

어떤 조직이나 단체에서 그 구성원들이 투표나 거수(손을 듦) 등의 방법으로 대표자나 임원을 뽑는 일.

지방 자치 地方自治

| 地 땅 지 | 方 방향, 지역 방 | 自 스스로 자 | 治 다스리다 치 |

어떤 지역의 행정을 국가 기관이 관여하지 않고, 그 지역의 주민이 스스로 구성한 기관을 통해서 처리하는 일.

의회 議會
| 議 의논하다 **의** | 會 모이다 **회** |

선거에 의해 선출된 의원들이 국민의 의사를 대신하여 법을 만드는 활동을 하는 기관.

029
· 이들은 서로 견제하며 국민의 권리를 지켜 가고 있는데, 이를 三權分立이라고 한다.
· 오늘날에는 나라를 다스리는 권력을 크게 세 가지로 나누어, 立法府에서는 법을 만들고, 司法府에서는 그 법에 따라 재판을 하며, 行政府에서는 그 법에 따라 나라 살림살이를 하고 있다.

三 [一-총3획]
權 [木-총22획]
分 [刀-총4획]
立 [立-총5획]
法 [水-총8획]
府 [广-총8획]
司 [口-총5획]
行 [行-총6획]
政 [攵-총8획]

삼권 분립 三權分立
| 三 셋 **삼** | 權 권력 **권** | 分 나누다 **분** | 立 서다 **립** |

국가 권력을 입법·사법·행정의 삼권으로 나누어 맡게 함으로써, 권력을 함부로 행사하는 것을 막고 국민의 자유와 권리를 지키기 위한 정치 제도.

입법부 立法府
| 立 서다 **립** | 法 법 **법** | 府 관청 **부** |

법률을 만드는 '국회'를 가리킴.

사법부 司法府
| 司 맡다 **사** | 法 법 **법** | 府 관청 **부** |

재판하는 권리를 행하는 '법원'을 가리킴.

행정부 行政府
| 行 다니다, 행하다 **행** | 政 정치 **정** | 府 관청 **부** |

중앙 행정을 맡아보는 '정부'를 가리킴.

030

· 被告는 原告에게 천만 원을 지불하라.
· 證人은 그 시간에 어디에 있었는가?

被 [衣–총10획]
告 [口–총7획]
原 [厂–총10획]
證 [言–총19획]
人 [人–총2획]

피고 被告
| 被 당하다 **피** | 告 알리다 **고** |

법원에 소송(재판을 요청하는 일)을 당한 사람.

원고 原告
| 原 근원 **원** | 告 알리다 **고** |

사건을 법원에 고발한 사람.

증인 證人
| 證 증명하다 **증** | 人 사람 **인** |

법원이나 그 밖의 기관의 질문에 증명하여 말하는 사람.

031

· 소금을 물에 넣었을 때와 같이 물질이 액체에 녹는 현상을 '溶解'라고 합니다.
· 소금물처럼 물질이 액체에 녹아 있는 것을 '溶液'이라고 합니다.
· 물이 증발을 하기 위해서는 증발열이 필요하고 증발열을 빼앗기는 만큼 온도가 내려간다는 사실을 이용한 습도계가 乾濕球 濕度計입니다.
· 對流 상자 속의 향 연기는 어느 방향으로 움직입니까?

溶 [水–총13획]
解 [角–총13획]
液 [水–총11획]
乾 [乙–총11획]
濕 [水–총17획]
球 [玉–총11획]
度 [广–총9획]
計 [言–총9획]
對 [寸–총14획]
流 [水–총9획]

용해 溶解
| 溶 녹이다 **용** | 解 풀다 **해** |

물질이 액체 속에 녹음.

용액 溶液
| 溶 녹이다 **용** | 液 액체 **액** |

두 가지 이상의 물질이 녹아 섞여 있는 액체.

건습구 습도계 乾濕球 濕度計

| 乾 마르다 **건** | 濕 축축하다 **습** | 球 공 **구** | 濕 축축하다 **습** | 度 ~한 정도 **도** | 計 (수를) 세다, 재는 기구 **계** |

온도계의 아래에 공처럼 생긴 밑 부분에 젖은 천을 싼 습구와, 이와는 대조적으로 싸지 않은 보통의 온도계인 건구를 한 쌍으로 하여 만들어진 습도계. 즉 물의 증발의 빠르고 더딤을 재어 공기 중의 습도를 알아 보는 장치.

대류 對流

| 對 마주 대하다 **대** | 流 흐르다 **류** |

기체나 액체가 열을 받아 더워지면 위로 올라가고 차가워지면 아래로 내려오는 현상.

ⓞⓢⓩ

· 태양계에는 태양과 9개의 행성 이외에도 여러 가지 天體가 있는데, 이들도 태양의 가족이다.
· 지구의 自轉 방향
· 지구보다 먼 곳에서 公轉하고 있는 행성

天 [大-총4획]
體 [骨-총23획]
自 [自-총6획]
轉 [車-총18획]
公 [八-총4획]

천체 天體

| 天 하늘 **천** | 體 몸 **체** |

우주 공간에 떠 있는 모든 물체.

자전 自轉

| 自 스스로 **자** | 轉 구르다 **전** |

지구·달·해 등의 천체가 축을 중심으로 스스로 회전하는 운동.

공전 公轉

| 公 여러 사람에 관계되는 일 **공** | 轉 구르다 **전** |

달 등의 한 천체가 지구 등 다른 천체의 둘레를 회전하는 운동.

033

- 다른 행성에도 달과 같은 衛星들이 이들 행성 둘레를 공전하고 있다.
- 人工衛星은 내년 하반기에 발사될 예정이다.
- 태양계에는 수많은 작은 물체들이 태양 주위를 공전하고 있는데, 이를 行星이라 한다.
- 대부분의 小行星은 석탄 덩어리처럼 반사율이 3~4% 정도로 어둡다.
- 이들이 지구로 떨어질 때에는 공기와 마찰하여 타면서 밝은 빛을 내는데, 이를 流星이라 한다.
- 밤하늘에는 몇십 년에 한 번씩 천체가 나타났다가 사라지는데, 이러한 천체를 彗星이라 한다.

衛 [行－총16획]
星 [日－총9획]
人 [人－총2획]
工 [工－총3획]
行 [行－총6획]
小 [小－총3획]
流 [水－총9획]
彗 [ㅋ－총11획]

위성 衛星
| 衛 지키다 **위** | 星 별 **성** |

행성의 끌어당기는 힘에 의하여 그 행성의 주위를 도는 천체.

인공위성 人工衛星
| 人 사람 **인** | 工 물건 만들다 **공** | 衛 지키다 **위** | 星 별 **성** |

사람이 만들어 지구에서 지구 밖으로 쏘아 올려 지구 둘레를 돌게 하는 천체.

행성 行星
| 行 다니다 **행** | 星 별 **성** |

태양의 주위를 도는 지구·금성 등 9개의 별.

소행성 小行星
| 小 작다 **소** | 行 다니다 **행** | 星 별 **성** |

화성과 목성 사이의 궤도(항상 가는 일정한 길)에서 태양의 둘레를 도는 무수히 많은 작은 행성.

유성 流星

| 流 흐르다 류 | 星 별 성 |

우주 공간에 떠돌다가 자기 궤도에서 벗어나 지구의 대기권(지구를 둘러싸고 있는 기체의 범위) 안으로 들어와 타면서 빛을 내는 천체의 파편(깨진 조각). = 별똥별.

혜성 彗星
| 彗 쓸다, 꼬리별 혜 | 星 별 성 |

밝고 긴 꼬리를 끌며 밤하늘에 나타났다가 사라지는 천체.

○③④

- 水性 사인펜과 油性 사인펜으로 종이에 각각 점을 찍읍시다.
- 특수 제작된 소품용 썩은 만두는 오래된 만두, 스태프들이 먹다 남긴 점심식사, 식용 色素 등으로 만들어졌다.

水 [水-총4획]
性 [心-총8획]
油 [水-총8획]
色 [色-총6획]
素 [糸-총10획]

수성 水性
| 水 물 수 | 性 성품, 성질 성 |

물에 녹기 쉬운 성질.

유성 油性
| 油 기름 유 | 性 성품, 성질 성 |

기름과 같은 성질.

색소 色素
| 色 색깔 색 | 素 바탕 소 |

색깔을 나타나게 하는 근본이 되는 물질.

○③⑤

- 동굴의 천장에 있는 석회암이 녹아 흘러내리다가 굳어 고드름 모양으로 된 것을 '鍾乳石'이라고 합니다.
- 석회암이 녹아 바닥에 떨어진 다음 굳은 것을 '石筍'이라고 합니다.
- 종유석과 석순이 이어져 기둥 모양으로 된 '石柱'도 생깁

鍾 [金-총17획]
乳 [乙-총8획]
石 [石-총5획]
筍 [竹-총12획]
柱 [木-총9획]

니다.

종유석 鍾乳石
| 鍾 종 **종** | 乳 젖 **유** | 石 돌 **석** |

동굴의 천장에 고드름처럼 달려 있는 돌.

석순 石筍
| 石 돌 **석** | 筍 죽순 **순** |

종유석에서 떨어진 액체가 굳어서 만들어진 죽순 모양의 돌.

석주 石柱
| 石 돌 **석** | 柱 기둥 **주** |

종유석과 석순이 만나면서 연결된 돌기둥.

①③⑥

- 地層이 어떻게 휘어지고 어긋나는지 알아 봅시다.
- 알제리에 대地震 발생해 2만여 명 사망.
- 현재까지 전 세계에서 발견된 공룡의 化石은 600여 종이나 된다.

地 [土-총6획]
層 [尸-총15획]
震 [雨-총15획]
化 [匕-총4획]
石 [石-총5획]

지층 地層
| 地 땅 **지** | 層 층 **층** |

자갈·모래·진흙·생물체 등이 물·얼음·눈·바람 등의 작용으로 쌓이면서 만들어진 층.

지진 地震
| 地 땅 **지** | 震 떨다 **진** |

화산의 활동이나 땅속의 갑작스런 변화로 땅이 흔들리거나 갈라지는 현상.

화석 化石
| 化 변화하다 **화** | 石 돌 **석** |

아주 오랜 옛날에 살았던 동식물이 땅속에 묻혀 돌로 변화된 것.

또는 동물의 발자국이나 기타의 흔적이 지층 속에 굳어진 채로 남아 있는 것.

⓪③⑦

- 이것이 바로 經線과 緯線이야. 경선은 지도에서 세로로 그어 놓은 선이고, 위선은 가로로 그어 놓은 선이지. 실제로는 그런 선이 없지만, 지구상의 여러 장소의 위치를 정확하게 나타내기 위해서 지도에 표시해 놓은 거야.
- 지구는 24시간에 대체로 360° 회전하므로, 經度는 각도 대신 시간으로 표시하는 일이 있다. 經度 15°는 1시간.
- 赤道는 緯度 0°이다.
- 육지는 赤道 남쪽보다 북쪽에 더 많다.
- 그의 눈길 속에는 먹이를 향한 北極곰의 '야성'이 그대로 살아 있다.
- 南極 대륙 횡단은 매순간 목숨을 걸어야 하는 생존 드라마다.

經 [糸—총13획]
線 [糸—총15획]
緯 [糸—총15획]
度 [广—총9획]
赤 [赤—총7획]
道 [辵—총13획]
北 [匕—총5획]
極 [木—총13획]
南 [十—총9획]

경선 經線 · 위선 緯線
| 經 날실, 세로 **경** | 緯 씨줄, 가로 **위** | 線 줄 **선** |

경선은 북극과 남극을 직선으로 연결한 상상의 선이고, 위선은 적도(赤道)와 나란하게 가로로 그은 상상의 선.

경도 經度 · 위도 緯度
| 經 날실, 세로 **경** | 緯 씨줄, 가로 **위** | 度 ~한 정도 **도** |

경도는 지구상의 위치를 나타내기 위해 세로로 그은 경선들이 각각 몇 도인가를 나타내는 숫자. 위도는 위선들이 몇 도인가를 나타내는 숫자.

적도 赤道
| 赤 붉다 **적** | 道 길 **도** |

위도의 기준이 되는, 위도 0°인 선.

북극 北極 · 남극 南極

| 北 북쪽 북 | 南 남쪽 남 | 極 끝 극 |

북극은 지구의 북쪽 끝. 남극은 지구의 남쪽 끝.

038

· 闊葉樹림이나 바위가 많은 곳에서도 삽니다.
· 다람쥐는 우리나라의 몇몇 섬을 빼고는 전국 어디에서나 삽니다. 주로 울창한 針葉樹림에서 많이 삽니다.

闊 [門－총17획]
葉 [艸－총13획]
樹 [木－총16획]
針 [金－총10획]

활엽수 闊葉樹
| 闊 넓다 활 | 葉 잎 엽 | 樹 나무 수 |

잎이 넓은 나무.

침엽수 針葉樹
| 針 바늘 침 | 葉 잎 엽 | 樹 나무 수 |

잎이 바늘처럼 생긴 나무.

039

· 페루는 일찍이 원주민인 인디언이 안데스 산지에 잉카 문명을 꽃피웠던 나라로, 지금도 높은 산지를 중심으로 도시가 발달한 高原의 나라이다.
· 넓은 平野가 있는 곳에서는 호우(줄기차게 내리 퍼붓는 큰 비) 피해가 많이 발생하였다.
· 우리나라의 도시들을 보면 盆地에 발달한 경우가 많다. 그 까닭은 무엇일까?

高 [高－총10획]
原 [厂－총10획]
平 [干－총5획]
野 [里－총11획]
盆 [皿－총9획]
地 [土－총6획]

고원 高原
| 高 높다 고 | 原 근원, 벌판 원 |

평야에 비하여 높은 산간에 펼쳐진 넓은 벌판.

평야 平野
| 平 평평하다 평 | 野 들판 야 |

아주 넓은 들.

분지 盆地
| 盆 동이 **분** | 地 땅 **지** |

산이나 높은 땅으로 둘러싸인 평평한 땅.
(동이 : 배가 부르고 아가리가 넓으며 키가 작고 양옆에 손잡이가 달린, 질그릇의 한 가지.)

◎④⓪

· 오른쪽 그림은 直六面體의 모양을 잘 알 수 있도록 하기 위해 평행인 모서리는 평행이 되게 그리고, 보이는 모서리는 實線으로, 보이지 않는 모서리는 點線으로 그린 것이다.
· 크기가 같은 정사각형 6개로 둘러싸인 도형을 正六面體라고 한다.

實 [宀-총14획]
線 [糸-총15획]
點 [黑-총17획]
六 [八-총4획]
面 [面-총9획]
體 [骨-총23획]
正 [止-총5획]
直 [目-총8획]

실선 實線
| 實 실제 **실** | 線 줄 **선** |

끊인 데가 없이 이어져 있는 선. ↔ 점선.

점선 點線
| 點 점 **점** | 線 줄 **선** |

점을 잇달아 찍어서 나타낸 선. ↔ 실선.

육면체 六面體
| 六 여섯 **륙** | 面 얼굴, 쪽 **면** | 體 몸 **체** |

여섯 개의 면을 가진 입체 도형.

정육면체 正六面體
| 正 바르다, 참으로 **정** | 六 여섯 **륙** | 面 얼굴, 쪽 **면** | 體 몸 **체** |

여섯 개의 면이 정사각형인 육면체.

직육면체 直六面體
| 直 곧다 **직** | 六 여섯 **륙** | 面 얼굴, 쪽 **면** | 體 몸 **체** |

여섯 개의 면이 직사각형이고, 마주 보는 세 쌍의 면이 각각 평행한 육면체.

041

- 다음 整數를 읽어라.
- 그림에서 2의 倍數에는 노란색, 3의 倍數에는 파란색을 칠하여라.

整 [攵-총16획]
數 [攵-총15획]
倍 [人-총10획]

정수 整數

| 整 가지런하다 **정** | 數 숫자 **수** |

양수(陽數 - '0' 보다 큰 수. 1, 2, 3 …)와 0, 음수(陰數 - '0' 보다 작은 수. -1, -2, -3 …)를 모두 가리키는 말.

배수 倍數

| 倍 곱절 **배** | 數 숫자 **수** |

어떤 수를 다른 수로 나누어 나머지 없이 떨어질 때의 앞의 수. 예를 들어, 4와 6은 2의 배수.

042

- 다음과 같은 방법으로 約數를 구하여라.
- 12와 18의 公約數 중에서 가장 큰 수는 6이다. 이때 6을 12와 18의 最大公約數라고 한다.
- 6과 9의 公倍數 중에서 가장 작은 수는 18이다. 이때 18을 6과 9의 最小公倍數라고 한다.

約 [糸-총9획]
數 [攵-총15획]
公 [八-총4획]
最 [曰-총12획]
大 [大-총3획]
倍 [人-총10획]
小 [小-총3획]

약수 約數

| 約 약속하다, 간추리다 **약** | 數 숫자 **수** |

어떤 수를 나누어 나머지가 없이 떨어지는 수.

공약수 公約數

| 公 여러 사람에 관계되는 일 **공** | 約 약속하다, 간추리다 **약** | 數 숫자 **수** |

2개 이상의 정수(整數), 또는 다항식에 공통인 약수.

최대공약수 最大公約數
| 最 가장 **최** | 大 크다 **대** | 公 여러 사람에 관계되는 일 **공** | 約 약속하다, 간추리다 **약** | 數 숫자 **수** |

2개 이상의 수의 공약수 중에서 가장 큰 것.

공배수 公倍數
| 公 여러 사람에 관계되는 일 **공** | 倍 곱절 **배** | 數 숫자 **수** |

2개 이상의 정수(整數)에 공통인 배수.

최소공배수 最小公倍數
| 最 가장 **최** | 小 작다 **소** | 公 여러 사람에 관계되는 일 **공** | 倍 곱절 **배** | 數 숫자 **수** |

2개 이상의 수의 공배수 가운데서 가장 작은 것.

ⓞ④③
- 分母와 分子를 그들의 公約數로 나누는 것을 約分한다고 한다.
- 分母와 分子의 公約數가 1뿐인 분수를 旣約分數라고 한다.
- 分水의 分母를 같게 하는 것을 通分한다고 하며, 通分한 분모를 共通分母라고 한다.

約 [糸—총9획]
分 [刀—총4획]
旣 [无—총11획]
數 [攵—총15획]
通 [辶—총11획]
共 [八—총6획]
母 [毋—총5획]

약분 約分
| 約 약속하다, 간추리다 **약** | 分 나누다 **분** |

분수의 분모와 분자를 공약수로 나누어 간단하게 하는 일.

기약분수 旣約分數
| 旣 이미, 다 없어지다 **기** | 約 약속하다, 간추리다 **약** | 分 나누다 **분** | 數 숫자 **수** |

분모와 분자 사이의 공약수가 1뿐이어서 더 이상 약분되지 않는 분수.

통분 通分
| 通 통하다 통 | 分 나누다 분 |

분모가 다른 분수의 분모를 같게 만드는 일.

공통분모 共通分母
| 共 함께 공 | 通 통하다 통 | 分 나누다 분 | 母 어머니, 같은 물건 중에서 크거나 무거운 것 모 |

여러 개의 서로 다른 분수를 크기가 변하지 않게 통분한 분모.

ⓞ④④

· 학년말 성적에 대한 度數로 分布表를 확인할 수 있다.

度 [广–총9획]
數 [攵–총15획]
分 [刀–총4획]
布 [巾–총5획]
表 [衣–총8획]

도수 분포표 度數分布表
| 度 ~한 정도, 번 도 | 數 숫자 수 | 分 나누다 분 | 布 베, 널리 펴다 포 | 表 겉, 사항을 열거하여 한눈에 볼수 있게 만든 표 표 |

통계 자료를 몇 개의 계급으로 나누고, 각 계급에 속한 자료의 수를 조사하여 나타낸 표.

ⓞ④⑤

· 오페라는 聲樂, 管絃樂 반주, 의상, 무대 배경, 무용이 조화를 이룬 고전적인 음악극입니다.
· 놀람 交響曲.
· 다음 주제를 다양하게 변화시켜 變奏曲을 만들어 봅시다.
· 序曲은 오페라를 시작할 때 연주하는 管絃樂으로, 이 곡은 네 부분으로 나누어집니다.

聲 [耳–총17획]
樂 [木–총15획]
管 [竹–총14획]
絃 [糸–총11획]
交 [亠–총6획]
響 [音–총22획]
曲 [曰–총6획]
變 [言–총23획]
奏 [大–총9획]
序 [广–총7획]

성악 聲樂
| 聲 소리 성 | 樂 즐겁다 락 / 음악 악 |

사람의 목소리로 표현하는 음악.

관현악 管絃樂

| 管 대롱 관 | 絃 악기 줄 현 | 樂 즐겁다 락 / 음악 악 |

여러 가지의 관악기 · 현악기 · 타악기를 조화시킨 대규모의 합주.

교향곡 交響曲
| 交 사귀다, 서로(동시에) 교 | 響 울리다 향 | 曲 휘다, 가락 곡 |

관현악을 위하여 4악장으로 만든 악곡.

변주곡 變奏曲
| 變 변하다 변 | 奏 아뢰다, 연주하다 주 | 曲 휘다, 가락 곡 |

주제의 리듬 · 선율 · 화음 등을 여러 가지 방법으로 변화시켜서 전체를 하나의 악곡으로 만든 것.

서곡 序曲
| 序 차례, 처음 서 | 曲 휘다, 가락 곡 |

오페라 · 모음곡 · 발레곡 등의 첫머리에 연주되는 기악곡.

ⓞⓐⓑ

· 吹打는 大吹打의 가락을 관현합주곡으로 바꾸어 연주하는 곡입니다.

吹 [口-총7획]
打 [手-총5획]
大 [大-총3획]

취타 吹打
| 吹 불다 취 | 打 때리다 타 |

옛날 우리나라 군대에서 관악기와 타악기로 연주하던 음악.

대취타 大吹打
| 大 크다 대 | 吹 불다 취 | 打 때리다 타 |

임금이 행차할 때나 군대가 행진할 때 징 · 자바라 · 장구 등의 타악기와 나발 · 태평소 등의 관악기로 연주하던 우리나라의 전통 음악.

ⓞ④⑦

- 다른 악기로 연주되는 '散調'를 듣고 악기의 음색을 비교해 봅시다.
- 唱劇은 여러 사람이 배역을 나누어 이야기를 표현하는 음악 곡입니다.

散 [攵-총12획]
調 [言-총15획]
唱 [口-총11획]
劇 [刂-총15획]

산조 散調
| 散 흩어지다, 곡조 이름 **산** | 調 조절하다, 가락 **조** |

가야금·거문고·대금 등을 장구의 반주로 연주하는, 우리 고유의 기악 독주 음악. 처음에는 느리게 시작하였다가 점점 빠르게 변함.

창극 唱劇
| 唱 노래하다 **창** | 劇 연극 **극** |

창(唱)을 중심으로 극적인 대화가 이루어지는 민속극.

ⓞ④⑧

- 여러 가지 다색 版畫의 방법으로 표현하여 봅시다.
- 水墨畫와 彩色畫의 재료, 표현 방법 등을 살펴보며, 특징이 무엇인지 이야기하여 봅시다.

版 [片-총8획]
畫 [田-총13획]
水 [水-총4획]
墨 [土-총15획]
彩 [彡-총11획]
色 [色-총6획]

판화 版畫
| 版 널빤지 **판** | 畫 그림 **화** |

나무나 금속, 돌 등으로 된 판에 그림을 새긴 다음, 그 위에 물감을 묻혀 종이나 천에 찍어 낸 그림.

수묵화 水墨畫
| 水 물 **수** | 墨 먹 **묵** | 畫 그림 **화** |

동양화에서, 먹물의 짙고 옅음을 조화시켜 그린 그림.

채색화 彩色畫
| 彩 무늬, 색칠하다 **채** | 色 색깔 **색** | 畫 그림 **화** |

색을 칠해서 그린 그림.

◎④⑨
· 친구들과 함께 공을 사용하여 던지기, 받기, 차기, 멈추기, 이어 주기, 빼앗기, 넣기 등의 球技 활동을 하여 봅시다.

球 [玉-총11획]
技 [手-총7획]

구기 球技
| 球 공 **구** | 技 재주 **기** |

공을 사용하는 운동 경기.

◎⑤◎
· 投砲丸에 쓰는 砲丸은 작지만 무겁다.

投 [手-총7획]
砲 [石-총10획]
丸 [丶-총3획]

투포환 投砲丸 = 포환던지기 砲丸던지기
| 投 던지다 **투** | 砲 대포 **포** | 丸 알 **환** |

지름 2.135미터의 원 안에서 대포의 탄알 같은 쇠로 만든 공을 한 손으로 쥐고 멀리 던져 그 거리를 겨루는 육상 경기의 하나.

◎⑤①
· 自由型에서 발차기는 몸을 물 위로 띄우고 앞으로 나아가게 하는 데에 매우 중요한 역할을 합니다.
· 이렇게 개구리처럼 헤엄치는 방법을 平泳이라고 합니다.
· 그녀는 개인 背泳, 蝶泳, 개인 혼영(混泳)에서 3개의 금메달을 목에 걸었다

自 [自-총6획]
由 [田-총5획]
型 [土-총9획]
平 [干-총5획]
泳 [水-총8획]
背 [肉-총9획]
蝶 [虫-총15획]

자유형 自由型
| 自 스스로 **자** | 由 말미암다 **유** | 型 기본 틀 **형** |

두 손으로 번갈아 물을 끌어당기며 물장구질을 하면서 나아가는 수영법.

평영 平泳
| 平 평평하다 **평** | 泳 헤엄치다 **영** |

개구리가 헤엄치듯, 엎드린 자세로 팔과 다리를 오므렸다 폈다 하면서 헤엄치는 수영법.

배영 背泳

| 背 등지다 배 | 泳 헤엄치다 영 |

물 위에 반듯이 누운 자세로 양팔을 휘저어 물을 밀면서 헤엄치는 수영법.

접영 蝶泳

| 蝶 나비 접 | 泳 헤엄치다 영 |

허리 운동과 함께 발 등으로 물을 세차게 차 내리면서 윗몸을 일으켜 양팔을 나비처럼 휘젓는 수영법.

052

· 힘든 일을 하거나 오랫동안 운동을 할 때에는 筋力과 筋持久力이 필요합니다.

筋 [竹-총12획]
力 [力-총2획]
持 [手-총9획]
久 [丿-총3획]

근력 筋力

| 筋 힘줄 근 | 力 힘 력 |

근육이 오그라들면서 생기는 힘.

근지구력 筋持久力

| 筋 힘줄 근 | 持 가지다, 버티다 지 | 久 오래되다 구 |
| 力 힘 력 |

어떤 일을 오래 해 낼 수 있는 근육의 힘.

053

· 心肺 지구력 운동의 종류를 알아 보고, 운동 방법을 익혀 봅시다.

· 신체 구성을 측정하는 방법 가운데 비교적 간편한 것으로써 우리 몸의 여러 부위에 있는 皮下脂肪의 두께를 측정하는 방법이 있습니다.

心 [心-총4획]
肺 [肉-총8획]
皮 [皮-총5획]
下 [一-총3획]
脂 [肉-총10획]
肪 [肉-총8획]

심폐 心肺

| 心 마음, 심장 심 | 肺 허파 폐 |

심장과 폐.

피하지방 皮下脂肪
| 皮 가죽 피 | 下 아래 하 | 脂 기름 지 | 肕 기름 방 |
척추동물의 살갗 밑에 층을 이루고 있는 기름 덩어리.

034
· 남자와 여자의 가장 큰 차이는 生殖器의 차이로, 이를 제 1차 성징이라고 합니다.

生 [生–총5획]
殖 [歹–총12획]
器 [口–총16획]

생식기 生殖器
| 生 살다, 낳다 생 | 殖 번식하다 식 | 器 그릇, 기구 기 |
생물이 번식하기 위해 사용하는 몸의 기관.

035
· 청소년기에 들어서면서 남자나 여자는 모두 몸매가 변화하기 시작하고, 生理 현상에도 차이가 나타납니다. 이러한 生理 현상을 月經이라고 하는데, 이는 자신의 몸이 어머니가 될 수 있게 되었음을 뜻합니다.
· 여자의 생식 기관은 卵巢, 子宮, 질(膣) 등으로 이루어져 있습니다. 卵巢는 여성 호르몬을 배출하는 곳입니다.
· 여성의 경우 골반 초음파를 통해 卵巢, 卵管, 子宮의 기형이나 종양이 있는지 알 수 있다.
· 사춘기에 들어서면서 자궁 양쪽에 하나씩 있는 두 개의 卵巢에서 한 달에 한 번씩 번갈아 가며 卵子가 만들어집니다.
· 질염이나 尿道 및 방광, 신장의 염증도 역시 급성 통증의 원인이다.
· 사춘기에 들어서면서 子宮 양쪽에 하나씩 있는 두 개의 卵巢에서 한 달에 한 번씩 번갈아 가며 卵子가 만들어지고, 만들어진 卵子는 子宮으로 들어갑니다. 이러한 현상을 排卵이라고 합니다.

生 [生–총5획]
理 [玉–총11획]
月 [月–총4획]
經 [糸–총13획]
卵 [卩–총7획]
巢 [巛–총11획]
子 [子–총3획]
宮 [宀–총10획]
管 [竹–총14획]
尿 [尸–총7획]
道 [辵–총13획]
排 [手–총11획]

생리 生理
| 生 살다 **생** | 理 이치 **리** |

생물체가 살아가기 위해 가지는 작용과 기능.

월경 月經
| 月 달 **월** | 經 날실, 월경 **경** |

사춘기(思春期) 이후부터 50살 전후의 여성의 자궁에서 매달 일정한 기간 동안 피가 나오는 현상.

난소 卵巢
| 卵 알 **란** | 巢 집 **소** |

난자를 만들고 호르몬을 분비하는, 동물의 암컷에 있는 생식 기관.

자궁 子宮
| 子 아들, 자식 **자** | 宮 궁궐, 집 **궁** |

아기가 생겨 태어날 때까지 자라는, 여자 몸속의 기관.

난관 卵管
| 卵 알 **란** | 管 대롱 **관** |

난자를 자궁으로 운반하는 나팔 모양의 관.

난자 卵子
| 卵 알 **란** | 子 아들, 씨 **자** |

성숙한 여자의 몸속에서 약 한 달에 한 번씩 생기는 생식 세포.

요도 尿道
| 尿 오줌 **뇨** | 道 길 **도** |

오줌을 방광으로부터 몸 밖으로 내보내는 관.

배란 排卵
| 排 밀어내다 **배** | 卵 알 **란** |

난자가 성숙하여 난소에서 배출됨.

056

- 남자의 생식 기관은 睾丸, 副睾丸, 精管, 陰莖, 陰囊 등으로 이루어져 있습니다.
- 질은 임신을 위해 精子가 들어가는 통로이며, 장차 아기가 나오는 곳입니다.
- 간혹 잠자는 동안에 자기도 모르게 사정하는 경우가 있는데, 이를 夢精이라고 합니다.

睾 [目－총14획]
丸 [ヽ－총3획]
副 [刀－총11획]
精 [米－총14획]
管 [竹－총14획]
陰 [阜－총11획]
莖 [艸－총11획]
囊 [口－총22획]
子 [子－총3획]
夢 [夕－총14획]

고환 睾丸
| 睾 불알 **고** | 丸 알 **환** |

포유 동물 중 수컷이 정자를 만들고 남성 호르몬을 분비하는 생식 기관.

부고환 副睾丸
| 副 다음 **부** | 睾 불알 **고** | 丸 알 **환** |

고환에서 만들어진 미성숙한 정자를 완전히 성숙시켜 일시적으로 저장하는 구실을 하는 기관.

정관 精管
| 精 자세하다, 정자 **정** | 管 대롱 **관** |

고환에서 만들어진 정자를 정낭(정자 저장 주머니)으로 보내는 가느다란 관.

음경 陰莖
| 陰 그늘, 생식기 **음** | 莖 줄기 **경** |

남자의 몸 밖에 나온 생식기. ↔ 음문(陰門).

음낭 陰囊
| 陰 그늘, 생식기 **음** | 囊 주머니 **낭** |

불알을 싸고 있는, 주머니처럼 생긴 부분.

정자 精子
| 精 자세하다, 정자 **정** | 子 아들, 씨 **자** |

성숙한 남자의 몸속에 생기는 생식 세포.

몽정 夢精
| 夢 꿈 몽 | 精 자세하다, 정자 정 |

성숙한 남자가 꿈에 쾌감을 얻으면서, 정액을 음경 밖으로 내보내는 일.

고사성어

고사성어(故事成語)는 글자 그대로 옛날에[故] 있었던 일을[事] 짧은 말로[語](흔히 4자로) 만든 [成] 것입니다. 그래서 성어의 의미를 정확하게 파악하려면 고사를 알아야 합니다. 예를 들어 어부지리(漁父之利)를 글자대로 풀이하면 '어부의 이익'이란 뜻입니다. 그러나 이 이야기의 유래를 알지 못하면 왜 '제삼자가 이익을 얻을 때' 쓰는 표현인지 이해할 수 없습니다. 어부지리는,

> 조개 한 마리가 껍질을 벌려 살을 내놓고 햇볕을 쬐고 있을 때, 도요새가 날아와 조개의 살을 쪼자 조개는 껍질을 닫아서 도요새의 부리를 물었다. 둘이 물고 물리어 서로 버티고 있을 무렵 어부가 나타나 모두 잡아 버렸다.

는 고사에서 유래했습니다. 그래서 둘이 다투다가 엉뚱한 사람이 이익을 챙길 때, 이를 줄여서 어부지리라는 표현을 씁니다.

고사성어를 많이 알면 고사를 통해 교훈을 얻을 수도 있고, 또한 고사와 비슷한 상황을 성어로 간단하게 말할 수 있어서 좋습니다.

여기서는 수많은 고사성어 중에 초등학교 6학년 학생이 알아야 할 것을 뽑았습니다. 단, 고사를 모르더라도 한자 풀이만으로 그 의미를 파악할 수 있는 고사성어는 빼고, 어부지리(漁父之利)처럼 고사를 반드시 알아야 무슨 의미인지 파악할 수 있는 고사성어만 실었습니다.

001

결초보은 結草報恩
풀잎을 엮어서 은혜를 갚음. 즉 죽어서도 은혜를 갚음.

結 맺다, 묶다 결
草 풀 초
報 갚다 보
恩 은혜 은

위과라는 사람의 아버지가 평소에 첩을 재혼시키라는 유언을 했다가 죽기 바로 전에 무덤에 함께 묻어 달라는 유언을 남겼다. 이에 위과는 앞의 유언을 따라 새로 결혼시켰는데, 위과가 싸움터에 나갔을 때, 그 첩의 아버지의 혼령이 적군 장수의 앞길에 풀을 묶어 넘어뜨리는 바람에 공을 세울 수 있도록 하였다는 고사에서 유래함.

002

기우 杞憂
기나라 사람의 근심. 쓸데없는 걱정.

杞 나라 이름 기
憂 근심 우

기(杞)라고 하는 조그만 나라에 하늘이 무너지고, 땅이 꺼지면 어떻게 할 것인가를 걱정하여 밤에 잠도 못 자고 음식도 먹지 못하는 사람이 있었다. 이에 그의 현명한 친구가 "하늘은 기(氣)가 빈틈없이 쌓인 것이라 무너지지 않고, 땅은 흙이 빈틈없이 쌓여 만들어진 것이라 꺼지지 않는다"라고 말해 주자, 기나라 사람은 걱정을 하지 않게 되었다는 고사에서 유래함.

003

등용문 登龍門
오르면 용이 되는 문. 출세의 어려운 관문.

登 오르다 등
龍 용 룡
門 문 문

물고기가 중국 황하(黃河) 상류의 급류를 이룬 곳인 용문(龍門)을 오르면 용이 된다는 전설에서 유래함.

004

맹모삼천지교 孟母三遷之敎
맹자 어머니가 자식의 교육을 위해 세 번 이사한 가르침. 교육에서 환경이 중요함.

孟 성씨 맹
母 어머니 모
三 셋 삼
遷 옮기다 천
之 ~의, ~하는 지
敎 가르치다 교

맹자가 공동묘지 근처에 살 때 곡(哭)하는 흉내를 내자 시장 근처로 이사를 갔으나, 그곳에서는 장사 흉내를 내자 이번에는 서당으로 이사를 하였고, 그 후에는 맹자가 공부를 열심히 하였다는 고사에서 유래함.

005

모순 矛盾
창과 방패. 말이나 행동의 앞뒤가 서로 맞지 않음.

矛 창 모
盾 방패 순

창과 방패를 파는 사람이, 자신의 창은 모든 물건을 다 뚫고, 자신의 방패를 뚫는 물건은 없다고 하자, 구경하던 어떤 사람이 그 창으로 그 방패를 뚫어 보라고 하자 아무 말도 못했다는 고사에서 유래함.

006

배수진 背水陣
물을 등지고 치는 진. 어떤 일에 죽기를 각오하고 정면으로 맞섬.

背 등지다 배
水 물 수
陣 진치다 진

한신이 조(趙)나라를 칠 때, 병사들로 하여금 강물을 등지는 진을 치게 하였는데, 이는 병법과 반대되는 내용이었지만 결국 승리하였다. 한신의 부하 장수들이 이를 의아해 하자, 병법에 '죽을 땅에 빠뜨려 두어야 사는 길이 있다'고 한 내용을 응용했다고 대답했다는 고사에서 유래함.

007

백미 白眉
흰 눈썹. 여럿 가운데서 가장 뛰어남.

白 희다 백
眉 눈썹 미

마량의 형제는 다섯 사람이었는데, 모두 재주가 있어 유명했으나 그 중에서도 마량이 가장 뛰어났다. 그런데 마량의 눈썹 속에 흰털이 섞여 있었기 때문에 그를 백미(白眉)라고 불렀다는 고사에서 유래함.

008

사면초가 四面楚歌
사방에서 초나라의 노래가 들림. (모두 적으로 둘러싸여) 누구의 도움도 받을 수 없는 상황.

四 넷 사
面 얼굴, 쪽 면
楚 나라 이름 초
歌 노래 가

항우는 한신이 이끄는 연합군에게 쫓기다가 포위를 당하였다. 이에 장량은 초나라 군사의 사기를 떨어뜨리려고 사로잡은 초나라 군사들에게 밤에 초나라 노래를 부르도록 했다. 포위된 초나라 군사들은 어두운 틈을 타서 도망쳤고, 항우도 전세가 더욱 악화되자 기병 800명을 이끌고 포위를 뚫었으나 결국 오강에서 장렬한 최후를 마쳤다는 고사에서 유래함.

009

사족 蛇足
뱀을 그리는 데 뱀에게 없는 발까지 더함. 안 해도 될 쓸데없는 일을 하다가 도리어 일을 그르침.

蛇 뱀 사
足 발 족

초나라에 어떤 사람이 제사를 지낸 후 하인들에게 술을 주었는데, 여러 사람이 먹기에는 부족하고 한 사람이 먹기엔 여유가 있었다. 이에 한 하인의 제안으로 땅바닥에 가장 먼저 뱀을 그리는 사람이 술을 모두 마시기로 했다. 시합이 시작되고, 맨 처음 뱀을 그린 하인이 있었는데 시간이 남아 뱀의 발까지 그렸다가, 뱀엔 발이 없다는 이유로 술을 못 먹게 되었다는 고사에서 유래함.

010

새옹지마 塞翁之馬
변방 늙은이의 말. 인생의 길흉화복은 일정하지 않아 예측할 수 없으니 재앙도 슬퍼할 게 못 되고 복도 기뻐할 게 없음.

塞 변방 새
翁 늙은이 옹
之 ~의 지
馬 말 마

변방에 사는 한 노인의 말이 집을 나가서 불행해지는 듯했으나, 다시 다른 말과 함께 들어와서 새끼까지 낳아 행운인 줄 알았다. 그러나 노인의 아들이 말타기를 하다 다리뼈가 부러졌는데, 전쟁에 나가지 않아 목숨을 부지할 수 있었다는 고사에서 유래함.

011

어부지리 漁父之利
고기 잡는 사람의 이익. 둘이 다투고 있는 동안 제삼자가 취하는 이익.

漁 고기 잡다 어
父 아버지, ~일을 하는 사람 부
之 ~의 지
利 이롭다 리

조개 한 마리가 껍질을 벌려 살을 내놓고 햇볕을 쬐고 있을 때, 도요새가 날아와 조개의 살을 쪼자 조개는 껍질을 닫아서 도요새의 부리를 물었다. 둘이 물고 물리어 서로 버티고 있을 무렵 어부가 나타나 모두 잡아 버렸다는 고사에서 유래함.

012

오십보백보 五十步百步
오십 걸음 백 걸음. 양적인 차이만 있을 뿐 질적인 차이는 없음.

五 다섯 오
十 열 십
步 걷다 보
百 백 백

전쟁에서 오십 걸음 도망간 병사가 백 걸음 도망간 병사를 비웃었다는 고사에서 유래함.

013

우공이산 愚公移山
우공이 산을 옮김. 어떤 일이라도 끊임없이 노력하면 반드시 이루어짐.

愚 어리석다 우
公 여러 사람에 관계되는 일,
   사람을 높이어 이르는 말 공
移 옮기다 이
山 산 산

아흔을 넘긴 우공이라는 사람은 집 앞에 있는 두 큰 산 때문에 생활에 불편을 겪자, 가족과 함께 산을 먼 곳으로 옮기기로 작정했다. 동네에 지수라는 노인은 우공을 어리석다며 비웃었다. 이에 우공은 '자자손손 산을 옮기다 보면 언젠가는 작아진다'고 말하자, 지수는 할 말을 잊었고, 하늘은 우공의 끈질긴 정성에 감동되어 산을 옮겨 주었다는 고사에서 유래함.

014

조삼모사 朝三暮四

아침에 세 개, 저녁에 네 개. 간사한 잔꾀로 남을 속임. 또는 눈앞의 이익에 어두워져 상황을 올바로 파악하지 못하는 어리석음.

朝 아침 조
三 셋 삼
暮 저물다 모
四 넷 사

송나라의 저공이라는 사람이 가세가 기울자 자신이 기르고 있는 원숭이에게 도토리를 아침에 세 개, 저녁에 네 개를 주겠다고 하자 원숭이들이 화를 냈다. 이를 본 저공이 아침에 네 개, 저녁에 세 개를 주겠다고 말을 바꾸니 원숭이들이 모두 기뻐했다고 하는 고사에서 유래함.

015

조장 助長

싹을 뽑아서 자라는 것을 도움. 순리대로 하지 않고 억지로 하다가 도리어 일을 망침.

助 돕다 조
長 길다, 자라다 장

송나라 사람 중에 벼싹이 자라지 못함을 안타깝게 여겨 벼싹을 손으로 뽑아 올린 뒤 집에 와서 자랑하던 사람이 있었는데, 잠시 후에 벼싹이 모두 바싹 말라 죽었다는 고사에서 유래함.

016

홍일점 紅一點

붉은 하나의 점. 많은 남자들 중에 낀 한 여자.

紅 붉다 홍
一 하나 일
點 점 점

왕안석의 〈석류시〉에 '온통 푸른 잎 가운데 하나의 붉은 점, 사람을 움직이는 봄빛이 꼭 많을 필요는 없으리' 라는 시구에서 유래하였는데, 여기서 푸른 잎은 남성을, 붉은 점은 여성을 상징함.

속담 · 격언

1. 속담(俗談)

속담은 옛날부터 주로 일반 백성들 사이에서[俗] 널리 퍼져, 지금까지 전해온 짧은 말[談]이며, 교훈적인 내용을 빗대어 나타낸 것이기 때문에 자신의 뜻을 상대방에게 전하기가 쉽습니다. 여기서는 일상 언어 생활에 자주 쓰이는 한문 속담만을 소개하겠습니다. '無足之言 飛于千里(무족지언 비우천리)' 처럼 '발 없는 말이 천 리 간다' 는 말을 한문으로 바꾼 것도 있지만, 현재 거의 쓰이지 않는 표현은 뺐습니다.

2. 격언(格言)

격언은 '바로잡아 주는[格] 말[言]' 이라는 뜻입니다. 즉 세상을 바르게 살아가는 데 필요한 지혜와 교훈이 되는 짧은 말이며, 대개 성인이나 위인이 남긴 말들입니다. 여기서는 속담과 마찬가지로 한문으로 자주 표현되는 짧은 말들을 주로 뽑았습니다.

001

거안사위 居安思危
편안하게 살 때일수록 위태로움을 생각해야 함.

居 (~에) 살다 거
安 편안하다 안
思 생각하다 사
危 위태하다 위

002

견리사의 見利思義
눈앞의 이익을 보면 취하는 것이 옳은지를 먼저 생각해야 함.

見 보다 견
利 이롭다 리
思 생각하다 사
義 옳다 의

003

결자해지 結者解之
묶은 사람이 풀어야 하는 것처럼, 자기가 저지른 일은 자기가 해결해야 함.

※ 본래 속담 – 뿌린 놈이 거둔다. 동여맨 놈이 풀어라.

結 맺다, 묶다 결
者 사람 자
解 풀다 해
之 ~의, 그것 지

004

교학상장 教學相長
직접 가르치는 일도 배우는 것과 함께 서로 학업을 신장시키는 중요한 방법임.

敎 가르치다 교
學 배우다 학
相 서로 상
長 길다, 자라다 장

005

대기만성 大器晚成
큰 그릇은 늦게 이루어 짐. 즉 큰 인물이 될 사람은 오랜 시간의 꾸준한 노력으로 이루어짐.

大 크다 대
器 그릇 기
晚 늦다 만
成 이루다 성

006

등하불명 燈下不明
등잔 아래가 밝지 않음.

※본래 속담 – 등잔 밑이 어둡다.

燈 등불 등
下 아래 하
不 ~하지 않다 불
明 밝다 명

007

사필귀정 事必歸正
모든 일은 반드시 바른 데로 돌아감. 즉 좋은 일을 하면 나중에 반드시 복을 받고, 나쁜 짓을 하면 나중에 반드시 벌을 받음.

事 일 사
必 반드시 필
歸 돌아가다 귀
正 바르다 정

008

살신성인 殺身成仁
자신을 희생하여 인을 이룸, 즉 남을 도움.

殺 죽이다 살
身 몸 신
成 이루다 성
仁 어질다 인

009

선공후사 先公後私
여러 사람과 관련된 일을 먼저하고 개인의 일은 나중에 함.

先 먼저 선
公 여러 사람에 관계되는 일 공
後 뒤 후
私 개인 사

010
소탐대실 小貪大失
조그만 탐욕을 부리다가 도리어 큰 손실을 부름.

小 작다 소
貪 탐하다 탐
大 크다 대
失 잃다 실

011
신상필벌 信賞必罰
공이 있는 사람에게는 반드시 상을 주고, 죄가 있는 사람에게는 반드시 벌을 줌.

信 믿다, 반드시 신
賞 상주다 상
必 반드시 필
罰 벌주다 벌

012
신토불이 身土不二
몸과 흙은 둘이 아님. 즉 자기 땅에서 난 곡물이 자기 몸에 가장 좋음.

身 몸 신
土 흙 토
不 ~하지 않다, 아니다 불
二 둘 이

013
십시일반 十匙一飯
열 사람의 밥에서 한 숟가락씩 모으면 한 그릇의 밥이 됨. 즉 여러 사람이 조금씩 도우면 한 사람 구제하기는 쉬움.

十 열 십
匙 숟가락 시
一 하나 일
飯 밥 반

014
아전인수 我田引水
자신의 밭으로 물을 끌어 옴. 즉 자기에게 이롭게 말하거나 행동함.

※본래 속담 – 제 논에 물 대기

我 나 아
田 밭 전
引 당기다 인
水 물 수

015
안분지족 安分知足
분수를 편안히 여겨 지키고 만족할 줄 앎.

安 편안하다 안
分 나누다, 신분 분
知 알다 지
足 발, 넉넉하다 족

016
안빈낙도 安貧樂道
가난을 편하게 여기고, 도를 즐겁게 여김.

安 편안하다 안
貧 가난하다 빈
樂 즐기다 락
道 길, 도리 도

017
언행일치 言行一致
말과 행동이 일치함.

言 말씀 언
行 다니다, 행하다 행
一 하나 일
致 (~에) 이르다 치

018
역지사지 易地思之
상대와 처지를 바꾸어 놓고 그쪽도 생각함.

易 바꾸다 역
地 땅, 처지 지
思 생각하다 사
之 ~의, 그것 지

019
오비이락 烏飛梨落
까마귀가 날자 배가 떨어짐. 즉 우연한 일치로 남에게 오해를 받음

※ 본래 속담–까마귀 날자 배 떨어진다

烏 까마귀 오
飛 날다 비
梨 배나무 리
落 떨어지다 락

020
온고지신 溫故知新
옛 것을 익혀서 그것을 미루어 새로운 것을 앎.

溫 따뜻하다, 익히다 온
故 옛 고
知 알다 지
新 새롭다 신

021
외유내강 外柔內剛
겉으로는 부드럽고 순하나, 속은 곧고 꿋꿋함.

外 바깥 외
柔 부드럽다 유
內 안 내
剛 굳세다 강

022
우이독경 牛耳讀經
소의 귀에 대고 경전을 읽음. 즉 어리석은 사람에게 아무리 좋은 말을 해 주어도 이해하지 못함.

※본래 속담 – 쇠귀에 경 읽기

牛 소 우
耳 귀 이
讀 읽다 독
經 날실, 경전 경

023
유비무환 有備無患
미리 준비가 있으면 후환이 없음.

有 있다 유
備 갖추다 비
無 없다 무
患 근심 환

024
인과응보 因果應報
어떤 원인에 대한 결과는 마땅히 그에 상응하는 보답을 받게 됨.

因 원인 인
果 열매, 결과 과
應 응하다 응
報 갚다 보

025
인자무적 仁者無敵
어진 사람에게는 적이 없음.

仁 어질다 인
者 사람 자
無 없다 무
敵 싸울 상대 적

026
작심삼일 作心三日
마음 먹은 것이 삼 일 감. 한번 결심한 것이 오래 가지 못함.

作 만들다 작
心 마음 심
三 셋 삼
日 날 일

027
초지일관 初志一貫
처음의 뜻을 계속 하나로 꿰, 즉 끝까지 밀고 나감.

初 처음 초
志 뜻 지
一 하나 일
貫 꿰다 관

028

교 육　　국 가 백 년 지 대 계 야
敎育은 **國家百年之大計**也라
교육은 국가에서 백 년이라는 오랜 시간을 두고 세워야 할 큰 계획임.

敎 가르치다 교
育 기르다 육
國 나라 국
家 집 가
百 백 백
年 해 년　之 ~의 지
大 크다 대
計 (수를) 세다, 꾀하다 계
也 ~이다 야

029

농 자　　천 하 지 대 본
農者는 **天下之大本**이라.
농사라는 것은 천하의 큰 근본임.

農 농사 농
者 사람, ~것 자
天 하늘 천
下 아래 하
之 ~의 지
大 크다 대
本 근본 본

030

백 문 불 여 일 견
百聞不如一見
백 번 듣는 것이 한 번 보는 것만 같지 못함. 즉 무엇이든지 직접 경험을 해야 확실히 알 수 있음.

　*A 不如 B – A는 B같지 못하다. B가 더 낫다.

百 백 백
聞 듣다 문
不 ~하지 않다 불
如 같다 여　一 하나 일
見 보다 견

031

지 피 지 기　백 전 불 태
知彼知己 百戰不殆
적을 알고 자기를 알면 백 번 싸워도 위태롭지 않음. 즉 상대를 알고 자기를 알면 모든 싸움에서 이길 수 있음.

知 알다 지
彼 저 피
己 자기 기
百 백 백
戰 싸우다 전
不 ~하지 않다 불
殆 위태롭다 태

032

진 인 사 대 천 명
盡人事待天命
인간으로 할 수 있는 일에 최선을 다하고 그 후에는 하늘의 명을 기다림.

盡 다하다 진
人 사람 인
事 일 사
待 기다리다 대
天 하늘 천
命 목숨, 하늘의 뜻 명

쉬운 한문

 '쉬운 한문'이란, 길이가 길지 않고, 구조도 단순하며, 쉽게 이해할 수 있는 문장입니다. 여기서는 《명심보감(明心寶鑑)》에서 뽑은 문장을 통해 한문을 익히도록 하겠습니다. 한문 해석뿐만 아니라 문장 속에 담긴 훌륭한 뜻을 생활에 실천할 수 있도록 합시다.
 한문 해석을 잘 하기 위해서 다음 사항을 미리 알아 둡시다.

1. 한문은 의미의 흐름에 따라 문장을 적절히 끊어 읽을 수 있어야 합니다. 흔히 4자짜리 한문은 주로 2자씩 끊어 읽지만 다음에 나오는 문장들은 4자보다 더 긴 문장들입니다.
 예를 들어 〈孝於親子亦孝之 身旣不孝子何孝焉〉는 〈孝於親/子亦孝之 身旣不孝/子何孝焉〉으로 끊고, 〈孝於親이면 子亦孝之하나니 身旣不孝면 子何孝焉이리오〉라 읽어야 합니다. '~이면, ~하나니, ~면, ~이리오'라는 부분을 '토'라고 합니다. 이렇게 끊어 읽는 사이에 우리말 토를 넣는 이유는 딱딱한 문장을 자연스럽게 읽을 수 있으며, 암송이 쉬워지기 때문입니다. 이 문장의 해석은 〈내가 부모에게 효도하면 내 자식이 또한 나에게 효도하나니, 내가 이미 부모에게 효도하지 않는다면 내 자식이 어찌 나에게 효도하리오(하겠는가)?〉입니다.

2. 같은 한자라도 문장 속에서 다르게 해석되는 경우가 많습니다.
 가) 玉不琢이면 不成器하고 人不學이면 不知道니라.(옥은 다듬지 않으면 그릇을 이루지 못하고, **사람**은 배우지 않으면 도를 알지 못하느니라.)
 나) 聞人之過失이어든 如聞父母之名하여 耳可得聞이언정 口不可言也니라.(**남**의 과실을 듣거든 부모의 이름을 들은 것처럼 하여 귀로는 들을지언정 입으로는 말하지 말지니라.)

 가)에서 人은 '사람'으로 해석해야 하고, 나)에서 人은 '남, 다른 사람'이라 해석해야 합니다. 이처럼 한자 하나가 갖고 있는 여러 뜻을 익히기 위해서는 낱낱의 한자 뜻을 먼저 암기하기보다는 위와 같은 다양한 한문 문장을 자주 접하면서 차츰차츰 알아 가야 합니다. 앞서 교과서 한자 어휘를 전과목에 걸쳐 학습했는데, 교과서 한자 어휘를 통해 한자의 여러 뜻(다의성多義性)을 익히는 것도 좋은 방법입니다.

3. 해석에 따라 한자의 소리가 바뀌는 경우도 있습니다. '衆이 好之라도 必察焉하며 衆이 惡之라도 必察焉이니라'에서 '惡'은 흔히 '나쁘다, 악하다 악'이라고 외우고 해석하지만, 이 문장에서는 '미워하다'라고 해석해야 하기 때문에 '오'라고 읽어야 합니다. 이런 경우는 흔하지 않기 때문에, 따로 모아서 외울 필요는 없고 이 역시 한문 문장을 접하는 가운데 그때그때 알아 가면 됩니다.

①①①

어 아 선 자   아 역 선 지   어 아 악 자   아 역 선 지   아 기 어 인   무 악   인 능 어 아
於我善者도 我亦善之하고 於我惡者도 我亦善之니라 我旣於人에 無惡이면 人能於我에

무 악 재
無惡哉인저

나에게 선하게 하는 자에게도 나 또한 그에게 선하게 하고 나에게 악하게 하는 자에게도 나 또한 그에게 선하게 할 것이다. 내가 이미 남에게 악하게 함이 없으면 남도 나에게 악하게 함이 없을 것이다.

☞ 於~에 어 我 나 아 善 착하다 선 者 사람 자 亦 또 역 之 ~의, 그(것) 지 惡 악하다 악 旣 이미 기 人 사람, 다른 사람 인 無 없다 무 能 잘하다, 할 수 있다 능 哉 ~하도다 재

①①②

부 모 재   불 원 유   유 필 유 방
父母在어시든 不遠遊하며 遊必有方이니라

부모가 살아 계시거든 멀리 놀러 가지 말며, 놀러 갈 때에는 반드시 일정한 곳이 있어야 하느니라.

☞ 父 아버지 부 母 어머니 모 在 (~에) 있다 재 不 ~하지 않다, 하지 말라 불 遠 멀다 원 遊 놀다 유 必 반드시 필 有 있다 유 方 방향, 지역 방

①①③

문 인 지 과 실   여 문 부 모 지 명   이 가 득 문   구 불 가 언 야
聞人之過失이어든 如聞父母之名하여 耳可得聞이언정 口不可言也니라

남의 과실을 듣거든 부모의 이름을 들은 것처럼 여겨 귀로는 들을지언정 입으로는 말하지 말지니라.

☞ 聞 듣다 문 人 사람, 다른 사람 인 之 ~의 지 過 지나가다, 잘못 과 失 잃다, 잘못 실 如 같다 여 父 아버지 부 母 어머니 모 名 이름 명 耳 귀 이 可 옳다, 할 수 있다 가 得 얻다, 할 수 있다 득 口 입 구 不 ~하지 않다 불 言 말씀 언 也 ~이다 야

①①④

도 오 선 자   시 오 적   도 오 악 자   시 오 사
道吾善者는 是吾賊이요 道吾惡者는 是吾師니라

나의 선한 점을 말하는 자는 곧 나의 적이요, 나의 악한 점을 말하는 자는 곧 나의 스승이니라.

☞ 道 길, 말하다 도 吾 나 오 善 착하다 선 者 사람 자 是 옳다, 이에(이러하여 곧) 시 賊 도적 적 惡 악하다 악 師 스승 사

005

중 호지 필찰언 중 오지 필찰언
衆이 好之라도 必察焉하며 衆이 惡之라도 必察焉이니라

많은 사람이 그를 좋아하더라도 반드시 살펴 보아야 하며, 많은 사람이 그를 미워하더라도 반드시 살펴 보아야 하느니라.

☞ 衆많은사람중 好좋다 之~의,그(것)지 必반드시필 察살피다찰 焉어찌,~이다언 惡악하다악/미워하다오

006

지족자 빈천역락 부지족자 부귀역우
知足者는 貧賤亦樂이오 不知足者는 富貴亦憂니라

만족함을 아는 사람은 가난하고 천하여도 또한 즐겁고, 만족함을 알지 못하는 자는 부하고 귀하여도 또한 근심하느니라.

☞ 知알다지 足발,넉넉하다족 者사람 貧가난하다빈 賤천하다천 亦또역 樂즐겁다락 不~하지않다불/부 富넉넉하다부 貴귀하다귀 憂근심우

007

시은 물구보 여인 물추회
施恩이어든 勿求報하고 與人이어든 勿追悔하라

은혜를 베풀었거든 보답을 바라지 말고, 남에게 주었거든 뒤에 뉘우치지 말라.

☞ 施베풀다시 恩은혜은 勿하지말라물 求찾다,바라다구 報갚다보 與주다여 人사람,다른사람인 追쫓다추 悔뉘우치다회

008

인일시지분 면백일지우
忍一時之忿이면 免百日之憂이니라

한때의 분함을 참으면 백날의 근심을 면하느니라.

☞ 忍참다인 一하나일 時때시 之~의지 忿성내다분 免면하다면 百백백 日날일 憂근심우

009

옥불탁 불성기 인불학 부지도
玉不琢이면 不成器하고 人不學이면 不知道니라

옥은 쪼지 않으면 그릇을 이루지 못하고, 사람은 배우지 않으면 도를 알지 못하느니라.

☞ 玉옥옥 不~하지않다 불 琢(옥을)쪼다탁 成이루다성 器그릇기 人사람인 學배우다학 知알다지 道길,도리도

010

사 수 소   부 작   불 성   자 수 현   불 교   불 명
事雖小나 不作이면 不成이오 子雖賢이나 不敎면 不明이니라

일이 비록 작더라도 하지 않으면 이루지 못하고, 자식이 비록 어질더라도 가르치지 않으면 현명하지 못하니라.

☞ 事일사 雖비록수 小작다소 不~하지않다불/부 作만들다작 成이루다성 子아들,자식자 雖비록수 賢어질다현 敎가르치다교 明밝다명

011

현 이 다 재 즉 손 기 지   우 이 다 재 즉 익 기 과
賢而多財則損其志하고 愚而多財則益其過니라

어질면서 재물이 많으면 그 뜻을 잃고, 어리석으면서 재물이 많으면 그 잘못을 더하느니라.

☞ 賢어질다현   而말잇다이 : 여기서는 '그리고' 多많다다 財재물재   則법칙칙/~면 즉 損덜다,잃다손 其그기 志뜻지 愚어리석다우 益이롭다,더하다익 過지나가다,잘못 과

012

불 경 일 사   부 장 일 지
不經一事면 不長一智니라

한 가지 일을 겪지 않으면 한 가지 지혜가 자라지 않느니라.

☞ 不~하지않다불 經날실,겪다경 一하나일 事일사 不~하지않다불/부 長길다,자라다장 智지혜지

013

사 지 어 도 이 치 악 의 악 식 자   미 족 여 의 야
士志於道而恥惡衣惡食者는 未足與議也니라

선비가 도에 뜻을 두면서 나쁜 옷과 나쁜 음식을 부끄러워하는 자와는 더불어 의논할 수 없느니라.

☞ 士선비사 志뜻지 於~에어 道길,도리도 而말잇다이 : 여기서는 '그리고' 恥부끄럽다치 惡악하다,나쁘다악 衣옷의 食먹다,밥식 者사람자 未아직~않다,없다미 足발,할수있다족 與주다,더불다여 議의논하다의 也~이다야

014

대부　유천　소부　유근
大富는 由天하고 小富는 由勤이니라

큰 부자는 하늘에 달려 있고, 작은 부자는 부지런한 데 달려 있느니라.

🕮 大 크다 대　富 넉넉하다 부　由 말미암다 유　天 하늘 천　小 작다 소　勤 부지런하다 근

015

성가지아　　석분여금　　패가지아　　용금여분
成家之兒는 惜糞如金하고 敗家之兒는 用金如糞이니라

집안을 이루는 아이는 똥도 돈과 같이 아끼고, 집안을 망치는 아이는 돈을 똥과 같이 쓰느니라.

🕮 成 이루다 성　家 집 가　之 ~의, ~하는 지　兒 아이 아　惜 아깝다 석　糞 똥 분　如 같다 여　金 쇠, 돈 금　敗 패하다, 무너지다 패　用 (물건을) 쓰다 용

016

수지청즉무어　　인지찰즉무도
水至淸則無魚하고 人至察則無徒니라

물이 지극히 맑으면 고기가 없고, 사람이 지극히 살피면 따르는 무리가 없느니라.

🕮 水 물 수　至 지극하다 지　淸 맑다 청　則 법칙 칙 / ~면 즉　無 없다 무　魚 물고기 어　人 사람 인　察 살피다 찰　徒 무리 도

017

위정지요　왈공여청　　성가지도　왈검여근
爲政之要는 曰公與淸이요 成家之道는 曰儉與勤이라

정치하는 데 중요한 것은 '공평함과 청백함' 이요, 집을 이루는 방법은 '검소함과 부지런함' 이니라.

🕮 爲 하다 위　政 정치 정　之 ~의, ~하는 지　要 중요하다 요　曰 말하기를 왈　公 여러 사람에 관계되는 일, 공평하다 공　與 주다, ~와 여　淸 맑다, 청렴하다 청　成 이루다 성　家 집 가　道 길, 도리 도　儉 검소하다 검　勤 부지런하다 근

018

군자유용이무례　위난　　소인유용이무례　위도
君子有勇而無禮면 爲亂하고 小人有勇而無禮면 爲盜니라

군자가 용기는 있지만 그러나 예가 없으면 난리를 일으키고, 소인이 용기는 있지만 그러나 예가 없으면 도둑질을 하느니라.

📖 君 임금, 어진 사람 군　子 아들, 학식과 덕행이 높은 사람 자　有 있다 유　勇 용감하다 용　而 말 잇다 이 : 여기서는 '그러나'　無 없다 무　禮 예절 례　爲 하다 위　亂 어지럽다 란　小 작다 소　人 사람 인　盜 도둑 도

019

부불언자지덕　　자부담부지과
父不言子之德하며 子不談父之過니라

어버이는 자식의 덕을 말하지 말며, 자식은 어버이의 허물을 말하지 말지니라.

📖 父 아버지, 부모 부　不 ~하지 않다, 하지 말라 불　言 말씀 언　子 아들, 자식 자　之 ~의 지　德 공정하고 포용성 있는 마음 덕　談 이야기, 이야기하다 담　過 지나가다, 잘못 과

020

주식형제　　천개유　　급난지붕　　일개무
酒食兄弟는 千個有로되 急難之朋은 一個無니라

술과 밥을 함께할 형제 같은 친구는 천 명이 있으나, 위급하고 어려울 때에 도와주는 친구는 하나도 없느니라.

📖 酒 술 주　食 먹다, 밥 식　兄 형 형　弟 아우 제　千 천 천　個 낱개 개　有 있다 유　急 급하다 급　難 어렵다 난　之 ~의 지　朋 친구 붕　一 하나 일　無 없다 무

※ 《명심보감(明心寶鑑)》은 마음을[心] 밝히는[明] 보배로운[寶] 거울[鑑]이라는 뜻으로, 오래 전부터 널리 익혀 오던 기초 한문 교재입니다.

초등급 한자·한문 인증시험문제 예시

한자·한문 인증 시험 문제 – 초등 Ⅲ급 문항 영역 분류

영역	평가 요소	문제 수	번호
한자의 기초	상식	5	1~5
	총획수		
	필순		
	쓰기		
한자	독음	10	6~15
	뜻		
한자의 활용	한자 어휘 쓰기	10	16~25
	한자 어휘 독음		
	한자 어휘 뜻		
합 계		25	

한자·한문 인증 시험 문제 – 초등 Ⅱ급 문항 영역 분류

영역	평가 요소	문제 수	번호
초등Ⅲ급	초등Ⅲ급 평가 요소 모두 반영	10	1~10
부수	부수	5	11~15
교과서 한자 어휘	쓰기	15	16~30
	독음		
	뜻		
기초 한문	독음	20	31~50
	해석과 의미		
합 계		50	

한자·한문 인증 시험 문제 – 초등 Ⅰ급 문항 영역 분류

영역		평가 요소	문제 수	번호
초등Ⅲ·Ⅱ급		초등Ⅲ·Ⅱ급의 평가 요소 모두 반영	15	1~15
한자 어휘	교과서 한자 어휘	쓰기	13	16~28
		독음		
		뜻		
	고사성어	쓰기	7	29~35
		독음		
		겉뜻·속뜻		
		언어 생활 활용		
한문	속담·격언	독음·해석과 의미	3	36~38
	쉬운 한문	독음·해석과 의미	12	39~50
합 계			50	

초등 III급 한자·한문 인증 시험 문제 예시1

1. 漢字에 대한 설명 중 **틀린** 것은 무엇일까요?
   ① 漢字는 중국 한(漢)나라의 글자(字)라는 말입니다.
   ② 漢字는 모양, 소리, 뜻으로 이루어져 있습니다.
   ③ 口(입 구)를 획수에 맞추어 쓰면, 4획이 됩니다.
   ④ 한자는 왼쪽에서 오른쪽으로 쓰는 것을 원칙으로 합니다.

※다음 한자들의 총 획수를 찾아보세요.(2~4)

2. 女
   ① 2획   ② 3획   ③ 4획   ④ 5획

3. 高
   ① 8획   ② 9획   ③ 10획   ④ 12획

4. 足
   ① 7획   ② 8획   ③ 9획   ④ 10획

5. 한자의 필순이 **틀린** 것은 무엇일까요?
   ① 三 : 一 二 三
   ② 川 : ノ 刂 川
   ③ 小 : ノ 小 小
   ④ 用 : ノ 冂 月 月 用

※다음 한자들의 음을 읽어봅시다.(6~9)

6. 國
   ① 단   ② 군   ③ 국   ④ 산

7. 孫
   ① 수   ② 순   ③ 손   ④ 소

8. 食
   ① 식   ② 시   ③ 익   ④ 이

9. 事
   ① 시   ② 사   ③ 소   ④ 수

10. '工'의 음은 '공' 입니다. 그렇다면 '江'의 음은 무엇일까요?
    ① 규   ② 곡   ③ 강   ④ 가

※다음의 '뜻과 음'이 가리키는 한자를 찾아보세요.(11~13)

11. 선비 **사**
    ① 土   ② 士   ③ 犬   ④ 大

12. 힘 **력**
    ① 九   ② 七   ③ 十   ④ 力

13. 근본 **본**

① 木　② 本　③ 末　④ 大

14. '별'을 뜻하는 한자는 무엇일까요?

① 日　② 石　③ 星　④ 商

15. 양쪽에 여닫는 문의 모양이 있어 '문'이라는 뜻을 갖고 있는 한자는 무엇일까요?

① 耳　② 南　③ 多　④ 門

※다음 한자어의 음을 읽어봅시다.(16~17)

16. 弟子

① 자매　② 제자　③ 부모　④ 동생

17. 金九 (독립운동가의 이름)

① 금구　② 김구　③ 금은　④ 김고

※밑줄 친 한자어의 음을 읽어봅시다.(18~20)

18. **數學**의 기초는 숫자이다

① 수학　② 산수　③ 수업　④ 수질

19. 결혼한 남자와 여자를 **夫婦**라고 한다.

① 친척　② 형제　③ 부부　④ 부모

20. 추운 겨울에는 北西風이 분다.

① 남동풍　② 동서풍
③ 남북풍　④ 북서풍

※다음 글을 읽고, 밑줄 친 말을 한자로 바꾼 것을 찾아보세요.(21~23)

> 어떤 두 **형제**(21)가 있었다. 이들은 서로 우애가 깊었으며, **부모**(22)님께 **효도**(23)하는 것을 자신들의 일이라 생각했다. 마지막까지 이들은 서로를 의지하고 살았다.

21.

① 夫婦　② 兄弟　③ 國軍　④ 祖孫

22.

① 父母　② 父子　③ 子女　④ 子孫

23.

① 家道　② 商道　③ 車道　④ 孝道

24. 남대문을 다른 말로 '崇○○'이라 부르며, '예를 숭상하는 문'이라는 뜻입니다. ○○ 안에 들어갈 한자는 무엇일까요?

① 禮門　② 禮口　③ 農門　④ 農口

*崇(숭상하다 숭)

25. 절의 입구에는 네 명의 괴물 같은 나무 조각이 눈을 부릅뜨고 서 있습니다. '네 명의 하늘의 임금'이란 뜻을 가진 이 조각을 무엇이라 부를까요?

① 三天王　　② 四川王
③ 四天王　　④ 三川王

초등 III급 한자·한문 인증 시험 문제 예시2

1. 漢字가 만들어진 방식 중 **틀린** 것은 무엇일까요?
   ① 漢字는 사물의 모양을 본떠서 만들기도 합니다.
   ② 漢字를 만드는 방식에는 '지사(指事)'라는 방식이 있습니다.
   ③ 漢字의 뜻과 뜻을 합쳐서 만든 방식을 '상형(象形)'이라고 합니다.
   ④ '형성(形聲)'은 漢字의 뜻 부분과 음 부분을 합쳐서 만드는 방식입니다.

※다음 한자들의 총 획수를 찾아보세요.(2~3)

2. 金
   ① 8획   ② 9획   ③ 10획   ④ 12획

3. 南
   ① 7획   ② 8획   ③ 9획   ④ 10획

4. '學校'라는 한자어에서 '學'의 획수와 '校'의 획수를 모두 더하면 몇 획일까요?
   ① 20획   ② 22획   ③ 26획   ④ 29획

5. '犬'의 필순(筆順)에서 가장 뒤에 쓰는 부분은 무엇일까요?
   ① 一   ② 丶   ③ 丿   ④ 乀

※다음 한자들의 음을 읽어봅시다.(6~9)

6. 部
   ① 음   ② 부   ③ 분   ④ 보

7. 孫
   ① 자   ② 소   ③ 손   ④ 수

8. 韓
   ① 한   ② 안   ③ 현   ④ 일

9. 意
   ① 음   ② 우   ③ 유   ④ 의

10. '事'와 음이 다른 한자는 무엇일까요?
    ① 花   ② 四   ③ 士   ④ 死

※다음 한자의 '뜻과 음'이 가리키는 한자를 찾아보세요.(11~12)

11. 희다 **백**
    ① 白   ② 百   ③ 口   ④ 日

12. 없다 **무**
    ① 魚   ② 馬   ③ 無   ④ 鳥

13. 높은 성을 본떠 만든 한자로, '높다'라는 뜻을 가진 한자는 무엇일까요?
    ① 家   ② 高   ③ 室   ④ 商

14. 하늘에서 비가 떨어지는 것을 표현한

한자로, '비'라는 뜻을 가진 한자는 무엇일까요?

① 天　② 地　③ 雨　④ 同

15. 땅에서 풀이 돋는 모양을 본떠 만든 한자로, '나다, 생기다'라는 뜻을 가진 한자는 무엇일까요?

① 生　② 土　③ 六　④ 山

※ 다음 한자어의 음을 읽어봅시다.(16~17)

16. 萬國

① 천국　② 만국　③ 고국　④ 만원

17. 禮度

① 정도　② 정예　③ 예절　④ 예도

18. '태양의 7번째 행성은 土星이다'에서 '土星'의 음은 무엇일까요?

① 화성　② 목성　③ 토성　④ 수성

※ 밑줄 친 한자어의 음을 읽어봅시다.(19~20)

・혀의 끝은 단맛을 잘 느끼는 <u>部分</u>이다.
　　　　　　　　　　　　(19)
・철수는 <u>國軍</u> 아저씨에게 위문편지를 보냈다.
　　　(20)

19.

① 부분　② 위치　③ 상황　④ 장소

20.

① 해군　② 공군　③ 육군　④ 국군

21. '이번 말 달리기 시합에서는 백마를 타고 달린 공주가 이겼다'에서 '백마'를 한자로 쓴 것은 무엇일까요?

① 白馬　② 百馬　③ 白牛　④ 百牛

22. '회의에서 많은 숫자의 찬성으로 옳고 그름을 결정하는 방식'인 '다수결'에서 '다수'의 한자는 무엇일까요?

① 小數　② 多數　③ 多水　④ 少數

23. '食水'의 알맞은 풀이는 무엇일까요?

① 먹는 음식　② 엎질러진 물
③ 짠 물　　　④ 먹는 물

24. 본래는 '피와 살'이란 뜻이지만, '부모나 형제 같은 핏줄'이란 뜻을 가진 한자어는 무엇일까요?

① 家族　② 手足　③ 血肉　④ 身心

*族(겨레, 무리 족)

25. '할아버지'를 한자어로 바꾼 것은 무엇일까요?

① 夫婦　② 祖父　③ 祖孫　④ 父子

초등 III급 한자·한문 인증 시험 문제 예시3

1. 자전(字典)에 대한 설명으로 **옳지 않은** 것은 무엇일까요?

   ① 자전은 한자 사전을 말합니다.
   ② 옥편(玉篇)이라고도 부릅니다.
   ③ 漢字의 부수(部首)와 획수(劃數)를 알면 자전에서 한자를 쉽게 찾을 수 있습니다.
   ④ 자전에서 한자를 찾을 때 필순(筆順)을 반드시 알아야 합니다.

※ 다음 한자들의 총 획수를 찾아보세요.(2~3)

2. 義

   ① 10획   ② 11획   ③ 12획   ④ 13획

3. 齒

   ① 15획   ② 17획   ③ 19획   ④ 21획

4. 다음 중 총 획수가 7획인 한자는 무엇일까요?

   ① 字   ② 孝   ③ 學   ④ 子

5. '身'의 총 획수는 7획입니다. 이 중에서 '／' 부분은 몇 번째에 쓸까요?

   ① 첫 번째   ② 두 번째
   ③ 세 번째   ④ 일곱 번째

※ 다음 한자들의 음을 읽어봅시다.(6~8)

6. 弟

   ① 저   ② 자   ③ 제   ④ 애

7. 後

   ① 후   ② 우   ③ 한   ④ 추

8. 婦

   ① 소   ② 여   ③ 우   ④ 부

9. 다음 한자들의 공통점은 무엇일까요?

父 夫 内 犬 天

   ① 뜻이 모두 같습니다.
   ② 음이 모두 같습니다.
   ③ 총 획수가 모두 같습니다.
   ④ 사람과 관련이 있는 한자들입니다.

10. '大韓民國'에서 '民'의 음은 무엇일까요?

    ① 만   ② 미   ③ 민   ④ 문

11. '자전거를 타고 부모님과 함께 경주시를 일주했다'에서 '자전거'의 '자'를 한자로 쓴 것은 무엇일까요?

    ① 目   ② 日   ③ 自   ④ 子

12. '삼국지에 나오는 제갈량은 바람의 방향을 바꿀 정도로 신비로운 사람이었다'에서 '바람'이란 뜻을 가진 한자는 무엇일까요?

    ① 國   ② 天   ③ 心   ④ 風

13. 집에서 아이가 책을 읽고 있는 모습을 본떠 만든 한자로, '익히다, 배우다' 라는 뜻을 가진 한자는 무엇일까요?

① 學　② 字　③ 食　④ 農

14. 사람이 손을 쭉 뻗은 모양으로 '크다' 라는 뜻을 가진 한자는 무엇일까요?

① 人　② 大　③ 天　④ 犬

15. 다음 중 숫자와 관련이 없는 한자는 무엇일까요?

① 一　② 千　③ 白　④ 百

16. '本末' 의 음은 무엇일까요?

① 장단　② 고저　③ 대소　④ 본말

17. 다음 중 서로 반대의 뜻을 가진 한자끼리 만난 한자어가 아닌 것은 무엇일까요?

① 出口　　② 大小
③ 高低　　④ 長短

18. '여름철에는 內衣를 자주 갈아입어야 한다' 에서 밑줄 친 한자어의 음은 무엇일까요?

① 내장　② 내복　③ 내의　④ 내면

19. 다음 중 '짐승'과 가장 관련이 있는 한자어는 무엇일까요?

① 火星　② 主人公　③ 平日　④ 牛馬

20. '육교가 없어지고 지하도가 많이 생겼다' 에서 밑줄 친 '지하도' 를 한자로 바꾼 것은 무엇일까요?

① 地下首　　② 也下道
③ 地下道　　④ 也火道

21. 우리나라 역사에서 고구려(高句麗), 백제(百濟), 신라(新羅)가 있던 시대를 무엇이라 부를까요?

① 二國時代　　② 三國時代
③ 四國時代　　④ 五國時代

*代(시대 대)

22. '7,811' 을 한자로 바꾼 것 중 올바른 것은 무엇일까요?

① 七九一一　　② 八七一一
③ 七千八百十一　④ 七百八十一一

23. 다음 노랫말 속에 없는 한자어는 무엇일까요?

① 天地　② 本名　③ 花雨　④ 少女

하늘과 땅 사이에 꽃비가 내리더니 어느 날 공원에서 소녀를 만났다네. 수줍어 말 못하고 얼굴만 붉히는데 앞서간 발자국이 두 눈에 가득차네...

24. 다음 중 '물고기와 물은 임금과 신하의 관계와 같다' 라는 뜻을 갖고 있는 문 이름은 무엇일까요?

① 眞善門　　② 金馬門
③ 東仁門　　④ 魚水門

25. '不○'에서 ○의 음이 '도'나 '자' 처럼 'ㄷ'이나 'ㅈ'으로 시작하면 '不'을 '불'이 아닌 '부' 로 읽어야 합니다. 다음 중 '不'의 음이 다른 하나는 무엇일까요?

① 不足　② 不死鳥　③ 不平等　④ 不孝

초등 II급 한자 · 한문 인증 시험 문제 예시 1

1. '近'의 총 획수는?
   ① 7   ② 8   ③ 9   ④ 10

2. 다음 동요의 제목으로 알맞은 한자는?

   ♬달 달 무슨 달 쟁반같이 둥근 달

   ① 星   ② 月   ③ 目   ④ 耳

3. 밑줄 친 말의 알맞은 한자어 표현은?

   심청이는 눈먼 아버지의 **손과 발**이 되었다.

   ① 手足   ② 大小   ③ 人口   ④ 心身

4. 밑줄 친 말을 한자어로 알맞게 바꾼 것은?

   아름다운 우리나라 **산천**!

   ① 出天   ② 山川   ③ 出州   ④ 山天

5. 밑줄 친 한자어의 음으로 알맞은 것은?

   한문을 통해 <u>先祖</u>들의 지혜를 알 수 있다.

   ① 조상   ② 선인   ③ 선조   ④ 조부

6. 밑줄 친 한자어의 음으로 알맞은 것은?

   <u>北風</u>은 몹시 빠르고 세차게 부는 바람으로 순 우리말로 된바람이라고도 한다.

   ① 동풍   ② 서풍   ③ 남풍   ④ 북풍

7. 밑줄 친 한자의 뜻으로 알맞은 것은?

   예전에 백성을 나누던 네 가지 등급을 士農工商이라 하였다.

   ① 선비   ② 농부   ③ 상인   ④ 기술자

8. '母女'의 해석으로 알맞은 것은?
   ① 어머니와 아들   ② 아버지와 딸
   ③ 어머니와 딸   ④ 남편과 아내

9. 다음 한자어에서 '日'의 뜻으로 알맞은 것은?

   ㉮ 生日   ㉯ 日出

   ① ㉮날, ㉯해   ② ㉮달, ㉯해
   ③ ㉮해, ㉯달   ④ ㉮해, ㉯날

10. 다음은 전래동요 〈자장가〉이다. 노랫말에 포함되어 있지 **않은** 한자는?

    꼬꼬 닭아 우지 마라 우리 아기 잠을 깰라
    멍멍 개야 짖지 마라 우리 아기 잠을 깰라
    금을 주면 너를 사며 은을 주면 너를 사랴
    나라에는 충신동아 부모에는 효자동아

    ① 馬   ② 犬   ③ 金   ④ 國

11. 부수자(部首字)인 '貝'의 뜻과 음은?
    ① 보다 견   ② 조개 패

③ 머리 혈　　　④ 구멍 혈

12. 어떤 한자의 부수는 그 한자의 뜻 부분과 주로 연관되어 있다. 다음 중 '聽'의 부수는?
　① 耳　② 王　③ 心　④ 十

13. 어떤 한자의 부수는 그 한자의 뜻 부분과 주로 연관되어 있다. 다음 중 '花'의 부수는?
　① 十　② 匕　③ 人　④ 艹

14. '江'의 부수는 '氵'이다. '氵'의 원래 모습은?
　① 手　② 水　③ 戈　④ 衣

15. '忘, 忠, 慈'가 각각 '잊다, 충성, 사랑하다'의 뜻이 되기 위해 공통으로 들어갈 부수자는?
　① 幺　② 心　③ 車　④ 巾

※ 다음 글들에서 밑줄 친 한자어의 알맞은 독음은?(16~18)

16. **格言**은 세상을 바르게 살아가는 데 필요한 지혜와 교훈이 되는 짧은 말입니다.
　① 명언　② 격언　③ 직언　④ 감언

17. **曾祖**는 할아버지와 할머니의 부모이다.
　① 증조　② 고조　③ 외조　④ 부조

18. 일정 기간 돈을 넣고 약속 기간이 끝나면 넣은 돈과 이자를 찾는 저금이 **積金**이다.
　① 예금　② 부금　③ 세금　④ 적금

19. 밑줄 친 한자어의 독음이 **틀린** 것은?
　① 우리 주위에 있는 물체는 어떤 **物質**로 만들어졌을까요? - 물질
　② 어떻게 하면 **溫度**를 정확하게 알 수 있을까? - 각도
　③ 사탕무는 온대지방에서 잘 자라는 **植物**입니다. - 식물
　④ 두 점을 곧게 이은 선을 **線分**이라고 합니다. - 선분

20. 밑줄 친 말을 한자로 바꿀 때 알맞은 것은?

　지**구**가 울고 있어요. 쓰레기를 버리지 마세요.

　① 九　② 句　③ 球　④ 拘

※ ○ 안에 들어갈 알맞은 한자는?(21~22)

21. ○體는 일정한 모양과 부피를 가진 단단한 물체이다.
　① 氣　② 宮　③ 導　④ 固

22. '백성을 가르치는 바른 소리'라는 뜻의 ○民正音은 한글이 창제되었을 때의 이름이다.
　① 詩　② 訓　③ 話　④ 說

※ 밑줄 친 한자의 뜻으로 알맞은 것은?(23~24)

23. 옛날 우리나라에서는 전국의 여러 곳에 측우기를 설치하여 **降**雨量을 정확히 조사하여 농사짓는 데 이용했습니다
　① 비　② 눈　③ 내리다　④ 빠르다

24. 사물놀이란 북, 장구, 징, 꽹과리 등 네 가지 민속 打樂器로 연주되는 음악 또는 그 음악에 의한 놀이이다.

① 즐겁다 ② 때리다 ③ 기구 ④ 음악

25. 다음 글은 어떤 한자어를 설명한 것인가?

| 몇 사람이 각각 다른 높이의 목소리로 동시에 노래함 |

① 獨唱 ② 唱歌 ③ 重唱 ④ 唱法

※ 다음은 愛國歌의 가사(歌詞)이다.(26~27)

1. 東海 물과 白頭山이 마르고 닳도록 하느님이 保佑하사 우리나라 萬歲
2. 南山 위에 저 소나무 鐵甲을 두른 듯 바람 서리 不變함은 우리 氣像일세
3. 가을 하늘 공활한데 높고 구름 없이 밝은 달은 우리 가슴 一片丹心일세
후렴〉 無窮花 삼천리 華麗江山 대한 사람 대한으로 길이 保全하세

*佑(돕다 우)

26. 한자어의 독음이 틀린 것은?

① 萬歲 : 만세
② 不變 : 불변
③ 華麗江山 : 화려강산
④ 保全 : 보존

27. 한자어의 해석이 틀린 것은?

① 保佑 : 보살펴 도와줌
② 鐵甲 : 푸른 소나무
③ 氣像 : 활달하고 적극적인 마음 자세

④ 一片丹心 : 참되고 정성 어린 마음

28. 우리나라가 일본으로부터 독립된 날을 기념하는 國慶日은?

① 三一節 ② 制憲節
③ 光復節 ④ 開天節

29. 다음 보기의 내용과 관계가 깊은 한자어는?

| 단군, 박혁거세, 제우스, 그리스-로마 |

① 神話 ② 小說 ③ 素材 ④ 主題

30. '曲' 자에는 여러 가지 뜻이 있다. 다음 중 '曲'의 뜻이 다른 하나는?

① 作曲 ② 歌曲 ③ 名曲 ④ 曲線

31. 밑줄 친 한자의 독음은?

| 天高日月明 地厚草木生 |

① 후 ② 구 ③ 노 ④ 추

32. '집안이 화목해야 모든 일이 잘 이루어진다' 는 뜻을 담고 있는 '家和萬事成'의 독음으로 알맞은 것은?

① 가정만복성 ② 가사만사성
③ 가사만복성 ④ 가화만사성

33. 밑줄 친 한자의 뜻으로 알맞은 것은?

| 花開昨夜雨 花落今朝風 |

① 꺾다 ② 시들다
③ 피다 ④ 시작하다

34. 마지막으로 해석되는 글자는?

黃金黑吏心

① 黃　② 金　③ 黑　④ 心

35. 밑줄 친 '同'과 상대(相對)되는 한자는?

人心朝夕變 山色古今同

① 心　② 變　③ 色　④ 今

36. 밑줄 친 '如'의 뜻으로 알맞은 것은?

雨後山如沐
*沐(머리감다 목)

① 씻기다　② 내리다
③ 울리다　④ ~같다

37. ○ 안에 들어갈 알맞은 한자어는?

一日不○○ 口中生荊棘
→ 하루라도 ○○하지 않으면 입안에 가시가 돋는다.
*荊(가시나무 형) 棘(가시나무 극)

① 孝道　② 學文　③ 正直　④ 讀書

38. 밑줄 친 부분의 독음이 틀린 것은?

修身齊家 治國之本 讀書勤儉 起家之本

① 修身 : 수신　② 治國 : 치국
③ 勤儉 : 근면　④ 起家 : 기가

39. '己所不欲 勿施於人'에서 밑줄 친 '於'의 뜻으로 알맞은 것은?

① ~에게　② ~로부터
③ ~까지　④ ~에서

※ 다음 한문을 읽고 물음에 답하시오.(40~41)

(가) 以○飽我　(나) 喜而勿忘
(다) 出必告之　(라) 反省無怨

40. (가)의 ○ 안에 들어갈 알맞은 한자는?

① 衣　② 食　③ 仁　④ 信

41. 부모님께서 꾸짖으셨을 때 자식이 해야 할 태도를 나타낸 글은?

① (가)　② (나)　③ (다)　④ (라)

42. '同氣而生'은 어떤 관계를 나타내는 말인가?

① 兄弟　② 祖父　③ 朋友　④ 師弟

43. 다음 글과 가장 어울리는 한문은?

서로 다른 두 성씨가 결합한 것이니, 내외가 분별이 있어서 서로 공경하기를 손님처럼 하라

① 長幼有序　② 父子有親
③ 君臣有義　④ 夫婦有別

44. '朋友有過 忠告善導'에서 밑줄 친 '過'의 뜻으로 알맞은 것은?

① 과거　② 지나가다
③ 장점　④ 잘못

45. '友其正人 我亦自正'에서 밑줄 친 한자의 뜻이 알맞게 연결된 것은?

① 友 : 이웃　② 人 : 남
③ 亦 : ~처럼　④ 自 : 저절로

46. '事師如親'의 해석으로 알맞은 것은?

① 바쁘신 스승을 가까이 모셔라.
② 스승에게 가르침받는 일을 친한 친구 가까이하듯 즐겁게 하라
③ 스승 섬기기를 어버이같이 하라.
④ 스승의 일은 친근할 수밖에 없다.

47. '爲'에는 여러 가지 뜻이 있다. 다음 한문에 나오는 'ⓐ爲와 ⓑ爲'의 뜻으로 알맞은 것은?

> ⓐ爲人子者 曷不ⓑ爲孝
> *曷(어찌 갈)

① 되다, 위하다   ② 하다, 위하다
③ 위하다, 되다   ④ 되다, 하다

48. 밑줄 친 '則'의 독음은?

> 先生施敎 弟子是則
> → 선생님께서 가르침을 베풀어 주시거든 제자들은 이것을 **본받으라**

① 칙   ② 즉   ③ 지   ④ 이

49. 다음 한문과 의미가 통하는 속담은?

> 畫虎畫難骨 知人不知心

① 가는 말이 고와야 오는 말이 곱다
② 도토리 키 재기
③ 호랑이는 죽어서 가죽을 남기고, 사람은 죽어서 이름을 남긴다
④ 열 길 물속은 알아도 한 길 사람 속은 모른다.

50. 다음 글과 가장 관계가 깊은 한문은?

> 까마귀 싸우는 골짜기에 백로야 가지 마라
> 화난 까마귀 흰빛을 싫어하니
> 맑은 강에 깨끗이 씻은 몸을 더럽힐까 하노라.

① 近墨者黑 近朱者赤
② 十年以長 兄以事之
③ 見善從之 知過必改
④ 父生我身 母鞠我身

*鞠(기르다 국)

초등 II급 한자·한문 인증 시험 문제 예시 2

1. '山'의 총 획수는?

   ① 2   ② 3   ③ 4   ④ 5

2. '대서양, 태평양'에서처럼 '큰 바다'의 뜻을 가진 한자는?

   ① 川   ② 江   ③ 洋   ④ 海

3. 밑줄 친 말의 알맞은 한자어 표현은?

   > **남편과 아내** 사이에는 대화가 중요하다

   ① 夫婦   ② 父母   ③ 兄弟   ④ 祖母

4. 밑줄 친 말을 한자어로 알맞게 바꾼 것은?

   > 2002 월드컵 대회는 한국과 일본이 **공동** 개최했다.

   ① 公同   ② 共同   ③ 公正   ④ 共東

5. 음이 2개인 한자는?

   ① 火   ② 水   ③ 木   ④ 金

6. 밑줄 친 한자어의 음으로 알맞은 것은?

   > 대한민국은 <u>自主</u> 독립국이다.

   ① 민주   ② 자주   ③ 평화   ④ 통일

7. 다음 글에서 밑줄 친 한자어의 음으로 알맞은 것은?

   > 바른 **言語** 생활은 국어 사랑의 첫걸음이다.

   ① 도덕   ② 언어   ③ 충효   ④ 학교

8. 밑줄 친 한자의 뜻으로 알맞은 것은?

   > 부모님의 자식 사랑은 東西古**今** 이래로 모두 한결같다.

   ① 동양   ② 서양   ③ 현재   ④ 과거

9. '左右'의 해석으로 알맞은 것은?

   ① 왼쪽, 오른쪽   ② 먼저, 나중
   ③ 앞, 뒤   ④ 삶, 죽음

10. '下'가 '내리다'의 뜻으로 쓰인 한자어는?

    ① 地下   ② 天下   ③ 下衣   ④ 下山

11. 부수자(部首字)인 '走'의 뜻과 음은?

    ① 말 마   ② 달리다 주
    ③ 뼈 골   ④ 고기 육

12. '信'의 부수는 '亻'이다. '亻'의 원래 모습은?

    ① 儿   ② 人   ③ ⺿   ④ 衣

13. 어떤 한자의 부수는 그 한자의 뜻 부분과 주로 연관되어 있다. '강'의 뜻을 가진 '江'의 부수는?

    ① 水   ② 工   ③ 一   ④ 二

14. 어떤 한자의 부수는 그 한자의 뜻 부분과 주로 연관되어 있다. '사랑하다' 라는 뜻을 가진 '愛'의 부수는?

① 爫　② 冖　③ 心　④ 夂

15. '相'과 합해지면 '서리', '路'와 합해지면 '이슬' 이라는 한자를 만드는 부수자는?

① 火　② 禾　③ 水　④ 雨

※ 밑줄 친 한자어의 독음으로 알맞은 것은?(16~18)

16. **傳說**은 예로부터 민간에서 입으로 전해 내려오는 신비로운 이야기입니다.

① 소설　② 전기　③ 연설　④ 전설

17. 두 개의 직선이 만나는 지점에서 이루어지는 공간을 **角度**라고 합니다.

① 법도　② 정도　③ 각도　④ 온도

18. 주장하는 글을 쓸 때 마지막에 마무리하여 요약 정리하는 부분을 **結論**이라고 합니다.

① 서론　② 본론　③ 결론　④ 추론

19. 밑줄 친 한자어의 독음이 **틀린** 것은?

① 할아버지의 통장은 대부분 **積金** 통장이다. - 적금
② 참새, 비둘기, 독수리는 모두 **鳥類**이다. - 조류
③ 여러 가지 리듬 악기로 리듬 **合奏**를 하여 봅시다 - 연주
④ 다행히 **保險**에 들어 있어서 입원과 수술에 큰 돈이 들지 않았지.- 보험

※ 밑줄 친 말을 한자로 바꿀 때 알맞은 것은?(20~22)

20. **삼촌** 올해는 꼭 장가가세요

① 寸　② 村　③ 材　④ 打

21. 일상 생활에서 어른이나 선생님을 만날 때, 상체를 30도 정도 숙이는 것이 올바른 인사 **예**절이다.

① 體　② 禮　③ 儀　④ 義

22. 여러 사람이 쓰는 **공**중 화장실은 나부터 깨끗이!

① 正　② 同　③ 工　④ 公

※ 밑줄 친 한자의 뜻으로 알맞은 것은?(23~24)

23. 한글이 창제되었을 때 이름은 **訓**民正音이다.

① 바르다　② 소리
③ 가르치다　④ 백성

24. 다각형의 **對**角線을 모두 그어 보아라.

① 마주 대하다　② 평평하다
③ 휘다　④ 곧다

25. 다음 보기에 나오는 말들과 가장 관련이 깊은 한자어는?

| 참새　비둘기　독수리　까치 |

① 鳥類　② 魚類
③ 哺乳類　④ 植物類

*哺(먹이다 포)

※ 다음은 愛國歌의 가사(歌詞)이다.(26~27)

> 1. 東海 물과 白頭山이 마르고 닳도록 하느님이 保佑하사 우리나라 萬歲
> 2. 南山 위에 저 소나무 鐵甲을 두른 듯 바람 서리 不變함은 우리 氣像일세
> 3. 가을 하늘 공활한데 높고 구름 없이 밝은 달은 우리 가슴 一片丹心일세
> 후렴〉無窮花 삼천리 華麗江山 대한 사람 대한으로 길이 保全하세
>
> *佑(돕다 우) 豁(뚫린 골 활)

26. 한자어의 독음이 **틀린** 것은?
① 白頭山 : 백두산 ② 鐵甲 : 철갑
③ 氣像 : 주장   ④ 無窮花 : 무궁화

27. 3절의 '一片丹心'에서 '片'의 뜻으로 알맞은 것은?
① 조각 ② 붉다 ③ 기운 ④ 변하다

28. '광복절'에 대한 풀이로 잘못된 것은?
① 8월 15일이다.
② 우리나라가 일본으로부터 해방된 날을 기념하는 날이다.
③ 국경일(國慶日)이기 때문에 '절'은 '節'이라고 쓴다
④ '광복'의 한자는 '王復'이다.

29. 다음 보기의 ○○ 안에 들어갈 알맞은 한자어는?

> 가치가 큰 문화재.
> 남대문 - ○○ 제1호

① 自由 ② 國寶 ③ 信義 ④ 文化

30. '長' 자에는 여러 가지 뜻이 있다. 다음 중 '長'의 뜻이 '우두머리, 어른'으로 쓰인 한자어는?
① 長音階 ② 長身 ③ 長調 ④ 家長

※ 다음 한문을 읽고 물음에 답하시오.(31~33)

> 水去不復回   言出難更收

31. 밑줄 친 '水'와 음이 같은 한자는?
① 去   ② 回   ③ 難   ④ 收

32. 밑줄 친 '復'의 뜻으로 알맞은 것은?
① ~하지 않다   ② 다시
③ 나오다   ④ 거두다

33. 위 한문의 주제로 가장 알맞은 것은?
① 물은 엎지르지 않도록 주의하자
② 지나간 시간은 되돌아오지 않으니 열심히 공부하자
③ 한번 한 말은 되돌리기 어려우니 말을 신중하게 하자
④ 한번 결심한 것은 포기하지 않고 끝내 이루어야 한다

※ 다음 한문을 읽고 물음에 답하시오.(34~35)

> (   ) 恩高如天   德厚似地

34. '恩高如天'의 독음으로 알맞은 것은?
① 사고여추   ② 은고여천
③ 사후여천   ④ 은후여천

35. ( ) 안에 들어갈 가장 알맞은 말은?

① 친구의   ② 어른의
③ 부모의   ④ 자식의

36. 밑줄 친 한자와 상대(相對)가 되는 한자는?

花<u>開</u>昨夜雨　花落今朝風
*昨(어제 작)

① 雨   ② 落   ③ 今   ④ 風

37. '己所不欲 勿施於人'에 대한 설명 중 **틀린** 것은?

① 해석은 '자기가 하고 싶지 않은 것을 남에게 시키지 말라'이다.
② '勿'의 음은 '물'이고 '~하지 말라'로 해석한다.
③ '於'의 음은 '어'이고 '~에게'로 해석한다.
④ '欲'의 음은 '욕'이고 '베풀다, 시키다'로 해석한다.

38. 다음 한문에서 마지막으로 해석되는 글자는?

白酒紅人面

① 酒   ② 紅   ③ 人   ④ 面

39. '사람의 마음은 아침 저녁으로 변한다'는 '人心朝夕變'과 상대(相對)되기에 가장 적당한 한문은?

① 山色古今同   ② 人無更少年
③ 知人不知心   ④ 花有重開日

40. 밑줄 친 '似'와 바꾸어 쓸 수 있는 한자는?

風前草<u>似</u>醉

① 如   ② 則   ③ 之   ④ 不

41. ○안에 들어갈 알맞은 한자어는?

○○二姓合

① 父母   ② 夫婦   ③ 兄弟   ④ 少年

42. '修身齊家 治國之本'에서 '之'의 뜻으로 알맞은 것은?

① 마치 ~같다   ② ~하는
③ ~이다   ④ 곧 ~한다면

43. ○안에 들어갈 알맞은 한자는?

· 兄○弟恭
→ 형은 아우에게 우애 있게 하고 아우는 형에게 공손히 하다

① 友   ② 慈   ③ 親   ④ 敬

44. '近墨者黑'에서 者의 뜻은?

① ~할 때에는   ② ~하는 사람
③ ~한다면   ④ 비록~일지라도

45. '친구에게 잘못이 있으면 忠告善導한다'에서 '忠告善導'의 독음으로 알맞은 것은?

① 장고지도   ② 충고지도
③ 장고선도   ④ 충고선도

46. '以衣溫我'에서 '~로써'의 뜻을 가진 한자는?

① 以   ② 衣   ③ 溫   ④ 我

※ 다음 한문을 읽고 물음에 답하시오.(47~48)

> 見善從之 知過必改

47. 밑줄 친 '過'의 뜻은?

① 과거　　② 지나치다
③ 잘못　　④ 지나가다

48. '따라하다'로 풀이되는 한자는?

① 見　② 善　③ 從　④ 之

49. 독음이 **틀린** 한자어는?

① 修身 : 수신　② 治國 : 치국
③ 起家 : 제가　④ 讀書 : 독서

50. 다음 글은 어떤 관계에 가장 어울리는가?

> 한 잔의 물이라도 반드시 나누어 마시고,
> 한 알의 음식이라도 반드시 나누어 먹어라.

① 長幼　② 父子　③ 兄弟　④ 君臣

초등 II급 한자·한문 인증 시험 문제 예시 3

1. '母'의 총 획수는?
   ① 3   ② 5   ③ 7   ④ 9

2. 다음 동요의 제목을 한자로 바꾼 것은?

   ♬반짝반짝 아름다운 작은 별들 구슬같이 어여쁘게 빛나요

   ① 星   ② 月   ③ 目   ④ 耳

3. 다음 이름과 가장 관계가 깊은 한자는?

   무궁화, 장미, 백합, 카네이션

   ① 人   ② 江   ③ 色   ④ 花

4. 밑줄 친 말을 한자어로 알맞게 바꾼 것은?

   대한민국은 <u>자주</u> 독립국이다.

   ① 自主   ② 白主   ③ 百主   ④ 白王

5. 밑줄 친 한자어의 음으로 알맞은 것은?

   봄가을에는 <u>溫度</u> 차이가 심하니까 감기를 조심해야 한다.

   ① 온기   ② 날씨   ③ 온도   ④ 주위

6. 밑줄 친 한자어의 음으로 알맞은 것은?

   나에 대한 <u>父母</u>님의 사랑은 말로 표현할 수 없다.

   ① 부부   ② 부모   ③ 형제   ④ 자매

7. 밑줄 친 한자의 뜻으로 알맞은 것은?

   그는 <u>耳</u>目口鼻가 번듯하게 잘생긴 미남이다.
   *鼻(코 비)

   ① 눈   ② 입   ③ 귀   ④ 이빨

8. '태풍이 北上하고 있다'에서 '北上'의 해석으로 알맞은 것은?

   ① 북쪽으로 올라가다
   ② 북쪽 지방에 머무르다
   ③ 북쪽 위에 있다
   ④ 북쪽에서 사라지다

9. '長'은 여러 가지 뜻으로 쓰인다. 다음 글에 나오는 '長身과 校長'에서 '長'의 뜻으로 알맞은 것은?

   ㉮ 長身의 농구 선수가 멋지게 골을 넣었다.
   ㉯ 校長 선생님은 언제나 웃음으로 우리를 맞이하신다.

   ① ㉮길다, ㉯우두머리
   ② ㉮길다, ㉯길다
   ③ ㉮우두머리, ㉯크다
   ④ ㉮길다, ㉯잘하다

10. 다음 글의 ○ 안에 들어갈 알맞은 한자어는?

> 우리나라 ○○ 끝에 있는 섬 독도는 울릉도에서 동남쪽으로 약 90㎞ 떨어져 있으며 행정구역 명칭은 경상북도 울릉군 울릉읍 독도리이다. 조선 시대에는 우산도·삼봉도 등으로 일컬어진 이 섬은 우리나라의 동쪽 맨 끝에 위치한, 어업·군사상 매우 중요한 섬입니다

① 東海   ② 西海   ③ 南海   ④ 北海

11. 부수자(部首字)인 '戈'의 뜻과 음은?

① 창 과   ② 실 사   ③ 벼 화   ④ 서다 립

12. 부수자(部首字)인 '禾'의 뜻과 음은?

① 나무 목   ② 쌀 미
③ 벼 화   ④ 서다 립

13. 다음 한자 중 '비 우'가 부수인 한자는?

① 雲   ② 車   ③ 親   ④ 鐵

14. '則'의 부수는 '刂'이다. '刂'의 원래 모습은?

① 刀   ② 手   ③ 土   ④ 力

15. '未, 帚, 生'이 각각 '누이, 아내, 성씨'의 뜻이 되기 위해 공통으로 들어갈 부수자는?

① 月   ② 水   ③ 日   ④ 女

※ 다음 글들의 밑줄 친 한자어의 독음으로 알맞은 것은? (16~18)

16. 우물물을 길으려면 줄이 있어야 하듯이, 배우는 사람은 實踐이 필요하다.

① 신의   ② 근면   ③ 정직   ④ 실천

17. 두드려서 소리를 내는 악기를 打樂器라 합니다.

① 관악기   ② 현악기   ③ 타악기   ④ 풍악기

18. 작가가 전달하고자 하는 주된 내용을 主題라고 합니다.

① 화제   ② 제재   ③ 주제   ④ 소재

19. 밑줄 친 한자어의 독음이 틀린 것은?

① 나와 아버지의 동생은 寸數가 어떻게 될까요? – 촌수
② 氣體는 눈으로 보거나 만질 수 없는 물질이에요. – 기체
③ 證券회사에서는 주식을 사고 팔지요. – 보험
④ 궁중에서 발전하여 온 한글 글씨체가 宮體에요. – 궁체

※ 밑줄 친 말을 한자로 바꿀 때 알맞은 것은? (20~22)

20. 직각이 있는 정사각형을 찾아보시오.

① 罪   ② 形   ③ 兄   ④ 刑

21. 우리 민족은 평화를 사랑하는 민족입니다.

① 評   ② 平   ③ 和   ④ 知

22. 속담은 예로부터 민간에 전해오는 짧은 말로써 '오는 말이 고와야 가는 말이 곱다' '등잔 밑이 어둡다'와 같이 교훈이나 풍자를 담고 있다.

① 俗   ② 民   ③ 訓   ④ 說

※ 밑줄 친 한자의 뜻으로 알맞은 것은?(23~24)

23. 입으로 불어서 관 안의 공기를 진동시켜 소리를 내는 管<u>樂</u>器에는 피리, 클라리넷, 트럼펫 등이 있다.

① 대롱　② 즐겁다　③ 음악　④ 그릇

24. 전기가 통하지 않는 물질을 <u>不</u><u>導</u>體라고 합니다.

① 통하다　　② 이끌다
③ 물질　　　④ ~하지 않다

25. 다음 글은 어떤 한자어를 설명한 것인가?

| 두 개 이상의 악기로 동시에 연주 |

① 獨奏　② 合奏　③ 前奏　④ 演奏

26. ○ 안에 공통으로 들어갈 한자는?

・우리나라 - 大○民國
・우리나라 소 - ○牛
・우리나라 음식 - ○食

① 漢　② 韓　③ 朝　④ 海

27. 愛國歌의 가사(歌詞)에 나오는 한자어가 **아닌** 것은?

① 白頭山　　② 南山
③ 無窮花　　④ 大同江

28. 다음 보기의 내용과 관계가 깊은 한자어는?

| 단군, 환웅, 태백산, 10월 3일, 건국 |

① 三一節　　② 制憲節
③ 光復節　　④ 開天節

29. '道' 자에는 여러 가지 뜻이 있다. 다음 중 '道'의 뜻이 다른 한자어는?

① 孝道　　② 車道
③ 地下道　④ 道路

*路(길 로)

30. '예가 아니면 보지 말라'는 말을 한문으로 바꾸면 '非○勿視'이다. ○안에 들어갈 알맞은 한자는?

① 骨　② 體　③ 禮　④ 義

31. 다음 한문에서 가장 중요하게 생각하는 것은?

| 一日不讀書 口中生荊棘 |
| *荊(가시나무 형) 棘(가시나무 극) |

① 독서　② 정직　③ 성실　④ 우애

※ 다음 한문을 읽고 물음에 답하시오.(32~34)

| (가) 恩高如天　(나) 德厚似地 |
| (다) 爲人子者　(라) 曷不爲孝 |
| *曷(어찌 갈) |

32. (가)의 밑줄 친 '如'와 같은 뜻을 가진 한자는?

① 似　② 者　③ 德　④ 不

33. (다)의 글에서 풀이가 **틀린** 것은?

① 爲 : ~이 되다　② 人 : 남
③ 子 : 자식　　　④ 者 : 사람

34. (가)~(라) 중 다음 노래 가사와 가장 관계가 깊은 것은?

> ♪높고 높은 하늘이라 말들하지만,
> 나는 나는 높은 게 또 하나 있지

① (가) ② (나) ③ (다) ④ (라)

35. ○ 안에 들어갈 알맞은 한자를 순서대로 쓴 것은?

> · 어린이는 어른을 공경하라.
> → ○者敬○

① 長 – 幼 ② 長 – 弟
③ 幼 – 長 ④ 兄 – 長

36. 다음 글과 관계가 깊은 한문은?

> 학교에 갈 때는 반드시 "학교 다녀오겠습니다" 하고 인사를 드리자.

① 出必告之 ② 反必面之
③ 反省無怨 ④ 必分而食

37. '我敬人親'에서 한자의 해석이 **틀린** 것은?

① 我 : 나 ② 敬 : 공경하다
③ 人 : 남 ④ 親 : 친한 사람

38. 한자어의 독음이 **틀린** 것은?

① 同氣 : 동기 ② 忠告 : 충고
③ 修身 : 수신 ④ 勤儉 : 근면

39. '朋友有○'에서 ○안에 들어갈 알맞은 한자는?

① 義 ② 序 ③ 別 ④ 信

40. ○안에 들어갈 알맞은 한자는?

> · 子○雙親樂
> → 자식이 효도하면 두 어버이가 즐겁다

① 孝 ② 慈 ③ 治 ④ 和

41. '黃金黑吏心'에서 황금은 누구의 마음을 검게 한다는 것을 알 수 있는가?

① 친구 ② 장수 ③ 스승 ④ 관리

42. '畵虎畵難骨'에서 '畵'의 음은?

① 호 ② 화 ③ 주 ④ 서

43. '畵虎畵難骨' 뒤에 이어질 한문으로 가장 알맞은 것은?

① 知人不知心 ② 一日不讀書
③ 鷄行竹葉成 ④ 地厚草木生

44. '雨後山如沐'에서 해석 순서가 마지막인 한자는?

① 雨 ② 後 ③ 如 ④ 沐

*沐(머리감다 목)

45. '狗走梅花落'에 나오는 동물은?

① 말 ② 닭 ③ 개구리 ④ 개

46. 다음 한문의 ○ 안에 들어갈 한자는?

> · ○文千載寶
> → 글을 배우면 천 년의 보배가 된다.

① 貪 ② 敎 ③ 學 ④ 師

47. '近墨者黑'에 대한 설명 중 **틀린** 것은?

① '근흑자묵'으로 읽는다.

② '者'는 '사람'이란 뜻이다.
③ '사람은 주변 환경에 많은 영향을 받는다'는 의미를 담고 있다.
④ '까마귀 노는 곳에 백로야 가지 마라'는 속담과 비슷한 말이다.

48. '飮食雖厭' 뒤에 올 문장으로 알맞은 것은?

① 기뻐하며 잊지 말라
② 반성하고 원망 말라
③ 주시면 반드시 먹어라
④ 공경하기를 손님처럼 하여라

*厭(싫어하다 염)

49. 다음 중 '事'의 풀이가 **다른** 하나는?

① 家和萬事成   ② 農事
③ 事師如親   ④ 家事

50. 다음 글과 관계가 가장 깊은 한문은?

> 엎질러진 물은 다시 주워담지 못하는 것과 같이 한번 나온 말은 다시 되돌릴 수가 없으니 말은 신중하게 생각하고 해야 한다.

① 近墨者黑 近朱者赤
② 花有重開日 人無更少年
③ 水去不復回 言出難更收
④ 友其正人 我亦自正

초등 1급 한자·한문 인증 시험 문제 예시 1

1. '校' 와 총 획수가 같은 것은?
   ① 無   ② 馬   ③ 星   ④ 門

2. 밑줄 친 '백' 의 한자로 알맞은 것은?

   · 한 번 보는 것이 **백** 번 듣는 것보다 낫다
   · 290은 '이**백**구십' 이라고 읽는다

   ① 白   ② 自   ③ 日   ④ 百

3. 밑줄 친 한자와 ( ) 안의 독음이 바르게 연결 된 것은?
   ① 부모님께는 항상 **孝(효)**를 해야 한다
   ② 오늘은 **木(수)**요일이다
   ③ 나는 **六(오)**학년이다
   ④ 나는 **江(물)**을 헤엄쳐서 건너갔다

4. 밑줄 친 金과 독음이 **다른** 것은?

   金星 표면 온도는 약 470℃이며, 금성을 덮고 있는 흰 구름은 황산으로 조성되어 지표면에 황산비가 내린다고 한다. 따라서, 생물체가 이곳에서 살 수 없는 환경으로 여겨지고 있다.

   ① **金**曜日 저녁에 학교 앞에서 만나요.
   ② 너희 부모님은 너를 **金**이야 玉(옥)이야 키웠단다.
   ③ 그의 **金**메달은 그동안 그가 흘린 땀의 결과란다.
   ④ 우리나라에서 가장 흔한 성씨로 **金**氏, 李氏, 朴氏를 꼽는다.

5. ○에 들어갈 알맞은 부수는?

   '洋' 의 뜻은 '바다' 로, 洋의 부수인 ○의 뜻과 관련이 깊다.

   ① 羊   ② 水   ③ 洋   ④ 王

6. 밑줄 친 한자어와 ( ) 안의 독음이 바르게 연결된 것은?
   ① 옛 영웅들은 **天下(천지)**를 차지하려 했다
   ② 우리 삼촌은 씩씩한 **軍人(군인)**이다
   ③ 지구의 옆에 **火星(수성)**이 있다
   ④ 맑아진 **河川(개천)**에서는 사라졌던 물고기가 다시 노닐고 있다

7. 밑줄 친 한자어의 독음으로 알맞은 것은?

   탈세 : 납세 의무자가 **稅金**의 일부 또는 전부를 내지 않는 일.

   ① 예금   ② 적금   ③ 세금   ④ 벌금

8. 밑줄 친 한자어를 한자로 바꾼 것 중 바른 것은?

   우리 ㉠**학교** 도서실은 ㉡**매일** 오전 9시부터 오후 5시까지 문을 엽니다. 토요일은 ㉢**오전**에만 문을 엽니다. 그리고, 경축일이나 설날, 추석과 같은 ㉣**공휴일**에는 문을 열지 않습니다

   ① ㉠學交   ② ㉡海日
   ③ ㉢牛前   ④ ㉣公休日

9. 다음은 '애국가' 가사의 일부분이다. 밑줄 친 한자어의 뜻풀이가 **틀린** 것은?

- 동해물과 백두산이 마르고 닳도록 하느님이 ㉠保佑하사 우리나라 만세
- 남산 위에 저 소나무 ㉡鐵甲을 두른 듯 바람서리 ㉢不變함은 우리 기상일세
- 가을하늘 공활한데 높고 구름없이 밝은 달은 우리 가슴 ㉣一片丹心일세

① ㉠보살펴 도와줌
② ㉡푸른 나뭇가지
③ ㉢변하지 않음
④ ㉣참되고 정성 어린 마음

10. 다음 한자들을 모아 한자어를 만들었을 때, 앞뒤 말이 맞지 **않는** 것은?

女 白 長 力 骨 耳 靑 目

① 長女   ② 白骨   ③ 靑力   ④ 耳目

11. '友其正人 我亦自正'에서 '友'와 바꾸어 쓸 수 있는 한자는?

① 弟   ② 兄   ③ 朋   ④ 父

12. '五倫'에 속하지 **않는** 것은?

① 父子有親   ② 長幼有序
③ 君臣有義   ④ 交友以信

13. '孝'와 가장 관련이 깊은 문장은?

① 行必正直 言則信實
② 十年以長 兄以事之
③ 出必告之 反必面之
④ 見善從之 知過必改

14. 밑줄 친 事의 뜻으로 알맞은 것은?

事師如親   必恭必敬

① 일   ② 섬기다
③ 공손하다   ④ 대답하다

15. 다음 문장에 담겨진 뜻으로 가장 알맞은 것은?

己所不欲   勿施於人

① 항상 최선을 다하라.
② 형제간에 우애 있게 지내라.
③ 남을 배려하는 마음을 가져라.
④ 자신의 부모를 먼저 잘 모셔라.

16. 2002년은 '壬午年'이었다. 양띠해인 2003년은 간지(干支)로 무엇인가?

① 癸未年   ② 甲子年
③ 丙寅年   ④ 辛未年

17. 나라 이름과 한자의 연결이 **틀린** 것은?

① 고구려 – 高句麗
② 신라 – 新羅
③ 고조선 – 古早鮮
④ 대한제국 – 大韓帝國

18. '1년 중 밤이 가장 긴 날은 동지이다'에서 '동지'의 한자로 알맞은 것은?

① 同志   ② 同至   ③ 冬至   ④ 冬之

19. 다음은 우리나라에서 일어났던 역사적 사건이다. 한자어의 독음이 맞는 것은?

① 丙子胡亂 – 병자호란
② 閑山島大捷 – 문산도대첩
③ 壬辰倭亂 – 임진호란
④ 乙未事變 – 신미사변

20. 밑줄 친 한자어의 독음으로 알맞은 것은?

> 이 영화는 뉴욕시 크기의 <u>彗星</u>이 지구 대기권 충돌 궤도에 들어서면서 60억 지구인의 생존이 위협당한다는 내용을 담은 공상과학 영화이다.

① 혜정   ② 해룡   ③ 혜성   ④ 해정

21. ㉠~㉣ 한자어의 독음이 **틀린** 것은?

> 우리는 지난날의 역사를 되돌아보면서 국민들의 힘이 위대하다는 것을 알 수 있었다. 4·19 ㉠革命과 광주 5·18 ㉡民主化 運動을 거쳐서 6월 ㉢民主 항쟁에 이르기까지 국민들에 의해 사회가 변화하였다. 또한 월드컵 때 보여준 ㉣光化門 앞에서의 응원은 우리 국민의 애국 의식을 더한층 느끼게끔 해주었다.

① ㉠혁명   ② ㉡민주화 운동
③ ㉢민주   ④ ㉣동대문

22. 밑줄 친 한자어와 ( ) 안의 독음이 바르게 연결된 것은?

① 오늘은 학교에서 <u>午後(오전)</u> 수업만 했다
② <u>午前(오후)</u>에는 친구랑 놀이터에서 만나기로 하였다
③ 난 오늘 정확히 <u>正午(정시)</u>에 일어났다
④ <u>子正(자정)</u>이 되면 날짜가 바뀐다

23. '비가 온 양을 재는 기구'를 가리키는 한자어는 무엇인가?

① 瞻星臺   ② 測雨器
③ 自擊漏   ④ 訓民正音

24. 다음의 내용과 관련이 깊은 명절은?

> 음력 8월 15일, 송편, 성묘, 달맞이

① 端午   ② 光復節
③ 立秋   ④ 秋夕

25. '법원에 소송(재판을 요청하는 일)을 당한 사람'이란 뜻을 가진 한자어는?

① 被告   ② 議會   ③ 原告   ④ 證人

26. ( ) 안에 들어갈 알맞은 한자어는?

> 최제우는 東學을 세우고 '사람이 곧 하늘'이라는 (   ) 사상을 주장하였다.

① 西學   ② 人乃天
③ 弘益人間   ④ 輔國安民

27. ○○○에 들어갈 알맞은 한자어는?

> · 외국에서 들어와 우리말처럼 쓰이는 말.
> · 무분별한 ○○○ 사용은 우리말을 왜곡시킨다.

① 固有語   ② 漢字語
③ 外來語   ④ 自國語

28. ○○에 들어갈 알맞은 한자어는?

> · 출생한 해와 같은 간지(干支)의 해가 돌아오는 61살이 되는 해.
> · 어제 큰아버지 ○○잔치에 가서 축하해 드리고 왔다.

① 志學   ② 弱冠   ③ 而立   ④ 還甲

29. '간사한 꾀로 남을 속이거나 또는 눈앞의 이익에 어두워져 상황을 올바로 파악

하지 못하는 어리석음'을 뜻하는 고사성어의 한자로 알맞은 것은?

① 暮三朝四   ② 朝四暮三
③ 朝三暮四   ④ 暮四朝三

30. 다음 단어들과 가장 관련이 깊은 고사성어는?

> 항우(項羽), 한신(韓信), 한나라, 초나라, 슬픈 노래, 아무런 도움도 없는 고립된 상황

① 漁父之利   ② 四面楚歌
③ 見物生心   ④ 進退兩難

31. 밑줄 친 고사성어의 독음은?

> 많은 남자들 중에 한 명의 여자를 紅一點이라고 한다.

① 청일점   ② 한일점
③ 홍일점   ④ 공일점

32. 다음 이야기와 가장 관련이 깊은 고사성어는?

> 한신이 조(趙)나라를 칠 때, 병사들로 하여금 강물을 등지는 진을 치게 하였는데, 이는 병법과 반대되는 내용이었지만 결국 승리하였다. 한신의 부하 장수들이 이를 의아해 하자, "병법에 '죽을 땅에 빠뜨려 두어야 사는 길이 있다'고 한 내용을 응용한 것이다"라고 한신이 말했다.

① 結草報恩   ② 杞憂
③ 登龍門   ④ 背水陣

33. '矛盾'과 가장 관련이 **없는** 것은?

① 창과 방패
② 말이나 행동의 앞뒤가 서로 맞지 않음
③ '모순'이라고 읽음
④ 전쟁에서 승리함

34. 고사성어를 **잘못** 적용한 문장은?

① 정환 : 내 뜨개질 솜씨는 우리 반에서 白眉다.
② 영표 : 싸움하는 학생이나 그걸 재미있다고 구경하는 학생이나 五十步百步다.
③ 종국 : 내가 형이랑 싸우는 바람에 漁父之利로 동생만 칭찬받았다.
④ 지성 : 내가 우리 모임에서 압도적인 표 차이로 助長이 되었다

35. 다음 내용과 가장 관련이 깊은 고사성어는?

> 세상을 살아가다 보면 다른 사람에게서 많은 은혜를 받게 된다. 내가 누군가에게 은혜를 받았을 때에 그것을 당연히 여기고 고마워할 줄 모르는 사람들도 간혹 있다. 그러나 동서양을 막론하고 훌륭한 인물일수록 자기가 받은 은혜보다도 더 많은 것을 베푼 사람들이 많다.

① 登龍門   ② 結草報恩
③ 孟母三遷之教   ④ 塞翁之馬

36. '燈下不明'의 뜻은 '등잔 밑이 어둡다'이다. 다음 중 '燈下不明'의 독음은?

① 등하부명   ② 등하불명
③ 등상불명   ④ 등상부명

37. ○○이 ○○에 들어갈 알맞은 말은?

> 철수 : 내가 어제 TV토론을 봤는데 그 발표자 진짜 말 잘하더라.

영희 : 혹시 그 사람 말만 그럴듯하게 하고 실천을 못하는 사람은 아닐까?
철수 : 그런가? 잘 모르겠네.
영희 : 난 ○○이 ○○한 사람이 제일 훌륭하다고 생각해.

① 言行 / 一致   ② 敎學 / 相長
③ 外柔 / 內剛   ④ 信賞 / 必罰

38. '易地思之'의 뜻풀이로 알맞은 것은?

① 분수를 편안히 여겨 지키고 만족할 줄 앎.
② 상대와 처지를 바꾸어 놓고 그쪽도 생각해 봄.
③ 모든 일은 반드시 올바른 결과로 끝남.
④ 큰 인물이 될 사람은 오랜 시간의 꾸준한 노력으로 이루어짐.

39. 다음 한문의 독음으로 알맞은 것은?

> 於我惡者　我亦善之

① 어아악자 아역택지
② 어아오자 아역선지
③ 어아악자 아역선지
④ 어아오자 아역택지

40. 밑줄 친 '不'의 독음이 **다른** 하나는?

> 玉㉠不琢이면 ㉡不成器하고 人㉢不學이면 ㉣不知道라

① ㉠   ② ㉡   ③ ㉢   ④ ㉣

41. ㉠~㉣의 한자 중 독음이 **틀린** 것은?

> 爲政之㉠要 曰㉡公與淸 ㉢成家之道 曰儉與㉣勤

① ㉠요   ② ㉡공   ③ ㉢성   ④ ㉣동

42. ○안에 들어갈 알맞은 문장은?

> ○ 知足者는 貧賤亦樂이요 不知足者는 ○○○○니라
> ○ 만족함을 아는 사람은 가난하고 천하여도 즐겁고, 만족함을 알지 못하는 자는 **부하고 귀하여도 근심하느니라**

① 富貴則憂   ② 富貴亦樂
③ 富貴亦憂   ④ 富貴則樂

43. '水至淸則無魚하고 人至察則無**徒**니라'에서 '徒'의 풀이로 알맞은 것은?

① 걷다   ② 무리   ③ 다만   ④ 맨손

44. 다음 문장에서 얻을 수 있는 교훈으로 가장 알맞은 것은?

> 道吾善者는 是吾賊이요 道吾惡者는 是吾師니라
> *賊(도적 적)

① 나의 잘못을 말하는 사람하고는 관계를 끊어야 한다
② 나의 장점을 부각시켜 주는 사람하고는 친하게 지내야 한다
③ 나의 잘못된 점을 말해 주는 사람은 내가 존경하고 따라야 한다
④ 남의 장점을 인정해 주는 사람이 되어야 한다

45. 다음 문장에서 강조하는 것은?

> 不經一事면 不張一智니라.
> *經(날실, 지나다, 겪다 경)

① 지식　② 노력　③ 경험　④ 지혜

46. 밑줄 친 過의 풀이로 알맞은 것은?

> 父不言子之德하며 子不談父之**過**니라

① 지내다　　② 과정
③ 덕담　　　④ 허물

47. '어떤 사람을 판단할 때 신중하라'는 교훈을 담고 있는 문장은?

① 爲政之要는 曰公與淸이요 成家之道는 曰儉與勤이라.
② 衆이 好之라도 必察焉하며 衆이 惡之라도 必察焉이니라.
③ 於我善者도 我亦善之하고 於我惡者도 我亦善之니라.
④ 事雖小나 不作이면 不成이오 子雖賢이나 不敎면 不明이니라.

48. 밑줄 친 '與'의 뜻으로 가장 알맞은 것은?

> 施恩이어든 勿求報하고 **與**人이어든 勿追悔하라.

① 함께　　　② 주다
③ 일어나다　④ 사랑하다

49. 다음 문장을 통해 얻을 수 있는 교훈으로 가장 알맞은 것은?

> 忍一時之忿이면 免百日之憂이니라.

① 옳지 못한 것을 보면은 반드시 고쳐야 한다.
② 순간적으로 화나는 일이 생기더라도 마음을 차분히 가라앉히는 것이 좋다.
③ 훗날의 근심을 없애기 위해서는 옳지 못한 것을 보더라도 가만히 있어야 한다.
④ 화나는 일이 생겼을 때는 먼저 상대방의 기분을 살펴야 한다.

50. 다음 글의 내용과 가장 관련이 **적은** 것은?

> 孝於親이면 子亦孝之하나니 身旣不孝면 子何孝焉이리오.

① 부모가 먼저 효도하는 모습을 자식에게 보여라.
② 부모에게 효도하면 자식 또한 효자가 될 것이다.
③ 부모가 효도하지 않아도 자식이 효도하는 경우가 있다.
④ 내 자신이 효도하지 않으면 자식이 어찌 효도하겠는가?

초등 1급 한자·한문 인증 시험 문제 예시 2

1. '耳'와 총 획수가 같은 것은?

   ① 貝   ② 田   ③ 雨   ④ 肉

2. 밑줄 친 '견'의 한자로 알맞은 것은?

   · 나는 방학 때 박물관을 **견**학하였다.
   · 입학식날 선생님과 상**견**례를 하였다.

   ① 目   ② 見   ③ 貝   ④ 現

3. 밑줄 친 한자와 ( ) 안의 독음이 바르게 연결된 것은?

   ① 나는 오늘 수업 시간에 **詩**(시)를 배웠다.
   ② 서울은 평양보다 **南**(북)쪽에 있다.
   ③ **日**(월)요일날 공원에 놀러가기로 하였다.
   ④ 내 **姓**(형)은 '김' 씨이다.

4. 독음이 **다른** 하나는?

   ① 四   ② 似   ③ 史   ④ 可

5. ○에 들어갈 알맞은 부수는?

   '時'의 뜻은 '때, 시간'으로, 時의 부수인 ○의 뜻과 관련이 깊다.

   ① 日   ② 土   ③ 寸   ④ 時

6. 밑줄 친 한자어와 ( ) 안의 독음이 바르게 연결된 것은?

   ① **格言**(속담)은 세상을 바르게 살아가는 데 필요한 지혜와 교훈이 되는 짧은 말이다
   ② 어제 저녁에 철수는 이순신 장군의 **傳記文**(전기문)을 읽고 있었다
   ③ 그리스 **神話**(전설)에 의하면 카시오페이아는 에티오피아의 왕비였다
   ④ 이 영화는 외계인을 **素材**(제재)로 만든 SF 영화이다

7. 밑줄 친 한자어의 독음으로 알맞은 것은?

   寶物은 역사적, 예술적, 학술적으로 가치가 큰 것으로서, 국가가 법적으로 지정한 유형 문화재이다.

   ① 실물   ② 보물   ③ 보석   ④ 보호

8. 밑줄 친 한자어를 한자로 바꾼 것 중 바른 것은?

   부모님께 ㉠**효도**하고 형제 자매 간에 사이 좋게 지내는 것은 우리 조상들의 훌륭한 미덕이다. 그러므로 우리는 부모님 말씀을 잘 듣고 ㉡**공경**해야 한다. 지극한 ㉢**효성**과 형제간의 ㉣**우애**는 가정의 소중한 재산이다.

   ① ㉠孝徒   ② ㉡恭敬
   ③ ㉢孝成   ④ ㉣右愛

9. 한자어의 뜻풀이가 **잘못된** 것은?

   ① 伯父 - 큰아버지
   ② 叔父 - 작은아버지

③ 外家 – 아버지의 집안
④ 本貫 – 시조가 태어난 땅

10. 다음 한자들을 모아 한자어를 만들었을 때, 앞뒤 말이 맞지 **않는** 것은?

> 小 金 賣 稅 氣 體

① 小賣 ② 稅金 ③ 氣體 ④ 稅體

11. '非禮勿視 非禮勿聽'에서 '非'의 뜻으로 알맞은 것은?

① 곧   ② 아니다
③ 말아라   ④ 그리고

12. '以衣溫我 以食飽我'는 누구의 은혜를 가리키는 문장인가?

① 친구 ② 형제 ③ 부모 ④ 친척

13. '우정'과 가장 관련이 깊은 문장은?

① 父生我身 母鞠我身
② 十年以長 兄以事之
③ 一杯之水 必分而飮
④ 朋友有過 忠告善導

14. 밑줄 친 '更'의 뜻으로 알맞은 것은?

> 水去不復回   言出難**更**收

① 곧   ② 고치다
③ 다시   ④ 편하다

15. 다음 문장에 담겨진 뜻으로 가장 알맞은 것은?

> 一日不讀書   口中生荊棘
> *荊(가시나무 형) 棘(가시나무 극)

① 놀 때는 충분히 놀아야 한다.
② 부모님이 살아 계실 때 효도해야 한다.
③ 항상 공부를 열심히 해야 한다.
④ 친구와는 우애 있게 지내야 한다.

16. 다음 중에서 '12지(支)'에 속하는 한자가 아닌 것은?

① 子   ② 寅   ③ 甲   ④ 未

17. 우리나라에서 있었던 역사적 사건의 이름을 한자로 바꿔 쓴 것 중 바른 것은?

① 3·1 운동 – 3·1 運勤
② 4·19 혁명 – 4·19 革命
③ 5·18 민주화 운동 – 5·18 民主花 운동
④ 6월 민주 항쟁 – 6월 민주 恒爭

18. 1년 중 낮이 가장 긴 날은 '하지'이다. 다음 중 '하지'의 한자로 알맞은 것은?

① 下志   ② 下至   ③ 夏至   ④ 夏之

19. 다음은 궁궐과 관련된 이름이다. 독음이 맞는 것은?

① 勤政殿 – 경복궁   ② 便殿 – 편전
③ 慶會樓 – 광화문   ④ 景福宮 – 경회루

20. 밑줄 친 한자어의 독음으로 맞은 것은?

> 단군이 고조선을 세우면서 건국 이념으로 '널리 인간을 이롭게 한다'라는 **弘益人間**의 이념을 온 세상에 전파하였다.

① 재세이화   ② 홍익인간
③ 태극인간   ④ 홍익이념

21. ㉠~㉣ 한자어의 독음이 **틀린** 것은?

대한민국은 민주 사회이다. 대한민국의 국민은 국가 권력으로부터 개인의 자유를 보장받는 ㉠自由權과 누구나 동등한 대접을 받는 ㉡平等權, 사람다운 생활을 하기 위해서 국민이 국가의 보호를 요구하거나 생활 수단을 제공해 줄 것을 요구할 수 있는 ㉢生存權, 국민이 정치에 참여할 수 있는 ㉣參政權의 권리가 있다.

① ㉠자유권　　② ㉡평등권
③ ㉢생활권　　④ ㉣참정권

22. 밑줄 친 한자어와 ( ) 안의 독음이 바르게 연결된 것은?

① 소프라노 조수미는 세계적인 **聲樂(가수)**이다
② 동양화에서 먹물의 짙고 옅음을 조화시켜 그린 그림을 **水墨畵(수채화)**라 한다
③ 우리나라 국보 제1호는 **崇禮門(남대문)**이다
④ 조선시대 왕의 명령으로 만든 농사책은 **農事直說(농사직설)**이다

23. '광물을 캐내거나 광석을 녹여 금속을 뽑아 내어 인간에게 유용한 물질을 생산하는 활동'을 뜻하는 한자어는?

① 工業　② 商業　③ 鑛業　④ 畜産業

24. 다음의 내용과 관련이 깊은 명절은?

음력 5월 5일, 그네뛰기, 창포물에 머리감기

① 端午　　　　② 光復節
③ 立秋　　　　④ 秋夕

25. 다음 중 三權分立에서 '三權'은 '입법, 사법, 행정'이다. 다음 중 삼권에 속하지 않는 것은?

① 立法　　　　② 司法
③ 行政　　　　④ 統一

26. ( ) 안에 들어갈 알맞은 한자어는?

사춘기 이후부터 50살 전후의 여성의 자궁에서 매달 일정한 기간 동안 피가 나오는 현상을 ( )[이]라 한다.

① 卵巢　② 精子　③ 月經　④ 卵子

27. ○○에 들어갈 알맞은 한자어는?

· 어떤 수를 다른 수로 나누어 나머지 없이 떨어질 때의 앞의 수.
· 곱절이 되는 수.
· 4와 6은 2의 ○○이다.

① 整數　② 約數　③ 倍數　④ 實數

28. ○○○○에 들어갈 알맞은 한자어는?

· 변하지 않는 참된 마음
· 님 향한 ○○○○이야 가실 줄이 있으랴 [정몽주의 시조의 일부]

① 一片丹心　　② 殺身成仁
③ 四書三經　　④ 言行一致

29. '사방에서 초나라 노래가 들린다'는 뜻으로, 누구의 도움도 받을 수 없는 상황을 나타내는 고사성어는?

① 四面草家　　② 四面楚家
③ 四面楚歌　　④ 四免楚歌

30. 다음 단어들과 가장 관련이 깊은 고사성어는?

| 조개, 도요새, 어부, 엉뚱한 제3자가 이익을 봄 |

① 漁父之利   ② 結草報恩
③ 見物生心   ④ 進退兩難

31. 밑줄 친 고사성어의 독음은?

| 안 해도 될 쓸데없는 일을 하다가 도리어 일을 그르치는 것을 **蛇足**이라 한다 |

① 뱀발   ② 사족   ③ 사정   ④ 충족

32. 다음 이야기와 가장 관련이 깊은 고사성어는?

| 아흔을 넘긴 우공이라는 사람은 집 앞에 있는 두 큰 산 때문에 생활에 불편을 겪자, 가족과 함께 산을 먼 곳으로 옮기기로 작정했다. 동네에 지수라는 노인은 우공을 어리석다며 비웃었다. 이에 우공은 '자자손손 산을 옮기다 보면 언젠가는 작아진다' 고 말하자, 지수는 할 말을 잊었고, 하늘은 우공의 끈질긴 정성에 감동되어 산을 옮겨 주었다는 고사에서 유래함 |

① 愚公移山   ② 助長
③ 登龍門   ④ 背水陣

33. '杞憂' 와 가장 관련이 **없는** 것은?

① 기나라 사람의 이야기
② 쓸데없는 걱정
③ 여럿 가운데서 가장 뛰어남
④ '기우' 라고 읽음

34. 고사성어를 **잘못** 적용한 문장은?

① 상민 : 이번 시합에서는 **背水陣**을 치고 임해야겠다.
② 장훈 : 우리 엄마는 우리 집에서 **紅一點**이시다.
③ 승현 : 자기가 저지른 일은 자기가 해결해야 하는 **結草報恩**의 자세가 필요하다.
④ 경은 : 인생은 **塞翁之馬**라고 하잖아. 용기 잃지 말고 힘을 내!

35. 다음 내용과 가장 관련이 있는 고사성어는?

| 모든 일을 성공하기 위해서는 그만한 노력이 필요하다. 꾸준한 노력과 인내심이 없이 일을 서둘러 마치려는 조급함은 오히려 일을 망치기 일쑤다. 또한 순리대로 하지 않고 억지로 하려는 자세도 일을 망치는 지름길이 되기도 한다. 키가 크고 싶다고 억지로 몸을 늘인다고 키가 크는 건 아니지 않는가. 일을 순리대로 하려는 지혜가 필요하다. |

① 白眉   ② 助長
③ 孟母三遷之敎   ④ 登龍門

36. 事必歸正의 뜻은 '모든 일은 반드시 바른 데로 돌아감' 이다. 다음 중 '事必歸正' 의 독음은?

① 사필규정   ② 사심규정
③ 사필귀정   ④ 사심귀정

37. 다음 대화 내용과 가장 관련 깊은 말은?

| 효진 : 난 겉으로는 약하게 보이지만 속으로론 의지가 굳고 당찬 사람이 맘에 들더라.
승범 : 난 힘도 세고 용기도 많아.
효진 : 그렇지만 넌 의지가 약하잖아.
승범 : 그래 맞아. 그러면 나도 ○○○○ 한 사람이 되도록 노력해야겠다. |

① 言行一致　　② 敎學相長
③ 外柔內剛　　④ 信賞必罰

38. '牛耳讀經'의 뜻풀이로 알맞은 것은?

① 아무리 일러주어도 알아듣지 못함
② 우연한 일치로 남에게 오해를 받음
③ 자기에게 이롭게 말하거나 행동함
④ 눈앞의 이익을 보면 취하는 것이 옳은지를 먼저 생각해야 함

39. 다음 한문의 독음으로 알맞은 것은?

知足者 貧賤亦樂

① 지족자 빈천적요　② 지족자 빈천역락
③ 지만자 빈천역악　④ 지만자 빈천역락

40. ㉠~㉣ 한자 중 독음이 바른 것은?

㉠酒食兄弟는 ㉡千個有로되 ㉢急難之㉣朋은 一個無니라

① ㉠서　② ㉡간　③ ㉢급　④ ㉣명

41. 다음 한문의 독음이 바른 것은?

① 成家之兒 – 성가지아
② 惜糞如金 – 석분녀김
③ 敗家之兒 – 적가지아
④ 用金如糞 – 용김여분

42. ○안에 들어갈 알맞은 문장은?

・水至淸則無魚하고 ○○○○○○니라
・물이 지극히 맑으면 고기가 없고, 사람이 지극히 살피면 따르는 무리가 없다.

① 人至察則無從　② 人至察則無徒
③ 人至察卽無從　④ 人至察卽無徒

43. '父母在어시든 不遠遊하며 遊必有方이니라' 에서 '遊必有方'의 의미로 가장 알맞은 것은?

① 놀러 갈 때에 반드시 한곳만 가야 한다
② 놀러갈 때에는 반드시 계획을 잘 세워야 한다
③ 놀러 갈 때는 반드시 부모님에게 말씀드려야 한다
④ 놀 때에는 가급적 멀리 가지 말아야 한다

44. 다음 문장의 풀이에 대한 설명이 바른 것은?

知足者는 貧賤亦樂이요 不知足者는 富貴亦憂니라

① 부유함과 귀함은 사람이면 누구나 원하는 바이다
② 만족함을 아는 사람은 가난과 천함도 즐거워할 줄 안다
③ 만족함을 아는 사람은 부유함과 귀함을 싫어한다
④ 만족함을 모르는 사람은 부유함과 귀함을 좋아한다

45. 다음 문장에서 가장 강조하는 것은?

事雖小나 不作이면 不成이오 子雖賢이나 不敎면 不明이니라

① 事　② 敎　③ 雖　④ 不

46. 다음 한문의 해석으로 가장 알맞은 것은?

玉不琢이면 不成器하고 人不學이면 不知道라

① 옥은 쪼아도 그릇이 되지 않고 사람은 배우지 않아도 도를 안다
② 옥은 다듬지 않으면 그릇이 되지 않고 사람은 배우지 않으면 도를 알지 못한다
③ 옥은 다듬지 않으면 그릇이 되고 사람은 배우지 않으면 도를 안다
④ 옥은 다듬으면 그릇이 되지 못하고 사람은 배우면 도를 알지 못한다

47. '순간적인 화는 참는 것이 좋다' 라는 교훈을 담고 있는 문장은?

① 爲政之要는 曰公與淸이요 成家之道는 曰儉與勤이라.
② 忍一時之忿이면 免百日之憂이니라
③ 於我善者도 我亦善之하고 於我惡者도 我亦善之니라.
④ 事雖小나 不作이면 不成이오 子雖賢이나 不敎면 不明이니라.

48. 밑줄 친 '過' 의 뜻으로 가장 알맞은 것은?

賢而多財則損其志하고 愚而多財則益其**過**니라.

① 더불다 ② 지나가다
③ 허물   ④ 주다

49. 다음 문장을 통해 얻을 수 있는 교훈으로 가장 알맞은 것은?

施恩이어든 勿求報하고 與人이어든 勿追悔하라

① 옳지 못한 것을 보면은 반드시 고쳐야 한다
② 은혜를 베풀었을 때 보답을 구하지 말고 남에게 준 것을 후회하지 말아야 한다
③ 훗날의 근심을 없애기 위해서는 옳지 못한 것을 보더라도 가만히 있어야 한다
④ 화나는 일이 생겼을 때는 먼저 상대방의 기분을 살펴야 한다

50. 다음 글의 내용과 가장 관련이 **적은** 것은?

父不言子之德하며 子不談父之過니라

① 부모는 자식의 훌륭한 모습을 말해야 한다.
② 자식은 부모의 허물을 말하면 안 된다
③ 부모는 자식의 훌륭한 면을 말하고 다녀서는 안 된다
④ 자식의 장점과 부모의 허물은 말하지 않는 것이 예의이다

초등 1급 한자·한문 인증 시험 문제 예시 3

1. '後' 와 총획이 틀린 것은?

   ① 星   ② 前   ③ 室   ④ 格

2. 밑줄 친 '팔' 의 한자로 알맞은 것은?

   · 우리나라의 평균 수명이 **팔**십에 가까워 졌다.
   · 여러 가지 능력을 가진 사람을 **팔**방미인 이라고 한다.

   ① 人   ② 入   ③ 八   ④ 六

3. 밑줄 친 한자와 ( ) 안의 독음이 바르게 연결된 것은?

   ① 십자수는 일일이 **手**(모)작업으로 이루어진다.
   ② 초등학교 **三**(삼)학년 때 짝이 갑자기 생각났다.
   ③ 옛날 선비들은 **義**(용)을 중시했다.
   ④ 오늘 모임에 **必**(편)히 참석해야 한다.

4. '明' 과 독음이 같은 것은?

   ① 兵   ② 面   ③ 名   ④ 朋

5. ○에 들어갈 알맞은 부수는?

   '從' 의 뜻은 '따라가다' 로, 從의 부수인 ○ 의 뜻과 관련이 깊다.

   ① 彳   ② 人   ③ 卜   ④ 八

6. 밑줄 친 한자어와 ( ) 안의 독음이 바르게 연결된 것은?

   ① 말로 떠드는 것보다는 **實踐**(행동)이 중요하다.
   ② 친구간에는 **信義**(믿음)이 있어야 한다.
   ③ **正直**(정직)한 사람은 항상 행동이 모범적이다.
   ④ 우리 민족은 예로부터 **禮節**(예의)를 중시하였다.

7. 밑줄 친 한자어의 독음으로 알맞은 것은?

   勤勉한 사람은 모든 일에 항상 솔선수범한다.

   ① 성실   ② 근면   ③ 근실   ④ 침착

8. 밑줄 친 한자어를 한자로 바꾼 것 중 바른 것은?

   우리는 모두 ㉠**자유**를 소중히 여긴다. 또한 ㉡**민주**적인 사회 분위기도 좋아한다. 전쟁보다는 ㉢**평화**를 존중한다. 모든 일이 ㉣**공정**하게 처리되기를 바란다. 이러한 것들을 이루기 위해서는 나보다는 우리를 생각할 줄 아는 자세가 필요하다.

   ① ㉠目由   ② ㉡民主
   ③ ㉢平禾   ④ ㉣共正

9. 한자어의 뜻풀이가 바른 것은?

   ① 國慶日 – 나라에서 경사스런 날을 기념하기 위해 정한 날.

② 制憲節 - 우리나라가 일본으로부터 해방된 날을 기념하는 날.
③ 顯忠日 - 헌법이 처음 만들어졌음을 알렸던 것을 기념하는 날.
④ 開天節 - 목숨을 바쳐 나라를 지킨 사람을 기념하는 날.

10. 다음 한자들을 모아 한자어를 만들었을 때, 앞뒤 말이 맞지 **않는** 것은?

| 本　伯　寸　貫　數　父 |

① 本貫　② 貫伯　③ 伯父　④ 寸數

11. '恩高如天 德厚似地' 에서 '恩' 과 바꾸어 쓸 수 있는 한자는?

① 惠　② 思　③ 孝　④ 敬

12. '朋友有過 忠告善導' 속에 담긴 의미로 가장 알맞은 것은?

① 친구의 잘못은 덮어 주어야 한다
② 친구끼리는 잘못도 같이할 수 있다
③ 친구에게 잘못이 있으면 충고해서 좋게 인도해야 한다
④ 친구의 잘못을 보면 같이해도 상관은 없다

13. '말조심' 과 가장 관련이 깊은 문장은?

① 水去不復回 言出難更收
② 十年以長 兄以事之
③ 出必告之 反必面之
④ 見善從之 知過必改

14. 밑줄 친 '親' 의 뜻으로 알맞은 것은?

| 我敬人親　人敬我親 |

① 친구　② 부모　③ 어른　④ 조상

15. '讀書勤儉 起家之本' 에서 '起家之本' 의 해석 순서로 알맞은 것은?

① 起-家-之-本　② 起-之-本-家
③ 家-起-之-本　④ 本-起-之-家

16. 과거에 시간이나 연도를 표시했던 '10간 12지' 의 10간에 속하지 않는 것은?

① 甲　② 丁　③ 庚　④ 未

17. 밑줄 친 한자어를 한자로 바꾼 것 중 바른 것은?

이 몸이 죽고 죽어 ㉠**일백** 번 고쳐 죽어 ㉡**백골**이 ㉢**진토**되어 넋이라도 있고 없고 님 향한 ㉣**일편단심**이야 가실 줄이 있으랴

① ㉠一白　② ㉡百骨
③ ㉢塵土　④ ㉣一片丹心

18. 일 년 중 낮과 밤의 길이가 같은 날은 두 번 있다. 다음 중에서 낮과 밤이 같은 절기는 언제인가?

① 冬至　② 夏至　③ 秋分　④ 秋夕

19. 한자어와 독음의 연결이 바른 것은?

① 固有語 - 한자어　② 外來語 - 외국어
③ 外國語 - 외래어　④ 漢字語 - 한자어

20. 밑줄 친 한자어의 독음으로 알맞은 것은?

새로운 사회를 만들고자 하는 사람들의 노력이 계속되자 조정에서도 적극적으로 개혁을 서둘렀는데 이를 <u>甲午改革</u>이라고 한다.

① 갑신정변　② 갑오사변
③ 갑신개혁　④ 갑오개혁

21. ㉠~㉣ 한자어의 독음이 **틀린** 것은?

> 옛날 어느 마을에 ㉠老母를 모시고 사는 한 ㉡青年이 있었다. 어느 날 사또의 행차가 있었는데, 老母가 구경하기를 원하자 青年은 老母를 업고 나와 사또 ㉢行次를 보여 드렸다. 이 모습을 보고 사또는 ㉣孝子라며 상을 내리고 떠났다.

① ㉠노모 ② ㉡청년
③ ㉢행렬 ④ ㉣효자

22. 밑줄 친 한자어와 ( ) 안의 독음이 바르게 연결된 것은?

① 봄이 시작되는 시기를 **立春**(입추)라 한다
② 1년 중 밤이 가장 긴 날을 **冬至**(하지)라 한다.
③ 음력 5월 5일은 **端午**(단오)이다.
④ 음력 8월 15일은 **秋夕**(추분)이다.

23. '평지보다 높아 여름에도 기온이 서늘한 산간 지역'을 가리키는 한자어는?

① 水耕   ② 高冷地
③ 畜産業   ④ 林業

24. 다음의 내용과 관련이 깊은 명절은?

> 동지로부터 105일 되는 날, 찬밥 먹기, 성묘

① 端午   ② 光復節
③ 寒食   ④ 秋夕

25. '책' 이름이 **아닌** 것은?

① 千字文   ② 小學
③ 童蒙先習 ④ 集賢殿

26. ○○ 안에 들어갈 알맞은 한자어는?

> 아주 오랜 옛날에 살았던 동식물이 땅속에 묻혀 돌로 변화된 것을 ○○(이)라 한다.

① 地震 ② 化石 ③ 火石 ④ 石柱

27. '선거에 의해 선출된 의원들이 국민의 의사를 대신하여 법을 만드는 활동을 하는 기관' 을 뜻하는 한자어는?

① 選舉   ② 立法部
③ 參政   ④ 行政

28. ○○○에 들어갈 알맞은 한자어는?

> · 잎이 바늘처럼 생긴 나무.
> · 다람쥐는 우리나라의 몇몇 섬을 빼고는 전국 어디에서나 살며, 주로 울창한 ○○○림에서 많이 산다.

① 闊葉樹   ② 赤松樹
③ 針葉樹   ④ 針綠樹

29. '기나라 사람의 쓸데없는 걱정' 이란 뜻을 담고 있는 고사성어를 한자로 쓴 것 중 알맞은 것은?

① 杞憂 ② 杞憂 ③ 杞雨 ④ 杞牛

30. 다음 단어들과 가장 관련이 깊은 고사성어는?

> 창, 말이나 행동의 앞뒤가 서로 맞지 않음, 방패

① 蛇足 ② 白眉 ③ 杞憂 ④ 矛盾

31. 밑줄 친 고사성어의 독음은?

> 어떤 일에 죽기를 각오하고 정면으로 맞서는 것을 **背水陣**이라 한다.

① 북수진　　② 배영진
③ 배수진　　④ 북영진

32. 다음 이야기와 가장 관련이 깊은 고사성어는?

> 조개 한 마리가 껍질을 벌려 살을 내놓고 햇볕을 쬐고 있을 때 도요새가 날아와 조개의 살을 쪼자 조개는 껍질을 닫아서 도요새의 부리를 물었다. 둘이 물고 물리어 서로 버티고 있을 무렵 어부가 나타나 모두 잡아 버렸다.

① 蛇足　　　② 登龍門
③ 漁父之利　④ 塞翁之馬

33. '孟母三遷之敎'와 가장 관련이 없는 것은?

① 맹자
② 어머니가 떡을 썰음
③ 교육에서 환경의 중요함
④ 교육을 위해서 세 번 이사함

34. 고사성어를 잘못 적용한 문장은?

① 희정 : 어려울 때 나를 도와주었으니 꼭 結草報恩하리라.
② 해원 : 길도 잃고, 날도 어두워졌으니 四面楚歌 신세네.
③ 혜지 : 이번 시험은 背水陣을 치고 열심히 해야 되겠다.
④ 경화 : 사방에 우리 편이 없다니 紅一點이로다.

35. 다음 내용과 가장 관련이 깊은 고사성어는?

> 인생에서 바른 길을 가지 않고 잔재주를 부려서 남을 현혹하게 하는 사람들이 종종 있다. 사람들도 그런 현혹스런 말에 속아 넘어가서는 나중에 허탈해 하기도 한다. 여기서 짚어 보아야 할 것은 그런 잔재주로 남을 속인다고 해서 본인에게 큰 이로움은 없다는 것이다. 오히려 사람들에게 신뢰감을 잃게 할 것이다.

① 愚公移山　　② 朝三暮四
③ 孟母三遷之敎　④ 塞翁之馬

36. 見利思義의 뜻은 '눈앞의 이익을 보면 취하는 것이 옳은지를 먼저 생각해야 하다'이다. '見利思義'의 독음으로 알맞은 것은?

① 패리사의　② 견리사의
③ 패리은의　④ 견리은의

37. 다음 대화 내용과 가장 관련 깊은 말은?

> 지현 : 나 어제 햄버거 가게에 가서 맛있는 햄버거 먹었다.
> 봉길 : 혹시 그 햄버거는 어떤 재료를 사용하는지 아니?
> 지현 : 글쎄. 잘 모르겠는데.
> 봉길 : 아마도 대부분이 수입을 해서 만들어진 거야. 우리 몸엔 우리 땅에서 나는 음식이 최고야!

① 結者解之　② 十匙一飯
③ 外柔內剛　④ 身土不二

38. '安分知足'의 뜻풀이로 알맞은 것은?

① 조그만 탐욕은 도리어 큰 손실을 부름.
② 말과 행동이 일치함.
③ 편안하게 살 때일수록 위태로움을 생각해야 함.

④ 분수를 편안히 여겨 지키고 만족할 줄 앎.

39. 밑줄 친 是의 독음으로 알맞은 것은?

道吾惡者　是吾師

① 사　② 시　③ 오　④ 소

40. ㉠~㉣ 한자 중 독음이 맞는 것은?

㉠聞人之過㉡失이어든 ㉢如聞父母之名하여 耳可得聞이언정 口不可言㉣也니라

① ㉠간　② ㉡시　③ ㉢여　④ ㉣여

41. '賢而多財'에서 '而'의 독음은?

① 이　② 지　③ 다　④ 기

42. ○안에 들어갈 알맞은 문장은?

· 大富는 由天하고 小富는 由○이니라
· 큰 부자는 하늘에 달려 있고 작은 부자는 부지런한 데 달려 있다

① 動　② 重　③ 謹　④ 勤

43. '不經一事면 不張一智니라'에서 '張'의 해석으로 가장 알맞은 것은?

① 자라다　② 어른
③ 우두머리　④ 길다

44. 다음 문장의 풀이에 대한 설명으로 바른 것은?

水至淸則無魚하고 人至察則無徒니라

① 물이 맑아야 물고기가 잘 모여든다
② 사람은 꼼꼼해야 다른 사람들로부터 인정을 받는다
③ 사람이 지극히 살피면 따르는 사람이 없다
④ 물고기나 사람이나 깨끗한 환경을 좋아한다

45. 다음 문장에서 강조하는 것은?

玉不琢이면 不成器하고 人不學이면 不知道라

① 지식　② 효도　③ 배움　④ 우정

46. ㉠~㉣ 한자의 해석 중 틀린 것은?

㉠施恩이어든 ㉡勿求報하고 ㉢與人이어든 勿追㉣悔하라

① ㉠施-베풀다　② ㉡勿-말아라
③ ㉢與-주다　④ ㉣悔-깨닫다

47. '분수에 맞는 편안한 삶'이란 의미와 가장 관련이 깊은 문장은?

① 爲政之要는 曰公與淸이요 成家之道는 曰儉與勤이라.
② 衆이 好之라도 必察焉하며 衆이 惡之라도 必察焉이니라.
③ 知足者는 貧賤亦樂이요 不知足者는 富貴亦憂니라
④ 事雖小나 不作이면 不成이오 子雖賢이나 不敎면 不明이니라.

48. 밑줄 친 '亂'의 뜻으로 가장 알맞은 것은?

君子有勇而無禮면 爲亂이라.

① 도적　② 의인　③ 강도　④ 난리

49. ㉠~㉣ 한자의 해석 중에 바른 것은?

> 士志㉠於道而恥㉡惡衣惡食㉢者는 未㉣足與議也니라.

① ㉠於-~에
② ㉡惡-미워하다
③ ㉢者-~할 때
④ ㉣足-발

50. 다음 글의 내용과 가장 관련이 **적은** 것은?

> 酒食兄弟는 千個有로되 急難之朋은 一個無니라.

① 친구를 사귈 때는 진정한 마음으로 사귀어야 한다.
② 술과 밥을 같이 먹을 수 있는 친구는 많다.
③ 내가 어려울 때 도와줄 수 있는 친구는 그리 많지 않다.
④ 친구는 항상 형편을 살펴보고 나에게 어울릴지 결정하고 사귄다.

〈 초등Ⅲ급 1회 〉

1. ④ 2. ② 3. ③ 4. ① 5. ③ 6. ③ 7. ③
8. ① 9. ② 10. ③ 11. ② 12. ④ 13. ② 14. ③
15. ④ 16. ② 17. ② 18. ① 19. ③ 20. ④ 21. ②
22. ① 23. ④ 24. ① 25. ③

〈 초등Ⅲ급 2회 〉

1. ③ 2. ① 3. ③ 4. ③ 5. ② 6. ② 7. ③
8. ① 9. ④ 10. ① 11. ① 12. ③ 13. ② 14. ④
15. ① 16. ② 17. ② 18. ④ 19. ① 20. ④ 21. ①
22. ② 23. ④ 24. ③ 25. ②

〈 초등Ⅲ급 3회 〉

1. ④ 2. ④ 3. ① 4. ② 5. ④ 6. ③ 7. ①
8. ④ 9. ③ 10. ③ 11. ③ 12. ③ 13. ① 14. ②
15. ③ 16. ④ 17. ① 18. ④ 19. ④ 20. ③ 21. ②
22. ③ 23. ② 24. ④ 25. ①

〈 초등Ⅱ급 1회 〉

1. ② 2. ② 3. ① 4. ② 5. ③ 6. ④ 7. ②
8. ② 9. ① 10. ④ 11. ② 12. ③ 13. ④ 14. ②
15. ② 16. ② 17. ① 18. ④ 19. ② 20. ③ 21. ②
22. ② 23. ③ 24. ② 25. ③ 26. ④ 27. ② 28. ③
29. ① 30. ④ 31. ② 32. ③ 33. ③ 34. ② 35. ②
36. ④ 37. ④ 38. ② 39. ① 40. ② 41. ② 42. ①
43. ④ 44. ④ 45. ② 46. ③ 47. ② 48. ① 49. ④
50. ①

〈 초등Ⅱ급 2회 〉

1. ② 2. ③ 3. ① 4. ② 5. ④ 6. ② 7. ②
8. ③ 9. ① 10. ④ 11. ② 12. ② 13. ① 14. ②
15. ④ 16. ④ 17. ② 18. ③ 19. ② 20. ① 21. ②
22. ④ 23. ② 24. ① 25. ① 26. ③ 27. ① 28. ①
29. ② 30. ④ 31. ④ 32. ② 33. ③ 34. ② 35. ②
36. ② 37. ④ 38. ② 39. ① 40. ① 41. ② 42. ②
43. ① 44. ② 45. ④ 46. ① 47. ③ 48. ③ 49. ③
50. ③

〈 초등Ⅱ급 3회 〉

1. ② 2. ① 3. ④ 4. ① 5. ③ 6. ② 7. ②
8. ① 9. ① 10. ① 11. ① 12. ③ 13. ① 14. ①
15. ④ 16. ④ 17. ① 18. ③ 19. ② 20. ② 21. ②
22. ① 23. ② 24. ④ 25. ② 26. ② 27. ② 28. ④
29. ① 30. ③ 31. ① 32. ① 33. ② 34. ① 35. ①
36. ① 37. ④ 38. ④ 39. ④ 40. ① 41. ④ 42. ②
43. ① 44. ③ 45. ④ 46. ② 47. ① 48. ② 49. ③
50. ③

〈 초등Ⅰ급 1회 〉

1. ② 2. ④ 3. ① 4. ④ 5. ② 6. ② 7. ③
8. ④ 9. ② 10. ③ 11. ② 12. ④ 13. ② 14. ①
15. ③ 16. ① 17. ② 18. ② 19. ① 20. ② 21. ④
22. ④ 23. ② 24. ④ 25. ① 26. ② 27. ② 28. ①
29. ③ 30. ① 31. ② 32. ④ 33. ④ 34. ④ 35. ①
36. ② 37. ① 38. ② 39. ② 40. ④ 41. ② 42. ③
43. ② 44. ③ 45. ③ 46. ④ 47. ② 48. ② 49. ③
50. ③

〈 초등Ⅰ급 2회 〉

1. ④ 2. ② 3. ① 4. ④ 5. ① 6. ② 7. ②
8. ② 9. ④ 10. ④ 11. ② 12. ④ 13. ② 14. ③
15. ③ 16. ④ 17. ② 18. ④ 19. ② 20. ② 21. ②
22. ④ 23. ② 24. ① 25. ④ 26. ③ 27. ② 28. ①
29. ④ 30. ① 31. ② 32. ① 33. ④ 34. ② 35. ②
36. ③ 37. ② 38. ① 39. ② 40. ③ 41. ① 42. ②
43. ① 44. ② 45. ④ 46. ② 47. ② 48. ③ 49. ②
50. ①

〈 초등Ⅰ급 3회 〉

1. ④ 2. ③ 3. ② 4. ③ 5. ① 6. ③ 7. ②
8. ② 9. ① 10. ② 11. ① 12. ③ 13. ① 14. ②
15. ③ 16. ④ 17. ② 18. ① 19. ④ 20. ④ 21. ②
22. ③ 23. ② 24. ② 25. ② 26. ② 27. ② 28. ②
29. ② 30. ④ 31. ② 32. ③ 33. ③ 34. ④ 35. ②
36. ② 37. ④ 38. ② 39. ② 40. ③ 41. ① 42. ②
43. ① 44. ③ 45. ③ 46. ④ 47. ③ 48. ④ 49. ①
50. ④

한문 교육용 기초 한자 2,000자

한문 교육용 기초 한자 2,000자는 전국의 한문 교수와 교사가 함께 연구하는 모임인 〈한국한문교육학회〉에서 1999년 12월 30일에 만들었습니다. 숫자 1은 초등학생용 600자, 2는 중학생용 800자, 3은 고등학생용 600자를 말합니다.

가

家	1	집
街	1	거리
可	1	옳다
歌	1	노래
加	1	더하다
價	1	값
佳	2	아름답다
假	2	거짓
暇	2	겨를
苛	3	가혹하다
架	3	선반

각

角	1	뿔
各	2	따로 따로
脚	2	다리(신체 일부)
閣	2	집
却	2	물리치다
覺	2	깨닫다
刻	2	새기다

간

間	1	사이
干	2	방패
看	2	지켜보다
刊	2	책 펴내다
肝	2	간
幹	2	줄기
簡	2	간단하다
姦	3	간음하다
懇	3	간절하다

갈

| 渴 | 2 | 목마르다 |

감

減	1	덜다
感	1	느끼다
敢	1	용감하다
甘	2	(맛이) 달다
監	2	살피다
鑑	3	거울
憾	3	섭섭하다

갑

| 甲 | 2 | 첫째 천간 |

강

江	1	강
降(항)	1	내려오다
强	1	강하다
講	2	강의하다
康	2	편안하다
剛	2	굳세다
鋼	2	강철
綱	2	사물의 주가 되는 것

개

開	1	열다
改	2	고치다
皆	2	모두
個	2	낱개
槪	2	대개
介	3	끼이다
慨	3	분개하다
蓋	3	덮다

객

| 客 | 1 | 손님 |

갱

| 更(경) | 2 | 다시 |

| 坑 | 3 | 구덩이 |

거

去	1	떠나가다
車(차)	1	수레
擧	1	들다
巨	2	크다
居	2	(~에) 살다
距	2	(거리가) 떨어지다
拒	2	막다
據	2	의지하다

건

建	1	세우다
乾	2	마르다
件	2	~것
健	2	튼튼하다
巾	3	수건

걸

| 傑 | 2 | 뛰어나다 |
| 乞 | 3 | 구걸하다 |

검

儉	1	검소하다
劍	2	칼
檢	2	검사하다

게

| 揭 | 3 | 높이 들다 |

격

格	1	바로잡다
擊	2	치다
激	2	거세다
隔	3	사이가 뜨다

견

犬	1	개
見(현)	1	보다
堅	2	굳다
遣	2	보내다
肩	2	어깨
絹	3	명주
牽	3	끌다

결

決	1	결정하다
結	1	맺다
潔	1	깨끗하다
缺	1	빠지다

겸

兼	2	아우르다
謙	2	겸손하다

경

景	1	경치
輕	1	가볍다
經	1	날실(옷감 등에 세로로 놓인 실)
敬	1	공경하다
慶	1	축하하다
競	1	다투다
警	2	경계하다
京	2	서울
傾	2	기울다
境	2	(땅의) 경계
耕	2	밭 갈다
驚	2	놀라다
庚	2	일곱째 천간
卿	3	벼슬
徑	3	지름길
硬	3	굳다
頃	3	잠깐
鏡	3	거울
竟	3	마침내

계

季	1	계절
界	1	(땅의) 경계
計	1	(수를) 세다
溪	1	시냇물
係	2	매다
階	2	층계
系	2	계통
繼	2	잇다
戒	2	경계하다
械	2	기계
契	2	약속
癸	2	열 번째 천간
鷄	2	닭
啓	2	깨우치다
桂	3	계수나무
繫	3	묶다

고

古	1	옛
故	1	옛
固	1	굳다
考	1	헤아리다
高	1	높다
告	1	알리다
苦	2	괴롭다
鼓	2	북
孤	2	외롭다
庫	2	창고
顧	2	돌아보다
拷	3	때리다
膏	3	기름
姑	3	시어머니
雇	3	고용하다
枯	3	마르다
稿	3	원고

곡

谷	1	골짜기
曲	1	휘다
穀	1	곡식
哭	3	(소리 내어) 울다

곤

困	1	어려워지다
坤	2	땅

골

骨	1	뼈

공

工	1	물건 만들다
功	1	공로
空	1	비다
共	1	함께
公	1	여러 사람에 관계되는 일
供	2	바치다
恭	2	공손하다
攻	2	치다
恐	2	두렵다
孔	3	구멍
貢	3	바치다

과

果	1	열매
課	1	책임 지우다
科	1	조목
過	1	지나가다
誇	2	과장하다
戈	3	창
瓜	3	오이
寡	3	적다

곽

郭	3	성곽

관

觀	1	보다
貫	1	꿰다
關	2	빗장
館	2	집
管	2	대롱
慣	2	익숙하다
官	2	벼슬
寬	3	너그럽다
冠	3	갓
款	3	문서

괄
括 3 묶다

광
光 1 빛
廣 1 넓다
鑛 2 광석
狂 3 미치다

괘
掛 3 걸다

괴
怪 2 괴상하다
塊 3 덩어리
愧 3 부끄럽다
壞 3 무너지다

교
交 1 사귀다
校 1 학교
敎 1 가르치다
較 2 비교하다
橋 2 다리(건너다니는 시설물)
巧 2 교묘하다
僑 3 객지에 나가 살다
郊 3 시외(市外)
矯 3 바로잡다
絞 3 목매다

구
九 1 아홉
口 1 입
救 1 구원하다
究 1 연구하다
久 1 오래되다
舊 1 옛
構 2 얽어매다
具 2 갖추다
區 2 (행정) 구역
求 2 찾다
句 2 구절
球 2 공
驅 2 몰다
拘 2 잡다
丘 2 언덕
俱 2 함께
購 3 사다
狗 3 개
鷗 3 갈매기
龜(귀/균) 3 거북이
懼 3 두렵다
歐 3 유럽의 약칭
苟 3 진실로

국
國 1 나라
局 2 관청
菊 2 국화

군
君 1 임금
郡 1 고을
軍 1 군사
群 2 무리

굴
屈 2 굽히다
掘 3 파다

궁
弓 2 활
宮 2 궁궐
窮 2 다하다

권
權 1 권력
卷 2 책
勸 2 권하다
券 3 문서
拳 3 주먹
圈 3 범위

궐
厥 3 그
闕 3 궁궐

귀
貴 1 귀하다
歸 2 돌아가다
鬼 2 귀신

궤
軌 2 수레바퀴

규
規 1 규칙
叫 2 절규하다
糾 3 꼬이다
閨 3 (여자가 거처하는) 방

균
均 2 평평하다
菌 3 버섯

극
極 2 끝
克 2 이기다
劇 2 연극

근
近 1 가깝다
勤 1 부지런하다
根 2 뿌리
斤 2 도끼
僅 3 겨우
筋 3 힘줄
謹 3 조심하다

금
金(김) 1 쇠
今 1 지금
禁 1 금지하다
琴 2 거문고
錦 3 비단

禽	3	날짐승

급
及	2	(어떤 상황에) 이르다
給	2	주다
急	2	급하다
級	2	등급

긍
肯	2	옳게 여기다
矜	3	자랑하다

기
己	1	자기
記	1	기록하다
起	1	일어나다
期	1	기간
基	1	기초
氣	1	기운
技	1	재주
紀	2	법칙 *綱은 큰 벼릿줄, 紀는 작은 벼릿줄
飢	2	굶다
奇	2	기이하다
騎	2	말 타다
旗	2	깃발
欺	2	속이다
器	2	그릇
企	2	꾀하다
機	2	기계
寄	2	보내다
旣	2	이미
其	2	그
幾	2	몇
忌	2	꺼리다
豈	3	어찌
棄	3	버리다
祈	3	빌다
畿	3	경기(왕성王城 200里 이내의 땅)
棋	3	바둑

긴
緊	2	팽팽하다

길
吉	1	좋은 조짐

나
那	3	어찌

낙
諾(락)	3	허락하다

난
暖	1	따뜻하다
難	1	어렵다

남
南	1	남쪽
男	1	남자

납
納	2	바치다

낭
娘	3	아가씨

내
內	1	안
乃	2	이에
耐	2	견디다
奈(나)	3	어찌

녀
女(여)	1	여자

년
年(연)	1	해

념
念(염)	1	생각하다

녕
寧(영/령)	2	편안하다

노
怒(로)	1	화내다
奴	2	노예
努	2	힘쓰다

농
農	1	농사
濃	3	짙다

뇌
惱	2	괴로워하다
腦	3	뇌

뇨
尿(요)	3	오줌

능
能	1	잘하다

니
泥(이)	3	진흙

닉
匿(익)	3	숨기다
溺(익)	3	(물에) 빠지다

다
多	1	많다
茶(차)	3	(달여 마시는) 차

단
丹	1	붉다
單	1	혼자
短	1	짧다
端	1	바르다
但	2	다만
段	2	부분
壇	2	높고 평평한 곳
檀	2	박달나무

斷	2	끊다	到	1	이르다	銅	2	구리
團	2	모임	度(탁)	1	~한 정도	凍	2	얼다
旦	3	아침	道	1	길	棟	2	용마루
鍛	3	쇠를 불리다	島	1	섬	桐	3	오동나무
			都	1	도읍			

달
達	1	다다르다

圖	1	그림			
徒	2	무리			

두
斗	2	말(용량 단위)
豆	2	콩
頭	2	머리

담
談	1	이야기
淡	2	맑다
擔	2	메다
膽	3	쓸개

倒	2	넘어지다
挑	2	싸움을 걸다
逃	2	달아나다
渡	2	건너다
導	2	이끌다
盜	2	도둑
悼	3	슬퍼하다
桃	3	복숭아
跳	3	뛰다
陶	3	도자기
途	3	길
稻	3	벼
塗	3	칠하다

둔
鈍	3	둔하다
屯	3	주둔하다

득
得	1	얻다

답
答	1	대답하다
踏	2	밟다
畓	3	논

등
等	1	등급
登	1	오르다
燈	2	등불
謄	3	베끼다
騰	3	뛰어 오르다

당
堂	2	집
當	2	마땅하다
唐	2	나라 이름
糖(탕)	2	사탕
黨	2	무리

독
讀	1	읽다
獨	1	홀로
毒	2	독(해로운 성분)
督	2	감독하다
篤	3	인정이 많다

라
羅(나)	2	나열하다
裸(나)	3	벌거벗다

락
落(낙)	1	떨어지다
樂(악/낙/요)	1	즐겁다
絡	2	잇다

대
大	1	크다
對	1	마주 대하다
代	2	대신하다
待	2	기다리다
帶	2	띠
臺	2	높고 평평한 곳
隊	2	무리
貸	3	빌리다

돈
豚	3	돼지
敦	3	도탑다

란
卵(난)	2	알
亂(난)	2	어지럽다
蘭(난)	3	난초
爛(난)	3	불에 데다
欄(난)	3	난간

돌
突	2	갑자기

덕
德	1	공정하고 포용성 있는 마음

동
同	1	같다
洞(통)	1	마을
童	1	아이
冬	1	겨울
東	1	동쪽
動	1	움직이다

람
覽	2	보다

도
刀	1	칼

濫(남) 2 넘치다
藍(남) 3 쪽풀(붉은 청색즙
         이 나오는 풀)

랑
浪(낭) 2 물결
郞(낭) 2 사나이
朗(낭) 3 밝다
廊(낭) 3 복도

래
來(내) 1 오다

랭
冷(냉) 1 (온도가) 차다

략
略(약) 2 간략하다
掠(약) 3 빼앗다

량
良(양) 2 어질다
兩(양) 2 둘
量(양) 2 수량
凉(양) 2 서늘하다
糧(양) 2 식량
梁(양) 3 대들보
諒(양) 3 믿다
輛   3 수레

려
旅(여) 1 나그네
麗(여) 2 곱다
慮   2 걱정하다
勵(여) 2 힘쓰다

력
力(역) 1 힘
歷(역) 1 지내다
曆(역) 2 달력

련
連(연) 1 잇다

練(연) 1 익히다
鍊(연) 2 두드려 단단하게
         하다
憐(연) 3 불쌍히 여기다
聯(연) 3 이어 달다
戀(연) 3 그리워하다
蓮(연) 3 연꽃

렬
列(열) 2 줄지어 놓다
烈(열) 2 세차다
裂(열) 2 찢다
劣(열) 3 못나다

렴
廉(염) 3 청렴하다

렵
獵(엽) 3 사냥하다

령
令(영) 1 명령하다
領(영) 2 우두머리
齡   3 나이
嶺(영) 3 산봉우리
零(영) 3 영(숫자 0)
靈(영) 3 영혼

례
例(예) 1 본보기
禮(예) 1 예절
隷(예) 3 노예

로
路(노) 1 길
老(노) 1 늙다
勞(노) 1 일하다
露(노) 2 이슬
爐(노) 2 화로(숯불 담아 두
         는 그릇)

록
綠(녹) 2 초록
錄(녹) 2 기록하다
鹿(녹) 2 사슴
祿(녹) 3 봉급

론
論(논) 1 논의하다

롱
弄(농) 3 놀리다

뢰
雷(뇌) 3 천둥
賴   3 의지하다

료
料(요) 1 재료
了(요) 2 마치다
療(요) 3 병 고치다
僚(요) 3 벼슬아치

룡
龍(용) 2 용

루
屢(누) 3 여러
樓(누) 3 누각
累(누) 3 쌓다
淚(누) 3 눈물
漏(누) 3 새 나가다

류
流(유) 1 흐르다
類(유) 1 종류
柳(유) 2 버드나무
留(유) 2 머무르다
謬   3 어긋나다

륙
六(육) 1 여섯
陸(육) 1 땅

륜
倫(윤) 2 사람의 도리
輪(윤) 2 바퀴

률
律(율) 1 법률
率(율/솔) 2 비율
栗(율) 3 밤(과일 종류)

륭
隆(융) 2 솟다

릉
陵(능) 3 큰 언덕

리
里(이) 1 마을
理(이) 1 이치
利(이) 1 이롭다
離(이) 1 떠나다
李(이) 3 성씨
梨(이) 3 배나무
吏(이) 3 관리
裏(이) 3 속
履(이) 3 밟고 가다

린
隣(인) 2 이웃

림
林(임) 1 숲
臨(임) 2 임하다

립
立(입) 1 서다

마
馬 1 말
麻 3 삼(삼과의 한해살이 풀)
磨 3 갈다
魔 3 마귀

摩 3 비비다

막
莫 1 없다
幕 2 장막
膜 3 얇은 꺼풀
漠 3 사막

만
萬 1 만
滿 1 가득 차다
晚 2 늦다
漫 2 생각나는 대로 하다
慢 3 거만하다
灣 3 육지로 굽어 들어온 바다

말
末 2 끝

망
望 1 바라다
亡 2 망하다
忙 2 바쁘다
忘 2 잊다
網 3 그물
茫 3 아득하다
妄 3 망령되다
罔 3 없다

매
每 1 ~마다
買 1 사다
賣 1 팔다
妹 1 누이
梅 2 매화
埋 2 파묻다
媒 3 매개
枚 3 (종이) 세는 단위

맥
麥 2 보리

脈 2 맥

맹
猛 2 사납다
盟 2 맹세하다
盲 3 눈멀다
孟 3 성씨

면
面 1 얼굴
勉 1 힘쓰다
免 2 면하다
眠 2 잠자다
綿 2 솜

멸
滅 2 멸망하다
蔑 3 업신여기다

명
名 1 이름
命 1 목숨
明 1 밝다
鳴 2 울다
銘 2 새기다
冥 3 어둡다

모
母 1 어머니
毛 1 털
貌 1 모양
暮 2 저물다
慕 2 사모하다
模 2 본뜨다
帽 3 모자
謀 3 꾀하다
摸 3 찾다
募 3 모으다
冒 3 무릎쓰다
某 3 아무
矛 3 창
侮 3 업신여기다

목
木	1	나무
目	1	눈(신체 기관)
牧	2	기르다
睦	3	화목하다
沐	3	머리감다

몰
沒	2	잠기다

몽
夢	2	꿈
蒙	3	어리다

묘
卯	2	넷째 지지
妙	2	묘하다
描	3	그리다
苗	3	싹
廟	3	사당(신주를 모신 집)
墓	3	무덤

무
武	1	무기
務	1	일
無	1	없다
貿	1	바꾸다
戊	2	다섯째 천간
茂	2	무성하다
舞	2	춤추다
霧	3	안개
巫	3	무당

묵
墨	2	먹
默	2	잠잠하다

문
門	1	문
問	1	묻다
聞	1	듣다
文	1	글
紋	3	무늬

물
物	1	사물
勿	2	~하지 말라

미
未	1	아직 ~않다
味	1	맛
美	1	아름답다
米	2	쌀
尾	2	꼬리
微	2	작다
眉	3	눈썹
迷	3	헤매다

민
民	1	백성(국가의 통치를 받는 사람)
敏	2	민첩하다
憫	3	불쌍히 여기다

밀
密	1	빽빽하다
蜜	3	꿀

박
迫	2	핍박하다
朴	2	성씨
泊	2	배를 물가에 대다
博	2	넓다
薄	2	얇다
拍	3	두드리다
縛	3	묶다
舶	3	큰 배(선박)

반
反	1	되돌리다
飯	2	밥
半	2	반쪽
般	2	일반
盤	2	쟁반
班	2	나누다
返	2	돌아오다
叛	3	배반하다
伴	3	짝

발
發	1	드러내다
髮	2	머리카락
拔	2	뽑다

방
方	1	방향
放	1	놓다
訪	1	방문하다
房	2	방
防	2	막다
妨	2	방해하다
傍	2	곁
紡	3	실 뽑다
倣	3	본뜨다
邦	3	나라
芳	3	꽃답다

배
拜	1	절하다
培	1	북돋우다
杯	2	술잔
配	2	짝짓다
排	2	밀어 내다
輩	2	무리
倍	2	곱절
背	2	등지다
賠	3	물어주다

백
白	1	희다
百	1	백
伯	2	맏
柏(栢)	3	잣나무
魄	3	넋

번
番	1	차례

繁	2	번성하다	**보**			附	2	붙이다
煩	3	괴로워하다	保	1	보호하다	付	2	주다
飜	3	번역하다	步	1	걷다	腐	2	썩다
			報	1	갚다	府	2	관청
벌			普	2	보통	副	2	다음
伐	2	치다	補	2	보태다	負	2	(짐을) 지다
罰	2	벌 주다	寶	2	보배	賦	2	세금
閥	3	(공로가 있는) 집안	譜	3	순서대로 적다	赴	3	나아가다
						符	3	서로 들어맞다
범			**복**			俯	3	구부리다
凡	2	평범하다	福	1	복	剖	3	쪼개다
犯	2	죄 짓다	服	1	옷	簿	3	장부(계산 내용을 기록하는 책)
範	2	본보기	復(부)	1	돌아오다			
汎	3	널리	伏	2	엎드리다	膚	3	살갗
帆	3	돛	腹	2	배(신체 일부)			
			複	2	겹치다	**북**		
법			僕	3	하인	北(배)	1	북쪽
法	1	법	覆	3	뒤집히다			
			卜	3	점치다	**분**		
벽						分	1	나누다
壁	2	벽	**본**			紛	2	어지럽다
僻	3	후미지다	本	1	근본	憤	2	성내다
碧	3	푸르다				奮	2	떨치다
			봉			奔	2	달리다
변			奉	1	받들다	墳	3	무덤
變	1	변하다	逢	2	만나다	粉	3	가루
邊	2	변두리	峰(峯)	2	산봉우리			
辯	3	말 잘하다	封	2	붙이거나 싸서 막다	**불**		
辨	3	분별하다	鳳	3	봉황새	不(부)	1	~하지 않다
			縫	3	꿰매다	佛	2	부처
별			俸	3	봉급	拂	3	치르다
別	1	다르다	蜂	3	벌			
						붕		
병			**부**			朋	2	친구
病	1	질병	夫	1	남편	崩	3	무너지다
兵	1	군사	父	1	아버지			
丙	2	셋째 천간	富	1	넉넉하다	**비**		
竝	2	나란히 하다	婦	1	아내	比	1	비교하다
屛	3	병풍	扶	2	돕다	非	1	아니다
瓶	3	병(물 등을 담는 용기)	部	2	분류	鼻	1	코
			否	2	그렇지 않다	備	1	갖추다
			浮	2	뜨다	費	1	(돈을) 쓰다

悲	2	슬프다
飛	2	날다
肥	2	살찌다
碑	2	비석
秘(祕)	2	숨기다
卑	3	천하다
匪	3	도둑
妃	3	왕비
婢	3	여자 종
批	3	(좋고 나쁨을) 평가하다

빈
貧	2	가난하다
賓	2	손님
頻	3	자주

빙
氷	2	얼음
聘	3	(예를 갖추어) 부르다

사
四	1	넷
士	1	선비(글 배우는 사람)
仕	1	벼슬하다
史	1	역사
射	1	쏘다
謝	1	사례하다
師	1	스승
死	1	죽다
思	1	생각하다
事	1	일
社	1	단체
査	1	조사하다
寫	1	베끼다
巳	2	여섯째 지지
寺	2	절
私	2	개인
絲	2	실
舍	2	집
斜	2	비스듬하다
使	2	시키다
司	2	맡다
詞	2	말씀
沙(砂)	2	모래
邪	2	바르지 못하다
飼	3	먹이다
似	3	비슷하다
蛇	3	뱀
捨	3	버리다
赦	3	용서하다
祀	3	제사
斯	3	이(지시 대명사)
詐	3	속이다
辭	3	말씀
賜	3	주다

삭
削	3	깎다
朔	3	초하루

산
山	1	산
産	1	낳다
散	1	흩어지다
算	1	계산하다
酸	3	산소
傘	3	우산

살
殺(쇄)	2	죽이다

삼
三	1	셋
森	3	나무가 빽빽하다

삽
揷	3	꽂다

상
上	1	위
尙	1	숭상하다
賞	1	상 주다
商	1	장사하다
相	1	서로
霜	1	서리
想	1	생각하다
傷	1	다치다
象	1	코끼리
常	2	항상
喪	2	초상 치르다
像	2	(사람을) 본뜬 모양
狀(장)	2	모양
祥	2	좋은 조짐
裳	3	치마
嘗	3	맛보다
償	3	갚다
床	3	상(밥상, 책상의 통칭)
詳	3	자세하다
桑	3	뽕나무
箱	3	상자

쌍
雙	2	짝이 되다

새
塞(색)	3	변방

색
色	1	색깔
索(삭)	3	찾다

생
生	1	살다
牲	3	희생

서
西	1	서쪽
序	1	차례
書	1	책
暑	1	덥다
緖	2	실마리
敍	2	차례대로 설명하다
署	2	관청
徐	2	천천히

逝	3	떠나가다
瑞	3	좋은 조짐
壻(婿)	3	사위
鼠	3	쥐
誓	3	맹세하다
庶	3	여러
恕	3	용서하다

석
夕	1	저녁
石	1	돌
昔	2	옛
惜	2	아깝다
席	2	자리
析	2	쪼개다
釋	2	풀다
碩	3	크다

선
先	1	먼저
線	1	줄
鮮	1	산뜻하다
善	1	착하다
船	1	배(선박)
選	1	가려 뽑다
仙	2	신선
旋	2	돌다
宣	2	널리 알리다
禪	3	참선
繕	3	손보아 고치다

설
雪	1	눈(하늘에서 내리는 것)
說(세/열)	1	밝히어 말하다
設	1	세우다
舌	2	혀

섬
| 纖 | 3 | 가늘다 |

섭
| 涉 | 2 | 널리 통하다 |

| 攝 | 3 | 끌어당기다 |

성
性	1	성품
成	1	이루다
城	1	성곽(內城을 성, 外城을 곽)
誠	1	정성
聖	1	성스럽다
姓	2	성씨
盛	2	왕성하다
省	2	살피다
星	2	별
聲	2	소리

세
世	1	세상
洗	1	씻다
細	1	가늘다
歲	1	해
稅	2	세금
勢	2	세력

소
小	1	작다
少	1	적다
所	1	장소
消	1	사라지다
素	1	바탕
笑	2	웃다
召	2	부르다
掃	2	쓸다
騷	2	시끄럽다
蔬	3	채소
疏(疎)	3	트이다
蘇	3	되살아나다
燒	3	불태우다
昭	3	밝다
紹	3	잇다
訴	3	하소연하다

속
| 俗 | 1 | 속세 |

速	1	빠르다
續	1	잇다
屬	2	속하다
束	2	묶다
粟	3	조(노랗고 작은 오곡 중의 하나)

손
| 孫 | 1 | 손자 |
| 損 | 2 | 덜다 |

송
送	1	보내다
松	2	소나무
頌	3	기리다
訟	3	옳고 그름을 가리다
誦	3	외우다

쇄
| 刷 | 3 | 인쇄하다 |
| 鎖 | 3 | 잠그다 |

쇠
| 衰 | 2 | 약해지다 |

수
水	1	물
手	1	손
受	1	받다
授	1	주다
守	1	지키다
收	1	거두다
數	1	숫자
首	2	머리
誰	2	누구
須	2	모름지기
雖	2	비록
愁	2	근심하다
樹	2	나무(자라고 있는 나무)
壽	2	목숨
修	2	닦다
秀	2	빼어나다

帥(솔)	2	장수
獸	2	짐승(기어다니는 짐승)
殊	2	다르다
需	2	요구하다
遂	2	이루다
垂	2	드리우다
輸	2	실어 나르다
隨	3	따라가다
搜	3	찾다
睡	3	잠자다
羞	3	부끄러워하다
酬	3	갚다
囚	3	가두다

숙
叔	2	아저씨
淑	2	착하다
宿	2	머무르다
肅	2	엄숙하다
熟	2	익다
孰	3	누구

순
順	1	차례
純	1	순수하다
巡	2	돌아다니다
瞬	2	눈 깜박이다
盾	2	방패
脣	3	입술
殉	3	몸 바치다
旬	3	열흘
循	3	빙빙 돌다

술
術	1	재주
戌	2	열한 번째 지지
述	2	글 짓다

숭
崇	1	숭상하다

습
習	1	익히다
拾(십)	2	줍다
襲	2	덮치다
濕	3	축축하다

승
勝	1	이기다
乘	2	올라타다
承	2	이어받다
昇	2	오르다
升	3	되(곡식 헤아리는 기구나 단위)
僧	3	승려

시
市	1	시장
示	1	보이다
是	1	옳다
時	1	때
詩	1	시
視	1	보다
施	1	베풀다
始	1	처음
試	2	시험
矢	3	화살
侍	3	모시다
屍	3	시체

씨
氏	2	성씨

식
食	1	먹다
植	1	심다
識	1	알다
式	2	형식
息	2	쉬다
殖	3	번식하다
飾	3	꾸미다

신
身	1	몸
神	1	귀신
臣	1	신하
信	1	믿다
新	1	새롭다
申	2	아홉째 지지
辛	2	맵다
伸	2	펴다
愼	2	삼가다
腎	3	콩팥
晨	3	새벽

실
失	1	잃다
室	1	방
實	1	실제

심
心	1	마음
深	1	깊다
甚	2	심하다
審	2	살피다
尋	3	찾다

십
十	1	열

아
兒	1	아이
我	2	나
雅	2	우아하다
亞	2	둘째
餓	2	굶주리다
牙	2	어금니
芽	3	싹
阿	3	아첨하다

악
惡	1	악하다
岳	2	큰 산
握	3	쥐다

안
安	1	편안하다
案	1	의견
顔	2	얼굴
眼	2	눈(신체 기관)
岸	2	언덕
雁	3	기러기

알
謁	3	뵙다

암
暗	2	어둡다
巖	2	바위
癌	3	암

압
壓	2	누르다
押	3	누르다

앙
仰	2	우러러보다
央	2	가운데
殃	3	재앙

애
愛	1	사랑하다
哀	1	슬프다
涯	3	물가
碍(礙)	3	거리끼다

액
額	2	이마
液	3	액체
厄	3	재앙

야
夜	1	밤(낮의 반대)
野	1	들판
也	2	~이다
耶	3	~인가?

약
約	1	약속하다
藥	1	약
弱	2	약하다
若(야)	2	같다
躍	3	뛰다

양
羊	1	양
洋	1	큰 바다
養	1	기르다
陽	1	햇볕
讓	1	사양하다
揚	2	드날리다
樣	2	모양
壤	2	부드러운 흙
楊	3	버드나무
孃	3	아가씨

어
魚	1	물고기
漁	1	고기 잡다
語	1	말씀
於	2	~에
禦	3	막다
御	3	임금

억
憶	1	기억하다
億	2	억
抑	2	억누르다

언
言	1	말씀
焉	3	어찌

엄
嚴	1	엄하다

업
業	1	일

여
餘	1	남다
與	1	주다
如	2	같다
汝	2	너
予	3	나
輿	3	수레

역
易(이)	1	바꾸다
逆	1	거스르다
亦	2	또
域	2	지역
役	2	일하다
驛	2	정거장
譯	2	번역하다
疫	3	전염병

연
然	1	그러하다
硏	1	연구하다
緣	1	인연
煙	2	연기
演	2	실제로 행하다
鉛	2	납
燃	2	불태우다
延	2	(시간을) 끌다
沿	2	물을 따라 내려가다
軟	2	부드럽다
硯	3	벼루
淵	3	(연)못
燕	3	제비
宴	3	잔치

열
熱	1	뜨겁다
悅	2	기쁘다
閱	3	훑어보다

염
炎	2	염증
鹽	2	소금

| 染 | 3 | 물들이다 |
| 厭 | 3 | 싫다 |

엽
| 葉 | 2 | 잎 |

영
永	1	영원하다
英	1	영웅
迎	1	맞이하다
榮	2	영광
營	2	경영하다
映	2	비추다
影	2	그림자
詠	2	읊다
泳	3	헤엄치다

예
藝	1	예술
譽	2	명예
銳	2	날카롭다
豫	3	미리
預	3	맡기다

오
五	1	다섯
午	1	일곱째 지지
吾	2	나
悟	2	깨닫다
誤	2	틀리다
烏	2	까마귀
汚	2	더럽다
娛	2	즐거워하다
奧	3	깊숙하다
傲	3	오만하다
嗚	3	탄식하다
梧	3	오동나무

옥
玉	1	옥
屋	2	집
獄	2	감옥

| 沃 | 3 | 기름지다 |

온
| 溫 | 1 | 따뜻하다 |
| 穩 | 3 | 평온하다 |

옹
| 翁 | 3 | 늙은이 |
| 擁 | 3 | 끌어안다 |

와
| 瓦 | 2 | 기와 |
| 臥 | 2 | 눕다 |

완
完	1	완전하다
頑	3	완고하다
緩	3	느리다

왈
| 曰 | 2 | 말하기를 |

왕
| 王 | 1 | 임금 |
| 往 | 1 | 가다 |

왜
| 倭 | 3 | 일본(일본의 예전 이름) |

외
| 外 | 1 | 바깥 |
| 畏 | 3 | 두려워하다 |

요
要	1	중요하다
謠	2	노래
搖	2	흔들다
曜	3	요일
擾	3	어지럽히다
腰	3	허리

| 遙 | 3 | 멀다 |
| 妖 | 3 | 아리땁다 |

욕
欲	2	(~을) 하고자 하다
浴	2	목욕하다
慾	2	욕심
辱	2	욕되게 하다

용
用	1	(물건을) 쓰다
勇	1	용감하다
容	1	받아들이다
庸	3	떳떳하다
傭	3	돈 받고 일하다

우
宇	1	우주
右	1	오른쪽
牛	1	소
友	1	친구
雨	1	비
于	2	~에
憂	2	근심하다
又	2	또
尤	2	더욱
遇	2	만나다
郵	2	우편
羽	2	깃털
優	2	뛰어나다
寓	3	핑계삼다
愚	3	어리석다
偶	3	짝이 되다

운
雲	1	구름
運	1	움직이다
云	2	말하다
韻	3	울림

웅
| 雄 | 1 | 웅장하다 |

원

元	1	근본
原	1	근원
願	1	원하다
遠	1	멀다
園	1	동산
怨	2	원망하다
圓	2	둥글다
援	2	돕다
院	2	집
源	2	근원
員	2	(어떤 구실을 가진) 사람

월

月	1	달
越	2	뛰어넘다

위

位	1	위치
危	2	위태하다
爲	2	하다
偉	2	훌륭하다
威	2	위엄
慰	2	위로하다
僞	2	거짓
衛	2	지키다
委	2	맡기다
圍	2	둘레
謂	3	말하다
緯	3	씨줄(옷감 등의 가로로 놓인 실)
胃	3	위장
尉	3	벼슬
違	3	어기다

유

由	1	말미암다
油	1	기름
有	1	있다
遺	1	남기다
酉	2	열 번째 지지
猶	2	오히려
唯	2	오직
遊	2	놀다
柔	2	부드럽다
幼	2	어리다
裕	2	넉넉하다
乳	2	젖
維	2	밧줄
悠	2	멀다
儒	2	유교
愈	3	낫다
誘	3	꾀어내다
游	3	헤엄치다
幽	3	그윽하다
惟	3	생각하다
愉	3	즐겁다

육

肉	1	고기
育	1	기르다

윤

閏	3	윤달
潤	3	젖다

융

融	3	녹다

은

恩	1	은혜
銀	1	은
隱	3	숨다

을

乙	2	둘째 천간

음

音	1	소리
吟	2	읊다
飮	2	마시다
陰	2	그늘
淫	3	음란하다

읍

邑	1	고을
泣	2	울다

응

應	1	응하다
凝	3	엉기다

의

衣	1	옷
義	1	옳다
議	1	의논하다
醫	1	병 고치다
意	1	뜻
依	2	기대다
矣	2	~이다
疑	2	의심하다
宜	3	마땅하다
儀	3	거동
擬	3	본뜨다

이

二	1	둘
耳	1	귀
移	1	옮기다
以	2	~로써
已	2	이미
而	2	말 잇다
異(리)	2	다르다
夷	3	오랑캐

익

益	1	이롭다
翼	3	날개

인

人	1	사람
引	1	당기다
因	1	원인
仁	2	어질다
忍	2	참다
認	2	알다

寅	2	셋째 지지
印	2	도장 찍다
姻	3	혼인
刃	3	칼날

일
一	1	하나
日	1	날
逸	3	달아나다

임
任	1	맡기다
壬	2	아홉째 천간
賃	2	품삯
姙(妊)	3	아이 배다

입
入	1	들어가다

자
子	1	아들
字	1	글자
自	1	스스로
者	1	사람
姉	2	손위누이
慈	2	사랑하다
資	2	재물
紫	3	자주색
玆	3	이(지시 대명사)
刺	3	찌르다
姿	3	자세
諮	3	묻다
滋	3	붇다
恣	3	마음 내키는 대로 하다
雌	3	암컷
磁	3	자석

작
作	1	만들다
昨	2	어제
酌	3	술 따르다

爵	3	벼슬

잔
殘	2	해치다

잠
暫	2	잠깐
潛	3	잠기다
蠶	3	누에

잡
雜	2	섞이다

장
長	1	길다
場	1	마당
將	1	장군
章	2	글
壯	2	씩씩하다
障	2	장애
藏	2	감추다
丈	2	어른
掌	2	손바닥
葬	2	장사 지내다
獎	2	권하다
帳	2	공책
裝	2	꾸미다
張	2	당기다
粧	3	꾸미다
牆(墻)	3	담
臟	3	내장
莊	3	장중하다
匠	3	장인(물건 만드는 일을 직업으로 하는 사람)
杖	3	지팡이
腸	3	창자

재
材	1	재목
財	1	재물
在	1	(~에) 있다
再	1	다시

才	2	재주
栽	2	심다
哉	2	~하도다(어조사)
載	2	싣다
災	2	재앙
裁	2	(옷감 등을) 치수에 맞춰 자르다
宰	3	재상
齋	3	깨끗이 하다

쟁
爭	1	다투다

저
貯	1	저축하다
低	1	낮다
著	2	(글을) 짓다
底	2	밑
抵	2	막다
邸	3	집

적
的	2	~한 성질을 띤
赤	2	붉다
適	2	알맞다
敵	2	싸울 상대
跡	2	발자취
賊	2	도적
積	2	쌓다
籍	2	문서
績	2	(옷감을) 짜다
寂	2	고요하다
笛	3	피리
嫡	3	본부인
滴	3	물방울
摘	3	들추어내다

전
田	1	밭
全	1	온전하다
典	1	책
前	1	앞
展	1	펼치다

戰	1	싸우다
電	1	전기
錢	1	돈
傳	1	전하다
專	1	오로지
轉	2	구르다
殿	3	큰 집

절

節	1	마디
絶	1	끊다
切(체)	2	끊다
折	2	꺾이다
竊	3	훔치다

점

店	1	가게
占	2	점치다
點	2	점
漸	2	차츰

접

接	1	닿다
蝶	3	나비

정

正	1	바르다
政	1	정치
定	1	정하다
精	1	자세하다
情	1	(느끼어 일어나는) 마음
庭	1	뜰
丁	2	넷째 천간
頂	2	정수리(머리 맨 위에 있는 급소)
停	2	머무르다
井	2	우물
貞	2	(성품이) 곧다
靜	2	고요하다
淨	2	깨끗하다
程	2	(~하는) 과정

亭	2	정자(건물)
征	2	싸우러 가다
整	2	가지런하다
訂	2	바로잡다
偵	3	몰래 살피다
呈	3	드리다
廷	3	(정치나 법에 대해) 결정하는 곳

제

弟	1	아우
帝	1	황제
題	1	제목
除	1	없애 버리다
製	1	만들다
濟	1	구제하다
第	2	차례
祭	2	제사
諸	2	모두
制	2	만들다
際	2	두 사물의 중간
齊	2	가지런하다
提	2	들다
堤	2	둑

조

早	1	일찍
造	1	만들다
鳥	1	새
調	1	조절하다
朝	1	아침
助	1	돕다
祖	1	조상
兆	2	조짐
燥	2	(물기가) 마르다
組	2	조직하다
條	2	조목
操	2	잡다
潮	2	(아침에 들어왔다 나가는) 바닷물
遭	3	만나다
彫	3	새기다
粗	3	거칠다

租	3	세금
弔	3	위로하다
釣	3	낚시
措	3	두다
照	3	비추다

족

足	1	발
族	1	겨레

존

存	1	있다
尊	2	높이다

졸

卒	2	끝마치다
拙	3	못나다

종

種	1	씨
從	1	따라가다
宗	2	근본
終	2	끝나다
縱	2	세로
綜	3	모으다
鍾	3	종

좌

左	1	왼쪽
坐	2	앉다
座	2	자리
佐	3	돕다

죄

罪	2	죄

주

主	1	주인
注	1	물 붓다
住	1	(~에) 살다
宙	1	우주
晝	1	낮

周	2	두루
朱	2	붉다
舟	2	작은 배(선박)
州	2	고을
走	2	달리다
柱	2	기둥
酒	2	술
奏	3	아뢰다
珠	3	구슬
株	3	그루터기(초목을 자르고 남은 밑동)
洲	3	섬
駐	3	머무르다
鑄	3	쇠를 부어 만들다
週	3	돌다

죽
竹	1	대나무

준
準	2	법도
遵	2	따라가다
俊	3	뛰어나다

중
中	1	가운데
重	1	무겁다
衆	1	많은 사람
仲	3	가운데

즉
卽	2	곧

증
增	1	늘다
憎	2	미워하다
曾	2	일찍이
證	3	증명하다
贈	3	선물하다
症	3	증세
蒸	3	찌다

지
支	1	갈라져 나오다
止	1	그치다
知	1	알다
地	1	땅
指	1	손가락
志	1	뜻
至	1	지극하다
紙	1	종이
枝	2	나뭇가지
持	2	가지다
池	2	(연)못
遲	2	더디다
誌	2	기록하다
之	2	~의
智	2	지혜
脂	3	기름
肢	3	팔다리
只	3	다만
旨	3	내용

직
直	1	곧다
職	2	벼슬
織	2	(옷감을) 짜다

진
眞	1	참
進	1	나아가다
盡	2	다하다
振	2	떨치다
陣	2	진치다
陳	2	벌려놓다
辰	2	다섯째 지지
鎭	3	누르다
津	3	배로 건너다니는 곳
診	3	진찰하다
珍	3	보배
塵	3	먼지
震	3	떨다

질
質	1	바탕
秩	1	차례
疾	1	질병
姪	3	조카

집
集	1	모으다
執	2	잡다
輯	3	모으다

징
徵	3	(사람을) 불러들이다
懲	3	혼내다

차
次	1	다음
借	2	빌려오다
且	2	또
差	2	차이
此	2	이(지시 대명사)
遮(자)	3	막다

착
着	1	붙다
錯	2	섞이다
捉	3	잡다

찬
贊	2	돕다
餐	3	식사
讚	3	칭찬하다

찰
察	1	살피다
刹	3	절
札	3	공문서

참
參(삼)	1	참여하다
慘	2	비참하다
慙	3	부끄럽다
斬	3	베다

창
唱	1	노래하다
創	2	새로 만들다
窓	2	창문
倉	2	창고
昌	2	번창하다
暢	3	잘 통하다
蒼	3	푸르다
彰	3	밝히다

채
菜	2	채소
採	2	캐다
彩	2	무늬
債	3	빚지다

책
責	1	꾸짖다
冊	2	책
策	2	꾀

처
處	1	곳
妻	2	아내
悽	3	슬퍼하다

척
尺	2	자(길이 단위)
斥	2	물리치다
拓(탁)	2	넓히다
戚	3	친척
隻	3	(한 쌍 중의) 한쪽

천
千	1	천
天	1	하늘
川	1	내(시내보다는 크고 강보다는 작은 물줄기)
淺	1	얕다
踐	2	밟다
泉	2	샘
遷	2	옮기다
賤	3	천하다
薦	3	추천하다

철
鐵	2	쇠
哲	2	(이치에) 밝다
徹	2	통하다
撤	3	거두다

첨
尖	3	뾰족하다
添	3	더하다

첩
諜	3	염탐하다
妾	3	첩

청
靑	1	푸르다
淸	1	맑다
聽	1	듣다
晴	2	날이 개다
請	2	부탁하다
廳	3	관청

체
體	1	몸
替	2	바꾸다
滯	3	막히다
逮	3	뒤따라가 붙잡다
遞	3	전하다

초
初	1	처음
草	1	풀
招	2	부르다
超	2	뛰어넘다
礎	2	기초
肖	3	닮다
抄	3	가로채다
秒	3	초(시간 단위)
哨	3	망보다
焦	3	그을리다

촉
促	2	재촉하다
觸	2	닿다
燭	3	촛불

촌
村	1	마을
寸	2	치(짧은 길이 단위)

총
總	2	모두
銃	3	총
聰	3	총명하다

최
最	1	가장
催	3	재촉하다

추
秋	1	가을
追	1	뒤쫓아가다
推(퇴)	2	밀다
抽	3	뽑다
醜	3	추하다
墜	3	떨어지다

축
祝	1	축하하다
畜	1	가축
縮	2	오그라들다
築	2	쌓다
蓄	2	쌓다
逐	2	내쫓다
丑	2	둘째 지지
軸	3	중심 축

춘
春	1	봄

출
出　1　나가다

충
充　1　가득하다
忠　1　충성
蟲　1　벌레
衝　2　부딪치다
衷　3　정성스러운 마음

취
取　1　가지다
吹　2　불다
就　2　나아가다
臭　3　냄새
醉　3　술 취하다
趣　3　재미
聚　3　모으다

측
側　2　옆
測　2　재다

층
層　2　층

치
治　1　다스리다
致　1　(~에) 이르다
齒　1　이빨
値　2　값
置　2　두다
恥　2　부끄럽다
稚　3　어리다

칙
則　1　법칙

친
親　1　친하다

칠
七　1　일곱
漆　3　검은 칠

침
針　2　바늘
侵　2　쳐들어가다
沈(심)　2　가라앉다
浸　3　스며들다
寢　3　잠자다
枕　3　베개

칭
稱　3　부르다

쾌
快　1　상쾌하다

타
他　2　남
打　2　때리다
妥　2　마땅하다
墮　3　타락하다
惰　3　게으르다

탁
托　2　의지하다
琢　3　(옥을) 쪼다
濯　3　씻다
卓　3　뛰어나다
託　3　맡기다
濁　3　흐리다

탄
炭　2　숯
歎　2　탄식하다
彈　2　(줄을) 튀기다
誕　3　태어나다

탈
脫　2　벗다
奪　2　빼앗다

탐
探　1　찾다
貪　3　탐하다

탑
塔　2　탑

탕
蕩　3　쓸어 없애다
湯　3　끓인 물

태
太　1　크다
泰　2　크다
態　2　모양
怠　3　게으르다
殆　3　위태롭다
胎　3　태아를 싸고 있는 조직

택
宅(댁)　1　집
澤　2　윤이 나다
擇　2　가려 내다

토
土　1　흙
吐　2　토하다
討　2　토론하다
兎(兔)　3　토끼

통
通　1　통하다
統　1　거느리다
痛　2　아프다

퇴
退　2　물러나다

투
投	2	던지다
透	2	꿰뚫다
鬪	3	싸우다

특
特	1	특별하다

파
波	1	물결
破	2	깨뜨리다
派	2	갈래
播	3	뿌리다
罷	3	그만두다
頗	3	치우치다
把	3	잡다

판
判	1	판단하다
板	2	널빤지
版	2	널빤지
販	3	팔다

팔
八	1	여덟

패
貝	1	조개
敗	1	패하다
覇	3	우두머리

편
便	1	편하다
篇	1	책
片	2	조각
編	2	엮다
遍	3	두루
偏	3	치우치다

폄
貶	3	깎아 낮추다

평
平	1	평평하다
評	1	평가하다

폐
閉	2	닫다
廢	2	못쓰게 되다
幣	2	화폐
肺	3	허파
弊	3	낡다
蔽	3	가리다

포
胞	2	세포
捕	2	잡다
布	2	베
浦	2	배 드나드는 곳
抱	2	안다
包	2	감싸다
飽	2	배부르다
怖	3	두려워하다
抛	3	던지다
砲	3	대포
鋪	3	깔다
襃	3	기리다

폭
暴	2	사납다
爆	3	터지다
幅	3	가로지른 거리(간격)

표
表	1	겉
標	1	표시하다
票	2	쪽지
漂	3	떠돌다

품
品	1	물건

풍
風	1	바람
豊	1	풍성하다

피
皮	1	가죽
彼	1	저(지시 대명사)
疲	2	피곤하다
被	2	당하다
避	3	피하다

필
必	1	반드시
匹	2	짝
筆	2	붓
畢	3	마치다

핍
乏	3	가난하다
逼	3	조이다

하
下	1	아래
夏	1	여름
賀	1	축하하다
何	2	어찌
河	2	강물
荷	3	짊어지다

학
學	1	배우다
虐	3	잔인하다
鶴	3	두루미

한
寒	1	(온도가) 차다
韓	1	나라 이름
漢	1	나라 이름
閑	2	한가하다
恨	2	원망스럽게 생각하다
限	2	한계

旱	3	가물다
汗	3	땀
翰	3	붓

할

割	2	베다

함

含	2	머금다
陷	2	빠지다
咸	3	모두
艦	3	싸움 배

합

合	1	합하다

항

恒	2	항상
項	2	조목
抗	2	대항하다
航	2	배로 건너다
巷	3	길거리
港	3	항구

해

海	1	바다
解	1	풀다
害	2	해치다
亥	2	열두 번째 지지
該	2	갖추다

핵

核	2	사물의 가장 중심

행

行(항)	1	다니다
幸	1	다행

향

香	1	향기
鄕	1	시골
向	2	향하다

響	2	울리다
享	2	누리다

허

虛	2	비다
許	2	허락하다

헌

憲	2	법
獻	2	바치다
軒	3	집

험

險	2	험하다
驗	2	경험하다

혁

革	2	가죽

현

現	1	나타나다
賢	1	어질다
縣	2	고을
顯	2	나타나다
玄	2	검다
弦	3	활시위
絃	3	악기 줄
懸	3	매달다

혈

血	1	피
穴	2	동굴

혐

嫌	3	싫어하다

협

協	1	협력하다
脅	2	협박하다
峽	3	골짜기
狹	3	좁다

형

兄	1	형
形	1	모양
刑	2	형벌
型	2	기본 틀
衡	2	저울
亨	3	뜻대로 잘 되다
螢	3	개똥벌레

혜

惠	1	은혜
慧	3	슬기

호

好	1	좋다
號	1	이름
湖	1	호수
戶	2	집
互	2	서로
呼	2	부르다
護	2	보호하다
乎	2	~인가?
虎	2	호랑이
胡	3	오랑캐
浩	3	(넓고) 크다
毫	3	가는 털
豪	3	뛰어난 사람

혹

或	2	혹시
惑	3	홀리다
酷	3	독하다

혼

婚	1	결혼하다
混	1	섞다
魂	2	넋
昏	3	날이 저물다

홀

忽	3	소홀히 하다

홍
洪	2	큰물
紅	2	붉다
弘	3	(크고) 넓다
鴻	3	기러기

화
火	1	불
化	1	변화하다
花	1	꽃
貨	1	화폐
和	1	사이가 좋다
話	1	이야기
畵	1	그림
禍	2	재앙
華	2	화려하다
禾	2	벼
靴	3	가죽신

확
確	2	확실하다
穫	2	거두다
擴	2	넓히다

환
歡	1	기뻐하다
患	1	근심
丸	2	알
換	2	바꾸다
環	2	둘러싸다
還	2	돌아오다
幻	3	허깨비(가상假象이 언뜻 나타났다가는 사라져 버리는 것)

활
活	1	살다
闊	3	넓다
滑(골)	3	미끄럽다

황
黃	1	노랗다
皇	2	황제
況	2	상황
荒	3	거칠다

회
回	1	돌다
會	1	모이다
悔	2	뉘우치다
懷	2	(생각을) 품다
灰	3	재(불에 타고 남은 가루)

획
獲	2	얻다
劃	3	긋다

횡
橫	2	가로

효
孝	1	효도
效	1	효과
曉	3	새벽

후
後	1	뒤
候	2	기후
厚	2	두텁다
后	3	왕비
喉	3	목구멍
侯	3	제후

훈
訓	1	가르치다
勳	3	업적

훼
毁	3	헐다

휘
揮	2	휘두르다
輝	2	빛나다

휴
休	1	쉬다
携	2	손에 가지다

흉
凶	1	흉하다
胸	2	가슴

흑
黑	2	검다

흡
吸	2	빨아들이다

흥
興	1	일으키다

희
希	1	바라다
喜	1	기쁘다
戲(戯)	2	놀다
稀	3	드물다
犧	3	희생

힐
詰	3	따지다